Lecture Notes in Operations Research and Mathematical Systems

Economics, Computer Science, Information and Control

Edited by M. Beckmann, Providence and H. P. Künzi, Zürich

51

Digitale Simulation

Herausgegeben von K. Bauknecht und W. Nef
Institut für elektronische Datenverarbeitung
der Universität Zürich
Institut für angewandte Mathematik der Universität Bern

Springer-Verlag
Berlin · Heidelberg · New York 1971

AMS Subject Classifications (1970): 65 C xx, 68 A 55, 90 A 15

ISBN 3-540-05503-7 Springer-Verlag Berlin Heidelberg New York
ISBN 0-387-05503-7 Springer-Verlag New York Heidelberg Berlin

INHALTSVERZEICHNIS

Verzeichnis der Autoren

Prof. Dr. K. Bauknecht

    Institut für elektronische Datenverarbeitung
    der Universität Zürich

Dr. D. Fischer

    Courant Institute New York

Dr. J. Kohlas

    Institut für Operations Research
    der Universität Zürich

Prof. Dr. W. Nef

    Institut für angewandte Mathematik
    der Universität Bern

Dr. N. Ragaz

    Institut für angewandte Mathematik
    der Universität Bern

Dr. R. Rytz

    Mc Kinsey + Company Inc. Zürich

Dr. K. Stoop

    Institut für angewandte Mathematik
    der Universität Bern

Erstellung des Manuskriptes

Frau D. Pachlatko

    Institut für elektronische Datenverarbeitung
    der Universität Zürich

Frl. E. Oswald

    MOR Studiengruppe für Operations Research

1. EINLEITUNG

K. Bauknecht, Zürich

W. Nef, Bern

Als Simulation im allgemeinen Sinn wird die Untersuchung des
Verhaltens eines Systems mit Hilfe eines Ersatzsystems bezeichnet.
Ein bekanntes Beispiel ist etwa durch die Flugzeugsimulatoren für
die Ausbildung von Piloten gegeben. Der Grund für die Durchführung
der Simulation anstelle der direkten Betrachtung des eigentlich
interessierenden Systems kann verschiedenartig sein. Meistens
wird die Durchführung der notwendigen Versuche aus praktischen
Gründen nicht möglich sein (etwa beim Verkehrssystem einer Gross-
stadt), oder zu grosse Kosten verursachen (Grundausbildung von
Piloten), oder schliesslich zu zeitraubend sein.

Mit der Verbreitung der digitalen Computer haben Simulationen in
einem engeren Sinn, bei denen als Ersatzsystem ein mathematisches
Modell verwendet wird, eine immer noch wachsende Bedeutung gewonnen. Dabei ist das Ersatzsystem so beschaffen, dass sein Verhalten mittels digitaler Rechenmethoden mit Hilfe eines Computers
studiert werden kann. In diesem besonderen, heute allerdings weit
verbreiteten Fall, sprechen wir von digitaler Simulation.

Der erste Schritt jeder digitalen Simulation besteht in der Konstruktion des mathematischen Modells, das als Ersatz des zu untersuchenden Systems dienen soll. Im Rahmen dieses Bandes kann ein
System als Kollektiv von Komponenten betrachtet werden, deren jede
bestimmte Eingänge und Ausgänge hat. Bei einem Verkehrssystem kann
beispielsweise der Warteraum vor einem Verkehrssignal als Komponente
betrachtet werden. Sie hat als Eingänge die einfahrenden Fahrzeuge
und den Plan der Signalsteuerung, als Ausgang die wegfahrenden Fahrzeuge. Ist das System eine Fabrik, so kann eine Maschine als
Komponente aufgefasst werden, deren Eingänge die zu verarbeitenden
Halbfabrikate und allenfalls ein Leistungsfaktor des bedienenden
Arbeiters, und deren Ausgänge die durch sie hergestellten
Produkte sind.

Ein System in diesem Sinne kann also - nach entsprechender Analyse - durch ein Schema der folgenden Art dargestellt werden:

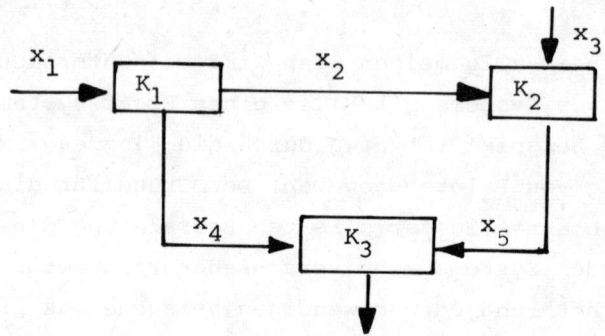

Fig. 1

Hier stellen die rechteckigen Blöcke K_1, K_2, K_3 die Komponenten des Systems dar, x_1, ..., x_6 die Eingänge bzw. Ausgänge. Insbesondere ist durch die Eingänge x_1, x_3 und den Ausgang x_6 die Wechselwirkung des Systems mit seiner Umwelt bestimmt.

Es liegt auf der Hand, dass ein System seine Darstellung durch ein Schema nach Figur 1 im allgemeinen keineswegs eindeutig bestimmt. Beispielsweise könnte das System nach Figur 1 gröber wie folgt dargestellt werden:

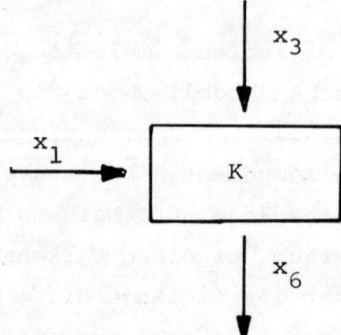

Fig. 2

Bei geschickter Analyse des Systems wird nun das resultierende Schema gleichzeitig als Darstellung eines praktisch berechenbaren mathematischen Modells (Ersatzsystems) aufgefasst werden können. Da man sich bei einer digitalen Simulation nicht für die Ein- und Ausgänge als materielle Objekte interessieren wird, sondern um bestimmte mit ihnen verbundene numerische Grössen (etwa die Anzahl der pro Zeiteinheit

einfahrenden Fahrzeuge), bedeuten jetzt $x_1, \ldots, x_6$ solche Grössen
und zwar in den meisten Anwendungen als Funktionen der Zeit. Die
Blöcke K_1, K_2, K_3 erhalten nun die Bedeutung mathematischer Transformationen, mit deren Hilfe die Ausgangsgrössen aus den Eingangsgrössen berechnet werden können. Verwenden wir K_1, K_2, K_3 gleich
als Funktionszeichen, so kann ein mathematisches Modell für das durch
Figur 1 dargestellte System durch die Formeln

$$(1) \quad x_2 = K_{12}(x_1), \quad x_4 = K_{14}(x_1), \quad x_5 = K_2(x_2, x_3),$$

$$x_6 = K_3(x_4, x_5)$$

dargestellt werden.

Durch Verwendung der 4 Formeln in der angegebenen Reihenfolge kann
die Ausgangsgrösse x_6 aus den Eingangsgrössen x_1 und x_3 berechnet
werden. Sind - wie es die Regel ist - $x_1, \ldots, x_6$ Funktionen der Zeit,
so ist der Berechnungszyklus nach (1) allerdings für eine Folge von
Zeitpunkten immer wieder zu repetieren, wobei in jedem Zyklus als
Eingangsgrössen die im vorhergehenden Zyklus erhaltenen Werte zu verwenden sind. Die System-Eingangsgrössen x_1 und x_3 müssen dabei als
Funktionen der Zeit gegeben sein.

Ein besonderes Problem entsteht nun bei digitalen Simulationen dadurch, dass die in einem System auftretenden Ein- und Ausgangsgrössen
in den weitaus meisten Fällen nicht determinierte, sondern zufalls-
bedingte, kurz zufällige Grössen sind. So wird etwa die Anzahl der
Telefongespräche, die im Laufe eines Zeitintervalls von gegebener
Länge durch eine Zentrale zu vermitteln sind, durch die Länge dieses
Intervalls nicht eindeutig bestimmt sein, sondern beispielsweise gleich
einer beliebigen natürlichen Zahl (oder o) sein können, wobei jeder
mögliche Wert n mit einer bestimmten Wahrscheinlichkeit p(n) angenommen wird. Ein typischer, für die Praxis wichtiger Fall ist etwa
der, dass p(n) durch eine Poissonverteilung $p(n) = \dfrac{\lambda^n}{n!} e^{-\lambda}$ gegeben ist. Dabei bedeutet λ den Erwartungswert, d.h. die mittlere
Anzahl der pro Zeiteinheit eintreffenden Gespräche.

Zur Bewältigung dieser Zufallsphänomene sind nun im wesentlichen zwei
verschiedenartige Methoden geschaffen worden: Die Monte Carlo-Methode

und die Direkte Methode. Beide gelangen in diesem Band zur Darstellung, weshalb ihre Grundgedanken hier kurz skizziert und einander
gegenübergestellt werden sollen.

1.1. Die Monte Carlo-Methode

Sind die in einem System auftretenden Ein- und Ausgangsgrössen zufällige
Grössen, so bedeutet dies, dass für den realen Ablauf der Vorgänge
in diesem System eine Vielzahl von Möglichkeiten besteht. So wird
etwa der Ablauf des Verkehrsgeschehens in einer Stadt an zwei Werk-
tagen zwischen 15^h und 16^h nicht der gleiche sein, auch wenn die
Voraussetzungen an beiden Tagen dieselben sind, präziser: wenn beispielsweise für jede Einfallsstrasse die Verteilung der Anzahl der
pro Minute einfahrenden Fahrzeuge an beiden Tagen dieselbe ist.

Die Monte Carlo-Methode geht nun grundsätzlich gleich vor wie die
"Wirklichkeit": Sie greift aus der Vielzahl der nach den Gesetzen der
Wahrscheinlichkeitsrechnung möglichen Abläufe einen einzigen heraus,
der dann "deterministisch" durchgerechnet werden kann. Damit erhalten aber die Resultate der Simulation (die Werte der schlussendlich
interessierenden Ein- und Ausgangsgrössen) zufälligen Charakter. Um
diesen auszuschalten, muss die Simulation mehrmals (praktisch
vielleicht einige hundert- oder tausendmal) durchgeführt werden. Aus
den vielen Einzelresultaten können dann z.B. Mittelwerte und
Streuungen der interessierenden Grössen geschätzt, d.h. vom Zufall
unabhängige Aussagen über das System gewonnen werden.

Grundlegendes Hilfsmittel der Monte Carlo-Methode ist die Erzeugung
von Zufallszahlen in einem Computer mit Hilfe bestimmter Algorithmen.
Diese gestatten, Zahlenfolgen zu erzeugen, die einer Folge von
Konkretisierungen einer zufälligen Grösse (oder einer Stichprobe)
entsprechen, analog etwa zu einer Folge von Zahlen 1 bis 6, die bei
wiederholtem Werfen eines Würfels entstehen. Mit diesem Hilfsmittel
wird es möglich, aus der Vielzahl zufälliger Möglichkeiten jeweils
eine einzige herauszugreifen.

Die Monte Carlo-Methode, deren Anfänge auf etwa 1950 zurückgehen,
ist bis heute theoretisch und praktisch zu einem Stand entwickelt

worden, der eine bequeme Handhabung in der Praxis, vor allem mit
Hilfe verschiedener Simulationssprachen, gestattet. Sie ist damit
zu einem weitverbreiteten, bedeutenden Hilfsmittel vor allem für
das Studium technischer, wirtschaftlicher und sozialer Systeme ge-
worden. - Eine Einführung in die Monte Carlo-Methode wird durch den
Beitrag Nr. 2 von J. Kohlas gegeben. Sie liegt auch den in den
Beiträgen Nr. 7 von K. Bauknecht und Nr. 8 von R. Rytz behandelten
Simulationsmethoden und -sprachen zugrunde.

1.2. Die direkte Methode

Im Gegensatz zur Monte Carlo-Methode ist die direkte Methode jüngeren
Datums, indem ihre Grundlagen im Laufe der beiden letzten Jahre am
Institut für angewandte Mathematik der Universität Bern durch W. Nef
und Mitarbeiter, insbesondere die Verfasser des Beitrages Nr. 3 dieses Bandes, gelegt wurden. Dementsprechend ist sie, was ihre praktische Handhabung betrifft, bei weitem nicht zu dem bequemen Werkzeug
entwickelt, wie es die Monte Carlo-Methode darstellt. Immerhin wurde
ihre Tauglichkeit durch zahlreiche praktische Anwendungen, vor allem
bei der Simulation von Verkehrssystemen, bewiesen. Ein Nachteil gegenüber der Monte Carlo-Methode besteht darin, dass sie keineswegs
in allen Fällen anwendbar ist, der hauptsächliche Vorteil darin,
dass sie in den Fällen, in denen sie sinnvoll verwendet werden kann,
fast immer einen bedeutend kleineren Rechenaufwand bedingt.

Der Grundgedanke der direkten Methode ist der folgende: Die zufälligen Grössen, die in einem System als Ein- und Ausgangsgrössen
der einzelnen Komponenten erscheinen, sind durch ihre Verteilungsfunktionen bestimmt. Betrachten wir in Figur 1 die Zeichen $x_1, \ldots, x_6$
als Symbole für die Verteilungsfunktionen der entsprechenden zufälligen Grössen, so geht etwa die Funktion x_6 aus dem Funktionenpaar
(x_4, x_5) durch Anwendung einer Transformation hervor, die durch die
Eigenschaften der Komponente K_3 bestimmt ist. Wenn wir jetzt K_3
(und entsprechend K_1 und K_2) als Symbol für diese Transformation verwenden, so kann wieder das Gleichungssystem (1) als mathematisches
Modell des Systems betrachtet werden, allerdings jetzt in einer neuen
Interpretation. Nach wie vor ist es möglich, aus den System-Eingangsgrössen x_1 und x_3 alle übrigen Grössen als Verteilungen zu berechnen,
vorausgesetzt, dass die Transformationen K_{12}, K_{14}, K_2, K_3 bekannt

und numerisch durchführbar sind. Auch bei der direkten Methode muss natürlich der Berechnungszyklus (1) für eine Folge von Zeitpunkten repetiert werden. Die Grösse der entsprechenden Zeitschritte ist naturgemäss eine Fehlerquelle, die aber praktisch dadurch ausgeschaltet werden kann, dass die Berechnung mehrmals für immer kleinere Zeitschritte durchgeführt wird, bis sich die Resultate innerhalb der verlangten Genauigkeit nicht mehr verändern. Es bestehen allerdings Ansätze für die Verbesserung des Verhältnisses Genauigkeit/Rechenaufwand durch Verwendung von Algorithmen, die den bekannten Verfahren zur numerischen Integration gewöhnlicher Differentialgleichungen entsprechen (vergleiche dazu Abschnitt 6.2.2 des Beitrages Nr. 6).

Der offensichtliche Vorteil der direkten Methode besteht nun darin, dass man durch einmaliges Durchrechnen direkt die Verteilung der interessierenden Grössen erhält und eine vielfache Wiederholung der Rechnungen, wie sie bei der Monte Carlo-Methode nötig ist, wegfällt.

Im Beitrag Nr. 3 werden anhand zweier einfacher Beispiele (Supermarkt und Kreuzung zweier Einbahnstrassen) die elementaren Transformationen aufgezeigt, die bei der Simulation von Systemen immer wieder auftreten (Addition, Subtraktion, Minimum, Maximum, p-Teil, zeitliche Verschiebung).

In der Praxis wäre es allerdings in der Regel unrationell, ein System bis zu diesen elementaren Transformationen aufzulösen. Die Erfahrung zeigt vielmehr, dass eine gröbere Auflösung in gewisse typische Komponenten angemessen ist. Die als "BERSIM" bezeichnete Simulationsmethode, die im Beitrag Nr. 4 beschrieben ist, stellt eine Anzahl von Komponenten zur Verfügung (Abzweigung, Einmündung, Haltelinie, Park, Erzeugen einer Verteilung, Spezialweiche, Verzögerung), die im Hinblick auf die Simulation von Verkehrssystemen konzipiert wurden, aber auch für viele weitere Systeme durchaus genügen. Weitere Komponenten können nach Bedarf zu BERSIM hinzugefügt werden. Die genannten Komponenten liegen programmiert vor. Soll nun ein gegebenes System simuliert werden, so ist es vorest in entsprechende Komponenten zu zerlegen. Sodann muss nach einem bestimmten Code für jede Komponente festgehalten werden, welche Systemgrössen ihre Ein- und Ausgänge sind. Schliesslich sind noch Anweisungen für den zeitlichen Ablauf der Simulation zu geben. Mit diesen Daten ist ein Computer

aufgrund der vorliegenden Programme in der Lage, die Simulation
durchzuführen. Im Beitrag 5 werden insbesondere die Möglichkeiten
der Simulation von Verkehrssystemen mit der Methode "BERSIM" aufgezeigt.

Ein besonderes Problem ist bei der direkten Methode durch die Behandlung abhängiger Zufallsgrössen gegeben. Der nächstliegende Gedanke ist die Verwendung mehrdimensionaler anstelle von eindimensionalen Verteilungen. Ein entsprechendes einfaches Beispiel wird im
Abschnitt 6.1 des Beitrages Nr. 6 behandelt. Praktisch ist dieser
Weg bei mehrfachen Abhängigkeiten selten gangbar, weil man bald einmal an dieGrenzen der Speicherkapazität auch grosser Computer
stösst. Ein Ausweg besteht darin, dass man nicht mehr mit den voll-
ständigen Verteilungen rechnet, sondern sich auf gewisse Momente
(z.B. Mittelwert, Streuung, Kovarianz) beschränkt. Natürlich ver-
liert man dabei an Information, was aber im Hinblick auf die
praktischen Anwendungen meistens kein Nachteil ist, da die Kenntnis
einiger Momente durchaus genügt. Diese Methode der Momente wird im
Abschnitt 6.2. des Beitrages Nr. 6 dargestellt.

1.3. Simulationssprachen

Die Simulationstechnik findet heute in immer weiteren Gebieten Anwendung und manche Problemstellungen können sogar erst durch den
Einsatz von Simulationsmethoden behandelt werden. Die Simulation
von komplexeren Aufgabenstellungen bewirkt aber meistens einen grossen
Arbeitsaufwand der sehr oft nur noch mit Hilfe von Computern sinnvoll
bewältigt werden kann. Mit dem ständig wachsenden Bedürfnis, den
Computer einzusetzen, stellte sich nun sofort die Frage nach einer
effizienten aber auch möglichst einfachen Verwendung dieses leistungsfähigen Hilfsmittels. Es ist offensichtlich, dass nicht nur der
Computerspezialist Simulationsuntersuchungen für den Rechenautomaten
organisieren und programmieren können soll, sondern vor allem der mit
den Methoden vertraute Fachvertreter muss in der Lage sein, sein
Problem ohne spezielle Computerkenntnisse für eine Lösung auf
den Rechner vorzubereiten und zu programmieren. Der Schritt von den
maschinenabhängigen zu den höheren Programmiersprachen wie ALGOL,
FORTRAN, COBOL und neuerdings PL1, kommt dieser Forderung stark entgegen, indem es mit diesen Programmiersprachen möglich wird, mit
einem geringen zusätzlichen Aufwand eine Problemlösung in eine vom

Computer verarbeitbare Form zu bringen. Diese Sprachen eignen sich
auch zur Lösung von Simulationsaufgaben, und sie werden heute in der
Praxis häufig verwendet.

Untersucht man Simulationsmodelle, so stellt man fest, dass gewisse
charakteristische Module bei allen Aufgaben praktisch gleich sind.
So findet man zum Beispiel fast immer die Notwendigkeit, Zufallszahlen
zu erzeugen, den zeitlichen Simulationsablauf nach vorgegebenen
Regeln zu steuern und die im Modell auftretenden aktiven und passiven
Elemente speziellen Mengen zuzuordnen. Das Bestreben, diese Eigenschaften allgemeingültig zu formulieren, führte schliesslich zu
speziellen Simulationssprachen, welche teilweise auf den bekannten
höheren Programmiersprachen aufbauen. Der Beitrag 7 von K. Bauknecht
gibt eine Uebersicht über die heute für Simulationsaufgaben
verwendbaren Programmiersprachen — die Simulation von kontinuierlichen Systemen und dafür geeignete Programmiersprachen werden in diesem Band nicht behandelt - und die Charakteristika dieser Sprachen
werden diskutiert.

Nur für wenige Simulationssprachen gibt es heute Compiler für verschiedene Computertypen; die meisten Sprachen sind hingegen nur auf
einer Maschine implementiert. Die Wahl der Programmiersprache ist
deshalb oft vor allem durch die zur Verfügung stehende Maschine bestimmt; ebenso stellen die meisten Simulationssprachen an die Benützer
schon wieder grössere Anforderungen als die höheren Programmiersprachen. Aus dieser Situation heraus entstand der Beitrag 8 von R. Rytz,
in welchem der Aufbau der Sprache SIM dargelegt wird. Mit SIM soll
jedem System-Analytiker, unabhängig vom benützten Computer, ein
Sprachkonzept zur Verfügung stehen, das sich durch Einfachheit im
Aufbau, Durchsichtigkeit, Anpassungsfähigkeit und möglichst kleinen
Lernaufwand auszeichnet. Die Sprache baut direkt auf höheren
Programmiersprachen auf, und sie ist auf sämtliche Probleme der ereignisorientierten, diskreten Simulation anwendbar. SIM kann auf jedem
Computer, der über FORTRAN-, ALGOL- oder PL1 Compiler verfügt,
realisiert werden. SIM stützt sich auf das in SIMULA erstmals ver-
wendete Prozesskonzept, wobei die Begriffe Prozess, Aktivität, Ereignis, Element, Ereigniswarteschlange und geordnete Gruppe zwar von
Simula übernommen aber in der Implementation absolut modular behandelt und in einer höheren Programmiersprache programmiert werden.

Die Sprache besitzt ein Steuermodul, welches die Elemente im System
mit Hilfe von neun Grundmoduln steuert: Die Elemente werden erzeugt,
während ihrer Lebensdauer durch das System geführt und anschliessend
wieder aus dem System genommen. Im Beitrag 8 werden die hier in PL1
geschriebenen Steuermodul und Grundmodule in ihrer Funktion und ihrem
Zusammenspiel erläutert; ebenso werden mögliche Erweiterungen der
Sprache angegeben.

Die im Beitrag 7 diskutierten Programmiersprachen und die im Beitrag 8 im Detail erläuterte Sprache SIM erlauben die Formulierung
und Programmierung verschiedenartigster Simulationsaufgaben. Entsprechend der Mannigfaltigkeit der zu bearbeitenden Problemstellungen
darf eine Simulationssprache nicht in sich abgeschlossen sein; erst
die Möglichkeit, neue, der spezifischen Aufgabenstellung angepasste
Programmodule anzufügen und Teilprogramme auch in einer höheren
Programmiersprache zu schreiben, geben ihr eine Flexibilität, welche
bei der Lösung von Simulationsproblemen notwenig ist.

2. DIE MONTE CARLO METHODE
_____

Jürg Kohlas, Zürich

2.1. Definition und Beispiele
_____

Die Monte Carlo Methode wurde zur Lösung verschiedener ver-
wickelter Probleme der numerischen Mathematik entwickelt. Sie
hat sich in vielfältigen Anwendungsbereichen als machtvolles
Instrument zur Bewältigung komplexer Berechnungsaufgaben bewährt. Als Beispiele können die Unternehmensforschung [14, 17,
27, 33][1], die Nuklear-Physik [4], die Nachrichten- und
Regelungstechnik [16, 24, 29], das Verkehrswesen (vgl. die
Beiträge in diesem Band) und viele weitere Bereiche aufgeführt
werden.

Der Monte Carlo Methode liegt der gleiche Gedanke zu Grunde
wie der Lösung mechanischer Probleme durch Konstruktion eines
elektrodynamischen Analogons auf dem Analog-Computer. Bei der
Monte Carlo Methode konstruiert man einen stochastischen
Prozess, der in einer gewissen Analogie zum betrachteten Problem
steht. Durch Beobachtung und statistischer Analyse von Experimenten zu diesem stochastischen Prozess kann die Lösung des
vorgelegten Problems gefunden werden. Zur Ausführung und
Analyse von Experimenten zu einer grossen Klasse von stochastischen Prozessen eignen sich die Digital-Computer; ohne diese
leistungsfähigen Instrumente wäre die Monte Carlo Methode ohne
grosse praktische Bedeutung, da i.a. grosse Datenmengen zu verarbeiten sind. Besser als alle formalen Definitionen vermögen
Beispiele das Wesen der Monte Carlo Methode aufzuzeigen.

Auf die natürlichste Weise bietet sich die Monte Carlo Methode
an, wenn das vorgelegte Problem selber schon wahrscheinlich-
keitstheoretischer Natur ist. Handelt es sich beispielsweise
darum, den Erwartungswert

(1) $\quad E\left\{\xi\right\} = \int\limits_{-\infty}^{+\infty} x\, f(x)\, dx$

_____

[1] Die Zahlen in Klammern beziehen sich auf das Literatur-Verzeich-
nis am Ende dieses Kapitels. Das Verzeichnis erhebt keinen An-

zu einer Zufallsvariablen ξ mit der Verteilungs-Dichtefunktion f(x)
zu bestimmen, dann kann diese Aufgabe dadurch gelöst werden, dass
man ein Experiment aufbaut, dessen zufälliges Ergebnis gerade mit
der Dichtefunktion f(x) verteilt ist (für die elementaren Begriffe
der Wahrscheinlichkeitsrechnung wird auf [10] verwiesen). Wie ein
solches Experiment konstruiert werden kann, wird im 2. Abschnitt
dargelegt. Führt man dieses Experiment N mal durch und erhält man
dabei die N Stichprobenwerte x_1, x_2,..., x_N, so kann ihr Mittelwert

$$(2) \qquad \overline{x} = \frac{x_1 + x_2 + \ldots + x_N}{N}$$

berechnet werden. Nach dem Gesetz der grossen Zahlen ist für genügend
grosse N das empirische Mittel $\overline{x}$ ein guter Nährungswert für $E\{\xi\}$
und das Problem ist mindestens approximativ gelöst.

Der Anwendungsbereich der Monte Carlo Methode beschränkt sich aber
keineswegs nur auf Probleme stochastischer Natur (sowenig, wie ein
Analog-Computer nur elektrodynamische Probleme zu lösen vermag). Es
sei z.B. das bestimmte Integral

$$(3) \qquad I = \int_a^b g(x) \, dx$$

zu berechnen. Ein wahrscheinlichkeits-theoretisches Analogon hierzu
erhält man bei Betrachtung der Zufallsvariablen ξ, die im Intervall
von a bis b uniform verteilt ist (d.h. ihre Dichtefunktion ist die
sog. Rechtecks-Verteilung f(x) = 1/(b - a) für a $\leq$ x $\leq$ b, f(x) = O
für x $<$ a und x $>$ b). Der Erwartungswert der Zufallsvariablen g (ξ)
ist

$$(4) \qquad E\{g(\xi)\} = \int_{-\infty}^{+\infty} g(x) \, f(x) \, dx = \int_a^b \frac{g(x)}{b-a} \, dx = \frac{I}{b-a}.$$

Konstruiert man ein Experiment, dessen zufällige Ergebnisse zwischen
a und b uniform verteilt sind und führt man dieses Experiment N mal
durch, so erhält man N Stichprobenwerte x_1, x_2,..., x_N

---

spruch auf Vollständigkeit. Weitere Lit.-Angaben findet man in den
zitierten Publikationen.

Das arithmetische Mittel

(5) $\quad \bar{g} = \dfrac{g(x_1) + g(x_2) + \ldots + g(x_N)}{N}$

ist wiederum nach dem Gesetz der grossen Zahlen nährungsweise gleich
$E\left\{g\ (\xi)\right\}$ und somit ist (b - a) $\bar{g}$ eine approximative Lösung der gestellten Aufgabe.

Ein Vergleich dieses Monte Carlo Verfahrens zur Berechnung bestimmter Integrale mit den üblicheren, klassischen, numerischen
Integrationsmethoden lässt die Anwendung der Monte Carlo Methode
nicht als angezeigt erscheinen bei dieser Problemklasse. Während
sich aber die Monte Carlo Methode ohne zusätzliche Schwierigkeiten
auf die Berechnung mehrdimensionaler Integrale anwenden lässt, wobei der Integrand auch komplizierte Sprung-Unstetigkeiten aufweisen
darf, werden die klassischen, numerischen Integrationsmethoden bei
solchen Problemen schwierig und aufwendig. Hier kann also die Monte
Carlo Methode Vorteile bringen. Eingehenderes über die Monte Carlo
Berechnung von Integralen findet sich in [15, 30]. Gewisse Klassen
von linearen Gleichungssystemen oder Integralgleichungen stellen
weitere Aufgaben deterministischer Natur, die mittels der Monte
Carlo Methode gelöst werden können [15, 30]. Von besonderem
theoretischen Interesse ist hier auch das Dirichlet'sche Problem,
das ebenfalls eine Monte Carlo Lösung erlaubt [7].

Wie erwähnt, drängt sich die Monte Carlo Methode besonders für das
Studium von stochastischen Prozessen auf. Wir wollen zwei typische
Beispiele aus dem Bereich der Unternehmensforschung anführen. Es
seien in einem ersten Beispiel die stochastischen Schwankungen des
Lagerbestandes eines bestimmten Gutes infolge von täglich zufällig
variierenden Nachfragen zu untersuchen. Dabei werde eine bestimmte
Einkaufspolitik vorausgesetzt. Diese bestehe darin, dass man jeweils den Lagerbestand ohne Zeitverzug (über Nacht) auf einen Bestand S bringt, sobald der Lagerbestand unter eine kritische Grösse
s gesunken ist. Die Wahrscheinlichkeits-Verteilung der täglichen
Nachfragen sei durch die Wahrscheinlichkeiten q_i dafür, dass die
Nachfrage i Einheiten des Lagergutes beträgt, gegeben. Numeriert
man die Tage mit n=1,2,... , so kann dieses System durch den Lagerbestand y(n) jeweils am Abend (nach dem Verkauf und vor dem Einkauf)

des n-ten Tages beschrieben werden. y(n) ist eine ganze Zahl zwischen O und S (wenn die Nachfrage den Lagerbestand übersteigt, wird die überschüssige Nachfrage nicht befriedigt und geht verloren). Ist y(n-1) = i, oder ist das System zum Zeitpunkt n-1, wie man sagt, im Zustand i, so hängt der Zustand y(n) am n-ten Tag nur noch von der Nachfrage k des n-ten Tages ab. Es ist nämlich

$$(6) \qquad y(n) = \begin{cases} i - k, \text{ wenn } i > s, \ i > k, \\ O, \text{ wenn } i > s, \ i \leqslant k, \text{ oder wenn } i < s, \ S < k, \\ S - k, \text{ wenn } i < s, \ S > k \end{cases}$$

Gibt man sich für den Tag O einen Lagerbestand i vor und führt man ein Experiment durch, dessen zufälliges Ergebnis ein Nachfragewert k gemäss der Verteilung q_k ist, so lässt sich nach (6) der Lagerbestand y(1) am Abend des ersten Tages bestimmen. Führt man ein weiteres Experiment zur zufälligen Bestimmung, oder wie man sagt, zur Erzeugung der Nachfrage des zweiten Tages durch, so folgt aus y(1) mittels (6) der Lagerbestand am zweiten Tag y(2). Fährt man auf diese Weise fort und erzeugt die Nachfragen für weitere Tage, so kann sukzessive y(3), y(4), ..., y(N) ermittelt werden, bis zu einem beliebig grossen N. Man hat damit auf rechnerischem Wege die Schwankungen des Lagerbestandes für eine gewisse Zeitdauer simuliert. Das Problem der rechnerischen Ausführung der erwähnten Experimente wird im nächsten Abschnitt besprochen. Die Werte y(1), y(2),...,y(N) bilden eine simulierte Stichprobe; in Fig. 1 ist ein schematisches Beispiel dargestellt. Die Stichprobe ist auf zufälligem Wege entstanden, würde man die Experimentenfolge wiederholen, so würde man zu anderen Werten y'(1), y'(2),..., gelangen. Trotzdem kann man aus einer simulierten Stichprobe repräsentative Aussagen über das System ziehen; man kann mit ihr umgehen wie mit einer Stichprobe, die aus Beobachtungen an einem realen Lagersystem gewonnen ist. Man kann die Stichprobe einer statistischen Analyse unterziehen und auf diese Weise viele Fragen über den unterliegenden stochastischen Prozess beantworten.

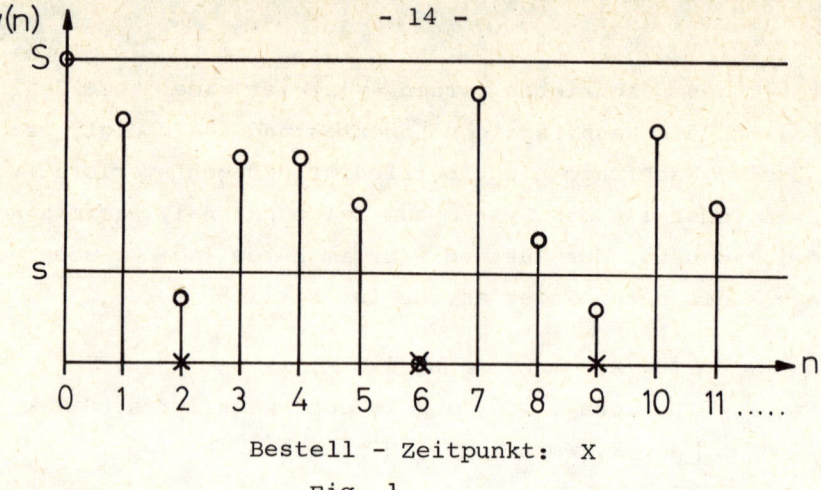

Bestell - Zeitpunkt: X

Fig. 1

Wenn der Stichprobenumfang N genügend gross ist, so kann man beispielsweise schliessen, dass der mittlere Lagerbestand im Laufe der
Zeit ungefähr gleich

(7) $\overline{y} = \dfrac{y(1) + y(2) + \dots + y(N)}{N}$

ist. Man kann auch die Zeitintervalle zwischen zwei Bestellungs-Zeit-
punkten, die jeweils zu bestellende Menge und anderes mehr studieren.
Insbesondere kann man auch untersuchen, wie sich der Prozess ändert,
wenn ein Parameter, z.B. s, abgeändert wird, indem man eine neue
Stichprobe mit dem neuen Parameter simuliert. Auf die Probleme der
Auswertung einer simulierten Stichprobe kommen wir im Abschnitt 3.
zurück. Es sei noch erwähnt, dass es sich bei diesem Lagerbestands-
Prozess um ein Beispiel einer Markoff-Kette handelt [3].

In einem zweiten Beispiel soll ein sog. Warteschlangensystem betrachtet werden. Im einfachsten Fall handelt es sich hierbei um
eine einzige Bedienungsstelle, Schalter genannt, die einen Kunden
nach dem andern bedient oder abfertigt und dafür eine von Kunde zu
Kunde zufällig schwankende Zeit benötigt. Die Kunden treffen in un-
regelmässigen, ebenfalls zufällig variierenden Zeitintervallen ein
und müssen sich hinten in die Warteschlange einreihen, wenn der
Schalter nicht frei ist. Bei einem derartigen stochastischen Prozess
erheben sich Fragen, die auf analytischem Weg nur schwer zu beantworten sind, z.B. nach der Verteilung der Anzahl Kunden in der Warteschlange im Laufe der Zeit, nach den Wartezeiten der Kunden und nach

anderem mehr [30]. Andererseits können solche Fragen mittels der
Monte Carlo Methode durch Simulation von Stichproben des Prozesses
auf einfache Art und Weise numerisch beantwortet werden.

Es sei A(x) die Verteilungsfunktion der Zeiten zwischen zwei
Ankünften aufeinanderfolgender Kunden und B(x) die Verteilungsfunktion der Bedienungszeiten. Am einfachsten beginnt man die Simulation damit, dass man annimmt, dass zurzeit $t = 0$ der erste Kunde
ankommt und den Schalter frei vorfindet. Dann führt man zwei Experimente durch, eines zur Erzeugung der Ankunftszeit α_1 des zweiten Kunden nach A(x) und eines zur Erzeugung der Bedienungszeit β_1
des ersten Kunden nach B(x). Zur Beschreibung des weiteren Vorgehens
führt man am besten die Ereignisse An(i) = Ankunft des i-ten Kunden
und Be(i) = Beendigung der Bedienung des i-ten Kunden ein. Bis
jetzt ist also festgelegt, dass An(2) zur Zeit α_1 und Be(1) zur Zeit
β_1 stattfinden. Man geht nun in der Rechnung allgemein so vor, dass
von allen Ereignissen An(i) und Be(i), deren Zeitpunkte bereits
festgelegt sind, dasjenige mit dem frühesten Zeitpunkt zuerst erledigt wird.

Ist also $\alpha_1 < \beta_1$, so wird jetzt zunächst An(2) erledigt. Das bedeutet rechnerisch, dass mit einem weiteren Experiment nach A(x)
die Zeit α_2 bis zum Eintreffen des dritten Kunden bestimmt wird;
damit ist die Zeit des Ereignisses An(3) mit $\alpha_1 + \alpha_2$ festgelegt.
Ferner notiert man sich, dass die Warteschlange ab jetzt bis auf
weiteres einen Kunden enthält, da die Bedienung des ersten Kunden
ja noch nicht abgeschlossen ist. Damit ist das Ereignis An(2) erledigt und man schaut nach, welches das nächste Ereignis mit festgelegtem Zeitpunkt ist (im Beispiel sind jetzt die Ereignisse An(3)
und Be(1) festgelegt).

Wäre $\alpha_1 > \beta_1$ gewesen, so hätte man zuerst Be(1) erledigt. Das hätte
in diesem Fall nur bedeutet, dass man sich notiert, dass ab jetzt
bis auf weiteres der Schalter frei ist, da sich ja kein Kunde in
der Warteschlange befindet. Kommt das Ereignis Be(1) nach dem Ereignis An(2) an die Reihe, so wird mit einem Experiment nach B(x)
die Bedienungszeit β_2 des zweiten Kunden bestimmt und die Zeit des
Ereignisses Be(2) auf $\beta_1 + \beta_2$ festgelegt. Zudem wird notiert, dass
sich die Anzahl Kunden in der Warteschlange um 1 reduziert, da ja

ein Kunde eben abgefertigt worden ist. Auf diese Weise wird immer
das nächstfolgende Ereignis erledigt, was nach obigen Bemerkungen
i.a. die Ausführungen einiger buchhalterischer Arbeiten und die
Durchführung von Experimenten zur Bestimmung von neuen in der Zu-
kunft liegenden Ereignissenbeinhaltet. So kommt man zu einer simulierten Stichprobe, wie etwa in Fig. 2 dargestellt, wo die Anzahl
Kunden $y(t)$, die sichzur Zeit t im System (in der Warteschlange und
am Schalter) befinden, aufgetragen ist. Schon an diesem einfachen
Problem treten die eigentümlichen Schwierigkeiten bei der Organisation
der Rechnung zutage, die vielen Monte Carlo Simulationen anhaften und
die zur Entwicklung von speziellen Programmiersprachen für die
Simulation geführt haben (vgl. die Beiträge in diesem Band).

Wiederum führt die statistische Analyse der simulierten Stichprobe
zu numerischen Aussagen über die Eigenschaften des stochastischen
Prozesses. Ist die simulierte Zeitdauer T genügend gross, so wird

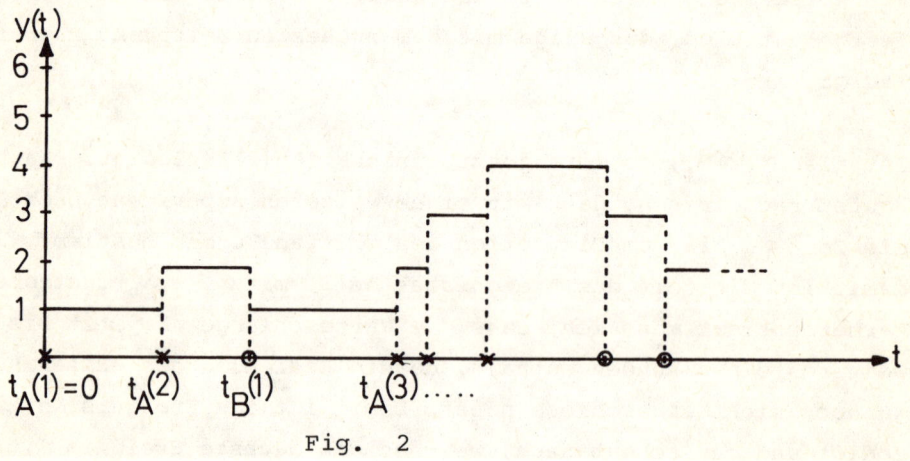

Fig. 2

der Zeitmittelwert

$$(8) \qquad \bar{y} = \frac{1}{T} \int_{0}^{T} y(t) \, dt$$

annähernd die mittlere Anzahl Kunden im System bestimmen (die Berechnung des Integrals (8) bietet keine Schwierigkeiten; da $y(t)$
stückweise konstant ist, reduziert sich das Integral zu einer end-
lichen Summe). Notiert man sich die Ankunftszeiten $t_A(i)$ für jeden
Kunden i=1,2,...,N, sowie die Zeitpunkte $t_B(i)$ zu denen ihre Bedienung abgeschlossen ist, so können die Aufenthaltsdauern oder

Wartezeiten der Kunden im System $\tau(i) = t_B(i) - t_A(i)$ berechnet werden. Aus diesem statistischen Material lässt sich die mittlere Wartezeit durch das arithmetische Mittel $\bar{\tau}$ der $\tau(i)$, $i=1,2,\ldots,N$ schätzen. Auf eine ähnliche Weise können viele weitere interessante Aspekte des betrachteten Prozesses untersucht werden.

2.2. Die Erzeugung von Zufallszahlen

Aus dem ersten Abschnitt geht hervor, dass die Ausführung von gewissen Zufallsexperimenten im Mittelpunkt von Monte Carlo Rechnungen steht. In diesem Abschnitt werden nun Methoden hierzu dargestellt. Monte Carlo Rechnungen umfassen aber auch, wie die Beispiele des vorangegangenen Abschnittes zeigen, umfangreiche, buchhalterische und statistische Arbeiten, die i.a. nur noch auf dem Digital-Computer zu bewältigen sind. Daher stehen Methoden der Zufalls-Erzeugung im Vordergrund, die für den Computer geeignet sind.

Bei der Integralberechnung in Abschnitt 1. werden Zufallszahlen x_1, x_2, $\ldots$ benötigt, die aus voneinander unabhängigen Experimenten hervorgegangen sind und zu einer im Intervall $[a, b]$ uniform verteilten Grundgesamtheit gehören. Wir sprechen dabei im folgenden abgekürzt, aber nicht ganz korrekt, von in $[a, b]$ uniform verteilten Zufallszahlen (die Unkorrektheit kommt daher, dass wir nicht mehr zwischen Zufallsvariablen und Realisationen davon unterscheiden, vgl.[10]). Sind nun die Zufallszahlen x_1', $x_2',\ldots$ in $[0, 1]$ uniform verteilt, so ist leicht einzusehen, dass durch die Transformation

$$(1) \qquad x_i = a + (b - a) x_i'.$$

Zufallszahlen bestimmt werden, die in $[a, b]$ uniform verteilt sind. Es genügt also für alle Integralberechnungen, wenn man in $[0, 1]$ uniform verteilte Zufallszahlen zur Verfügung hat und es wird sich auch herausstellen, dass man daraus beliebig, nicht nur uniform, verteilte Zufallszahlen gewinnen kann. Die in $[0, 1]$ uniform verteilten Zufallszahlen sind daher grundlegend und wir wenden uns zunächst ihrer Konstruktion zu.

Es sind also Zahlen zufällig zu konstruieren, die im Intervall von 0 bis 1 uniform verteilt sind und die im wahrscheinlichkeitstheoretischen Sinn unabhängig voneinander sind. Das sind schwierig zu er-

füllende Forderungen, die höchstens approximativ erreicht werden
können, vor allem gilt dies für die Unabhängigkeit. Es sind im Laufe
der Zeit verschiedene Verfahren zur Konstruktion solcher Zahlen vorgeschlagen worden. Heute hat sich allgemein die sog. multiplikative
Kongruenz-Methode durchgesetzt, welche von Lehmer [21] stammt und
die vor allem auch die Forderung nach geringem Rechenaufwand erfüllt. Bei dieser Methode sind zwei geeignet gewählte, ganze Zahlen
a und m fest vorgegeben und eine weitere ganze Zahl x_o kann vom
Rechnenden weitgehend frei gewählt werden. Ausgehend von x_o werden
dann die weiteren Zahlen x_1, x_2,... rekursiv nach der Formel

$$(2) \qquad x_{i+1} \equiv a x_i \pmod{m}$$

berechnet. D.h. man dividiert $a x_i$ durch m und erhält eine ganze
Zahl und einen Rest, x_{i+1} ist dann der Rest (die Formel (2) liest
sich 'x_{i+1} kongruent $a x_i$ modulo m'). Die x_i sind alles ganze Zahlen
zwischen 0 und m. Dividiert man sie durch m, so erhält man Zahlen
zwischen 0 und 1. Wählt man a und m geschickt, so erfüllen diese
Zahlen einigermassen die an sie gestellten Forderungen. Da so bestimmte Zahlen natürlich nicht im landläufigen Sinne zufällig sind
spricht man von Pseudo-Zufallszahlen.

Zu einem illustrativen Beispiel sei a=3 und m=5 gewählt, x_o sei 1.
In der nachfolgenden Tabelle sind die ersten vier der damit berechneten Zahlen zusammengestellt:

i	1	2	3	4	...
$a x_{i-1}$	3	9	12	6	...
x_i	3	4	2	1	...
x_i/m	0.6	0.8	0.4	0.2	...

Da $x_4 = 1$ ist, wird sich von x_5 bis x_8 dieselbe Zahlenfolge wiederholen, ebenso von x_9 bis x_{12}, usw. Solche Periodizitäten werden bei
jedem m auftreten, da die x_i ja nur endlich viele verschiedene Werte
zwischen 0 und m annehmen können und die Periodenlänge muss offenbar
kleiner als m sein.

Bei den praktisch verwendeten Zufallszahlen-Generatoren der Form
(2) wird die Wahl von m durch den Computer-Typ bestimmt. Bei einer
Binär-Maschine wird $m = 2^r$ gewählt, wobei r die Anzahl Bit eines

Wortes ist. Das hat den Vorteil, dass die Maschine automatisch modulo m rechnet und die Division durch m bedeutet nur eine Komma-Verschiebung. Bei der Wahl von a wird zunächst auf eine möglichst grosse Periodenlänge geachtet, wobei elementare zahlentheoretische Ueberlegungen eine Bestimmung der Periodenlänge ermöglichen [19]. Das schränkt die Wahl von a noch nicht sehr ein und andere Erwägungen statistischer Art legen eine Wahl von $a \cong \sqrt{m}$ nach [5, 11]. Ist m eine Zweierpotenz, so darf x_o nur ungerade gewählt werden, da sonst die Periodenlänge drastisch verkürzt wird.

Alle diese Ueberlegungen vermögen aber nicht zu garantieren, dass der Generator wirklich gut im Sinne der oben aufgestellten Forderung ist. Die Forderung der Unabhängigkeit kann z.B. so formuliert werden, dass aus einer Kenntnis von x_i keine neue Kenntnis über die möglichen Werte von x_{i+1} folgt. Beim beschriebenen multiplikativen Kongruenz-Verfahren folgt aber aus der Kenntnis von x_i bereits der genaue Wert von x_{i+1}. Immerhin ist die Forderung dennoch wenigstens approximativ erfüllt. Ist nämlich nur bekannt, dass x_i zwischen km/a und (k+1)m/a liegt, für eine bestimmte ganze Zahl k, so kann x_{i+1} irgendwo zwischen O und m liegen. Zur weiteren Untersuchung der statistischen Qualität eines Generators können verschiedene statistische Teste beigezogen werden [12, 18, 23, 28, 31]. Solche Untersuchungen lassen den Schluss zu, dass die multiplikativen Kongruenz-Generatoren zwar nicht in allen Teilen voll zu befriedigen vermögen, aber für viele Anwendungen hinreichend sind. Es sind auch einige Verfeinerungen des beschriebenen Verfahrens vorgeschlagen worden [23], auf die wir hier nicht eingehen können.

Man hat früher den Gedanken verfolgt, die Computer mit "wirklichen" Zufallsquellen, etwa radioaktiven Strahlern, zu versehen. Aber abgesehen von den Unterhalts-Schwierigkeiten solcher Quellen haben sie einen schwerwiegenden praktischen Nachteil. Ihre Zufallsfolgen sind nicht reproduzierbar. Obwohl der Begriff der Reproduzierbarkeit im Widerspruch zum Begriff des Zufalls zu stehen scheint, ist gerade diese Eigenschaft der Pseudo-Zufallszahlen-Generatoren von grossem praktischem Wert, z.B. für Testzwecke.

Das Problem der Erzeugung von Zufallszahlen nach einer beliebigen Verteilung F(x) hat nun eine einfache Lösung. Im folgenden be-

zeichne x_1, x_2,... immer eine Folge von in $[0, 1]$ uniform verteilten
Zufallszahlen, etwa eine Folge, die nach dem oben beschriebenen Ver-
fahren hergestellt wird. Die Zufallszahlen y_i, die durch die
Transformation

$$(3) \qquad y_i = F^{-1}(x_i)$$

bestimmt werden, sind nach $F(x)$ verteilt (F^{-1} bezeichnet die inverse
Funktion von F). Es ist nämlich

$$(4) \qquad P\left\{y_i \leqslant x\right\} = P\left\{F^{-1}(x_i) \leqslant x\right\} = P\left\{x_i \leqslant F(x)\right\} = F(x).$$

Das Verfahren (3) zur Bestimmung der nach $F(x)$ bestimmten Zufallszahlen y_i wird als Inversions-Methode bezeichnet.

In einem ersten Beispiel sei die Exponentialverteilung, die durch

$$(5) \qquad F(x) = 1 - e^{-\lambda x}, \; x \geqq 0; \; F(x) = 0, \; x < 0, \lambda > 0$$

definiert ist, betrachtet. Die Anwendung von (3) auf diesen
speziellen Fall zeigt, dass die durch

$$(6) \qquad y_i = -\frac{1}{\lambda} \ln(1 - x_i)$$

bestimmten Zufallszahlen nach der Verteilung (5) verteilt sind. In
(6) kann an Stelle von $1 - x_i$ auch einfach x_i eingesetzt werden, da
mit x_i auch $1 - x_i$ in $[0, 1]$ uniform verteilt ist.

Ein weiteres, sehr wichtiges Anwendungsbeispiel der Inversions-
Methode liefern die sog. diskreten Zufallsvariablen, die nur einen
von endlich vielen Werten z_k, $k=1,2,...,M$ annehmen können. Die
Wahrscheinlichkeits-Verteilung solcher Zufallsvariablen wird meist
durch die Wahrscheinlichkeiten q_k, mit denen die Werte z_k angenommen
werden, definiert. Die Nachfrage im Lagersystem des Abschnitts 1.
bildet ein Beispiel einer diskreten Zufallsvariablen. In solchen
Fällen ist die Verteilungsfunktion $F(x)$ eine Treppenfunktion, die
an den Stellen $x = z_k$ Sprungstellen der Höhen q_k besitzt und dazwischen konstant ist. Die Inversions-Methode führt dann zu folgen-
dem Verfahren, das auch unmittelbar einleuchtend ist: Das Intervall

[0, 1] wird in Teilintervalle der Länge q_k zerlegt, etwa mit den Unterteilungspunkten 0, q_1, $q_1 + q_2$,...,$q_1 + q_2 + \ldots + q_{M-1}$, 1. Dann wird geprüft, in welches dieser Teilintervalle die Zufallszahl x_i fällt, und fällt sie in das Intervall der Länge q_k, so wird $y_i = z_k$ gesetzt. Da x_i gerade mit der Wahrscheinlichkeit q_k in ein Intervall der Länge q_k, $0 \leq q_k \leq 1$, fällt, haben die Zufallszahlen y_i die richtige Verteilung. Diese Bemerkung macht auch klar, dass die Reihenfolge der Teilintervalle q_k im Intervall [0, 1] keine Rolle spielt. Das ist wichtig für die Realisation dieses Verfahrens auf dem Computer, wie die folgenden Ueberlegungen zeigen.

Die Bestimmung des Intervalls q_k, in das eine Zufallszahl x_i zu liegen kommt, erfordert auf dem Computer eine Reihe von Tests, deren Anzahl zufällig variieren kann. Das sei an einem Beispiel illustriert. Bei einem Zufallsexperiment könne eines der vier mit A, B, C und D bezeichneten Ereignisse eintreten, wobei die Wahrscheinlichkeiten dieser Ereignisse der Reihe nach 0.5, 0.3, 0.15 und 0.05 betragen. Um dieses Zufallsexperiment zu simulieren, führt man eine Zufallsvariable ein, die die Werte $z_1 = 1$, $z_2 = 2$, $z_3 = 3$ und $z_4 = 4$ annehmen kann, wobei diese Werte der Reihe nach die Ereignisse A bis D bedeuten sollen; wenn die Zufallsvariable z.B. den Wert 1 annimmt, soll das bedeuten, dass das Ereignis A eingetreten ist, usw. Die Teilintervalle seien etwa wie folgt angeordnet: [0,0.05), [0.05,0.2), [0.2,0.5), [0.5,1.0]. Dann hat man auf dem Computer die folgenden Operationen durchzuführen:

1. Prüfe, ob $x_i < 0.05$; wenn ja $y_i = z_4$, fertig; sonst
2. Prüfe, ob $x_i < 0.2$; wenn ja $y_i = z_3$, fertig; sonst
3. Prüfe, ob $x_i < 0.5$; wenn ja $y_i = z_2$, fertig; sonst
4. $y_i = z_1$, fertig.

Offenbar braucht man hier mit Wahrscheinlichkeit 0.05 nur den Test 1., mit Wahrscheinlichkeit 0.15 die Tests 1. und 2. und mit Wahrscheinlichkeit 0.8 die Tests 1., 2. und 3. Die mittlere oder zu erwartende Anzahl Tests, die benötigt werden, ist somit gleich $0.05 \cdot 1 + 0.15 \cdot 2 + 0.8 \cdot 3 = 2.75$. Durch eine geschicktere Anordnung der Teilintervalle kann aber die mittlere Anzahl Tests empfindlich verringert werden. Legt man die Teilintervalle nach fallenden Längen aneinander [0,0.5), [0.5,0.8), [0.8,0.95), [0.95,1.0],

so wird die mittlere Anzahl Tests nach einer analogen Ueberlegung
gleich 0.5 · 1 + 0.3 · 2 + 0.2 · 3 = 1.7. Die Anordnung der Teilintervalle nach fallenden Längen ist immer die bestmögliche Anordnung, wie man sich in diesem Beispiel und allgemein überzeugen
kann. Wenn, wie im Lager-Beispiel des Abschnitts 1., solche Test-
folgen öfters durchlaufen werden müssen, kann eine solche Minimierung
der mittleren Anzahl Tests wohl der Mühe wert sein.

Bei stetigen Verteilungsfunktionen $F(x)$, wie sie etwa bei den
Zwischen-Ankunfts-Zeit- und Bedienungszeit-Verteilungen $A(x)$ und $B(x)$
des Warteschlangensystems im Abschnitt 1. auftreten, kann die Inversions-Methode meist nur noch im Zusammenhang mit Approximations-
Methoden angewandt werden. Die Inversions-Methode verlangt ja die
Auflösung der Gleichung $x = F(y)$ nach y und das kann nur in den
wenigsten Fällen explizite durchgeführt werden, wie bei der
Exponentialverteilung. Und selbst bei der Exponentialverteilung
muss man bedenken, dass die Berechnung des Logarithmus der Formel
(6) auf dem Computer rechenaufwendig ist, so dass man unter Um-
ständen besser eine der im folgenden beschriebenen Nährungs-Methoden
verwendet.

Wenn eine explizierte Inversion nicht möglich oder zu aufwendig ist,
so behilft man sich numerisch damit, dass man die stetige Zufallsvariable, bzw. die stetige Verteilungsfunktion diskretisiert. Diese
Diskretisation kann nach zwei verschiedenen Gesichtspunkten vorgenommen werden. Entweder wählt man eine aequidistante Einteilung
a_k, $k=1,2,\ldots$ des Wertebereichs der Zufallsvariablen, $a_k - a_{k-1}$
$=\Delta a$ = konstant, und bestimmt die variierenden Wahrscheinlichkeiten
$q_k = F(a_{k+1}) - F(a_k)$ dieser Intervalle. Oder aber man geht von einer
festen Wahrscheinlichkeit $q = 1/m$ aus, und bestimmt die Einteilung
a_k, $k=1,2,\ldots$ des Wertbereichs der Zufallsvariablen aus den Be-
dingungen $F(a_k) = k/m$, $k=1,2,\ldots,m-1$. Die Intervalle dieser Einteilung werden i.a. eine variable Länge erhalten. (Man vergleiche
dazu Fig. 3). In beiden Fällen bestimmt man dann nach dem oben beschriebenen Verfahren für diskrete Verteilungen mit einer ersten
Zufallszahl x_i ein Intervall $[a_k, a_{k+1}]$ (man beachte, dass sich das
bei der zweiten Diskretisations-Methode besonders einfach gestaltet,
da alle Intervalle dieselbe Wahrscheinlichkeit $1/m$ haben).

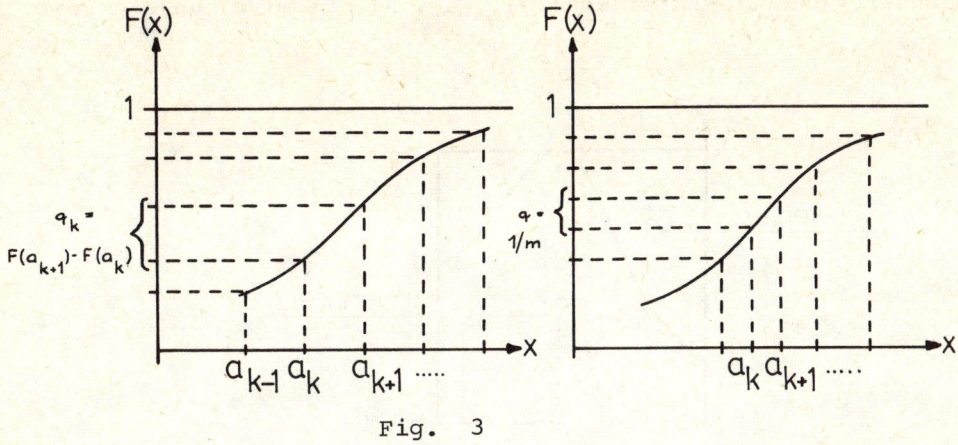

Fig. 3

Nachher bestimmt man mit einer zweiten Zufallszahl x_{i+1} eine uniform im Intervall $[a_k, a_{k+1}]$ verteilte Zufallszahl b_i, indem man Formel (1) anwendet: $b_i = a_k + (a_{k+1} - a_k)x_{i+1}$. Setzt man dann $y_i = a_k + b_k$, so ist y_i nach der stückweise linearen Verteilungsfunktion verteilt, die mit den Stützwerten a_k die Verteilungsfunktion $F(x)$ approximiert (vgl. Fig. 3). Es sind einige Rechenzeit sparende Verfeinerungen dieses Verfahrens entwickelt worden [22, 26].

Für stetige Verteilungsfunktionen $F(x)$, die eine Dichtefunktion $f(x)$ besitzen, gibt es eine weitere Möglichkeit zur Erzeugung entsprechend verteilter Zufallszahlen. Es sei $f(x) = 0$ für $x < a$ und $x > b$, so dass die Zufallsvariable nur Werte im Intervall $[a, b]$ annehmen kann (sollte das nicht der Fall sein, so muss die Zufallsvariable entsprechend gestutzt werden). Ist die Zufallsvariable ξ mit der Dichtefunktion $f(x)$ verteilt, so ist die Zufallsvariable

(7) $\qquad \eta = \dfrac{\xi - a}{b - a}$

mit der Dichtefunktion

(8) $\qquad g(x) = (b - a)f(a + (b - a)x), \quad 0 \leqslant x \leqslant 1,$
$\qquad\qquad = 0, \quad x < 0 \text{ und } x > 1$

verteilt (für Transformationen von Dichtefunktionen vgl. [10]). Sei g der Maximalwert von $g(x)$ im Intervall $[0,1]$. Dann ist die Funktion

(9) $\qquad g^*(x) = \dfrac{b - a}{g} f(a + (b - a)x)$

im Einheitsquadrat enthalten (vgl. Fig. 4). Es wird nun ein Paar

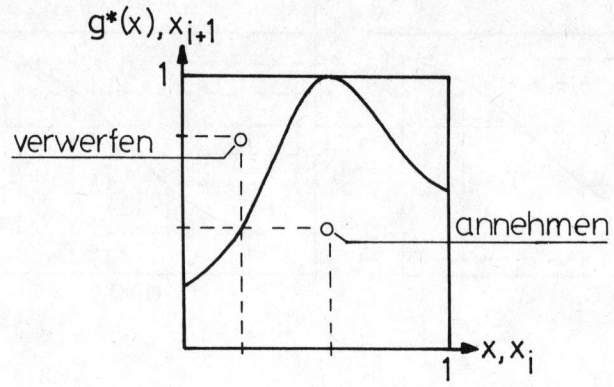

Fig. 4

von Zufallszahlen (x_i, x_{i+1}) betrachtet. Dieses Paar bestimmt einen
Punkt im Einheitsquadrat. Liegt dieser Punkt nicht unterhalb der
Kurve $g^*(x)$, d.h. ist $x_{i+1} > g^*(x_i)$, so wird dieses Paar verworfen
und ein nächstes, neues Paar von Zufallszahlen betrachtet, usw., bis
einmal $x_{i+1} \leq g^*(x_i)$. Dann setzt man $y_i = a + (b - a)x_i$. Das ist die
sog. Verwerfungsmethode; ihr Nachteil ist, dass i.a. viele Zufallszahlen x_i verbraucht werden.

Es ist noch zu zeigen, dass die so bestimmten Zufallszahlen y_i die
verlangte Verteilung haben. Die Wahrscheinlichkeit, dass ein Punkt
unterhalb der Kurve $g^*(x)$ liegt, ist gleich der Fläche unterhalb
dieser Kurve $F = 1/g$. Nach obigem gilt dann

$$(10) \qquad P\left\{y_i \leq x\right\} = P\left\{a + (b - a)x_i \leq x \mid x_{i+1} \leq g^*(x_i)\right\}$$

$$= \int_0^{\frac{x-a}{b-a}} g^*(x) \, dx / F = \int_a^x f(x) \, dx = F(x).$$

Das war zu beweisen.

Abschliessend sei erwähnt, dass für bestimmte, spezielle Verteilungen
besondere Verfahren existieren. Das wichtigste Beispiel ist die
Normalverteilung. Ist ξ_i, $i = 1, 2, \ldots$ eine Folge von unabhängigen,
gleich verteilten Zufallsvariablen mit Erwartungswert a und Varianz σ^2

so sagt der zentrale Grenzwertsatz, dass die Zufallsvariable

$$(11) \qquad \sum_{i=1}^{n} \frac{(\xi_i - a)}{\sqrt{n \sigma^2}}$$

für genügend grosse n näherungsweise normalverteilt mit Mittelwert
0 und Varianz 1 ist. Angewandt auf in [0, 1] uniform verteilte Zufallszahlen heisst das, dass die Zufallszahlen

$$(12) \qquad y_i = \frac{\sum_{k=1}^{n} (x_k - 1/2)}{\sqrt{n/12}} \qquad .$$

für genügend grosses n approximativ normal verteilt sind mit Mittelwert 0 und Varianz 1. Es ist für eine in [0, 1] uniforme Verteilung
nämlich

$$(13) \qquad a = \int_0^1 x \, dx = 1/2, \quad \sigma^2 = \int_0^1 (x - 1/2)^2 \, dx = 1/12.$$

$n \geq 10$ wird in der Praxis meistens als genügend erachtet und man
wählt in diesem Fall mit Vorteil n = 12, da die Formel (12) dann die
einfache Form

$$(14) \qquad y_i = \sum_{k=1}^{12} x_k - 6$$

erhält. Zu Zufallszahlen y_i' einer Normalverteilung mit beliebigem
Mittelwert und beliebiger Varianz kommt man mittels der Transformation

$$(15) \qquad y_i' = a + \sigma y_i .$$

Eine weitere, theoretisch interessante Methode findet sich in [2].

2.3. Die Auswertung von Monte Carlo Rechnungen

Der vorangegangene Abschnitt hat die grundlegenden Techniken zum Aufbau von Monte Carlo Rechnungen dargelegt. In diesem Abschnitt sollen
die Methoden kurz beleuchtet werden, die das Ziehen von numerischen
Schlussfolgerungen aus den Rechnungen erlauben. Grundsätzlich ent-
stammen diese Methoden dem Bereich der mathematischen Statistik; es
sei aber bereits an dieser Stelle erwähnt, dass die Monte Carlo
Experimente einige Besonderheiten aufweisen, die bei normalen
statistischen Versuchen fehlen, und die man in einigen Fällen beim

Aufbau und bei der Auswertung der Monte Carlo Rechnung mit Vorteil
ausnützen kann. Wir können darauf nur in einigen Hinweisen am Schluss
eingehen.

Das Rohmaterial an Daten, das während der Monte Carlo Rechnung anfällt,
kann auf mannigfache Weise in Tabellen und Diagrammen verarbeitet werden. Beim Lagersystem des Abschnitt 1. kann es wünschenswert sein,
Aufschlüsse über die folgenden Punkte zu erhalten:

  - Häufigkeiten der verschiedenen Lagerbestände,
  - Risiko, dass die Nachfrage nicht befriedigt werden kann,
  - Zeitabstände zwischen zwei Bestellungs-Zeitpunkten,
  - Häufigkeiten von verschiedenen Bestellmengen, etc.

Zu allen diesen Fragen kann man Statistiken aufstellen. Man stellt
in einer Tabelle zusammen, wie oft der Lagerbestand währen der
Simulation 0, 1, 2,..., S Einheiten umfasste. Dividiert man diese
Zahlen durch die Anzahl simulierter Tage N, so erhält man die
relativen Häufigkeiten für die einzelnen möglichen Lagerbestände.
Zählt man die Tage, an denen ein Teil der Nachfrage nicht befriedigt
werden konnte und setzt man diese Zahl in Relation zu N, so hat man
ein Mass für das Risiko, dass die Nachfrage nicht befriedigt werden
kann. Man kann zudem berechnen, in welchem Umfang die Nachfrage
während der Simulationsdauer unbefriedigt geblieben ist und daraus
den mittleren Verlust an Nachfrage pro Tag oder pro Monat bestimmen.
Notiert man sich die Bestell-Tage während der Simulation, so können
die zeitlichen Zwischenräume zwischen zwei Bestellungen berechnet
werden und durch Auszählen kann eine Statistik über die relativen
Häufigkeiten dieser Zeiten aufgestellt werden.

Aehnliches lässt sich beim Warteschlangensystem des Abschnitts 1.
durchführen. Man interessiert sich hier etwa für

  - die Häufigkeiten der einzelnen Warteschlangen-Längen,
  - die Verteilung der Wartezeiten der Kunden,
  - das Verhältnis der freien Zeit des Schalters zur Gesamtzeit,
    etc.

Beim ersten Punkt dieser Aufstellung ist zu beachten, dass man einen

kontinuierlichen Zeitparameter hat. Man stellt daher in einer Tabelle
die Gesamtzeiten zusammen,während denen O, 1, 2,... Kunden in der
Warteschlange waren und dividiert diese Zeiten durch die Simulationsdauer T, um die relativen Häufigkeiten der einzelnen Warteschlangen-
Längen zu erhalten. Zur Untersuchung der Wartezeiten der Kunden im
System geht man von den einzelnen Wartezeiten τ_i (vgl. Abschnitt 1.)
aus. Hier muss man bedenken, dass die τ_i Werte in einem kontinuierlichen Bereich annehmen können. In einem solchen Fall kann man beispielsweise ein sog. Histogramm aufstellen, indem man die t-Achse
in Intervalle der Länge Δt unterteilt und auszählt, wie viele Wartezeiten τ_i in den einzelnen Intervallen $[k \Delta t, \quad (k+1)\Delta t), k=0,1,2,...$
liegen und diese Zahlen durch die Gesamtzahl m der betrachteten
Kunden dividiert. Oder man kann die sog. empirische Verteilungsfunktion der Beobachtungen τ_i

$$(1) \quad F_e(x) = \frac{\text{Anzahl } \tau_i \leqslant x}{m}$$

bilden. Schliesslich ist die relative Häufigkeit der freien Zeit
des Schalters gleich der relativen Häufigkeit dafür, dass O Kunden
sich im System befinden.

In vielen Fällen begnügt man sich mit der Feststellung von Mittel-
werten (z.B. mittlerer Lagerbestand, mittlere Zeit zwischen zwei
Bestellungen im Lagersystem, mittlere Anzahl Kunden in der Warteschlange, mittlere Wartezeit der Kunden im Warteschlangensystem);
insbesondere bei der Integralberechnung treten solche Mittelwerte
auf. Mittelwerte werden durch das arithmetische Mittel bestimmt,
wenn die Beobachtungen von einem diskreten Parameter abhängig sind
(vgl. (1.2), (1.5), (1.7)) oder durch ein Integralmittel (vgl. (1.8)),
wenn die Beobachtungen von einem kontinuierlichen Parameter anhängen.

Alle relativen Häufigkeiten oder Mittelwerte, die man bildet, sind
Schätzwerte für gewisse Parameter des betrachteten deterministischen
oder stochastischen Systems. Bei einer tieferen Analyse der Monte
Carlo Rechnung muss man sich fragen, um wieviel die Schätzwerte von
den Parametern abweichen können, d.h. wie gross ihr Fehler ist. Oder
man frägt sich, ob die statistischen Unterlagen aus der Simulation
eine bestimmte, vorgefasste Hypothese unterstützen oder ob sie im

Gegenteil die Hypothese unhaltbar machen.

Im Falle der Integralberechnung hat man es mit voneinander unabhängigen Beobachtungen $g(x_i)$ desselben Experiments zu tun. Eine ein-
gehendere Betrachtung des Lager- und Warteschlangen-Modells lehrt,
dass dasselbe der Fall ist für die Beobachtungen über die Zeitintervalle zwischen zwei Bestellungen, die Bestellmengen, die freien
Zeiten des Schalters (um nur eine Auswahl zu nennen). Dagegen sind
die Beobachtungen über den Lagerbestand, die Anzahl Kunden in der
Warteschlange, die Wartezeiten der Kunden nicht mehr unabhängig voneinander. Folgen von voneinader unabhängigen Beobachtungen desselben
Experiments bilden das klassische Schema der mathematischen Statistik.
Man kann hier auf den vollen Methodenreichtum einer ausgebauten
Theorie zurückgreifen [32].

Wir können hier nur die für die Monte Carlo Methode grundlegenden
Punkte kurz diskutieren. Betrachten wir ein Ereignis der Wahrscheinlichkeit p, beispielsweise das Ereignis, dass das Zeitintervall zwischen zwei Bestellungen zwischen 4 und 6 Tagen liege.Dieses
Ereignis sei bei N unabhängigen Beobachtungen L mal vorgekommen.
Dann ist die relative Häufigkeit des Ereignisses h = L/N. h ist eine
Zufallsvariable, ihr Erwartungswert ist p und ihre Varianz p(1 - p)/N
(vgl. [32]). Nach dem Gesetz der grossen Zahlen ist h für grosse N
approximativ gleich p und zwar im folgenden Sinn: für jedes $\delta > 0$ und
für jedes $\varepsilon > 0$ gibt es eine Zahl N_o, derart, dass für alle $N > N_o$
die Ungleichung

(2) $|h - p| < \delta$

mit einer Wahrscheinlichkeit von mindestens $1 - \varepsilon$ erfüllt ist (h
konvergiert in Wahrscheinlichkeit gegen p für $N \to \infty$). In diesem
Sinne dienen die relativen Häufigkeiten der näherungsweisen Bestimmung des Parameters p. Der Fehler, den man dabei begeht, kann
nach dem Gesagten nicht mit Bestimmtheit vorausgesagt werden, sondern er kann nur im beschriebenen statistischen Sinn erklärt werden.
Die linke Seite von (2) kann immer durch die Tschebyscheff-Ungleichung
abgeschätzt werden (vgl. [10, 32]).

(3) $|h - p| \leq \sqrt{\dfrac{p(1 - p)}{\varepsilon N}}$,

wo ε wie oben die Wahrscheinlichkeits-Schranke dafür ist, dass diese
Ungleichung falsch ist.

Betrachten wir weiter unabhängige, gleich verteilte Zufallsvariablen
x_i mit Erwartungswert a und Varianz σ^2, z.B. wieder die Zeitintervalle zwischen zwei Bestellungen oder die $g(\xi_i)$ der Integralberechnung. Das arithmetische Mittel von N unabhängigen Beobachtungen
dieser Zufallsvariablen

$$(4) \qquad \bar{x} = \frac{1}{N} \sum_{i=1}^{N} x_i$$

ist selber ein Zufallsvariable mit dem Erwartungswert a und der
Varianz σ^2/N. Wieder sagt das Gesetz der grossen Zahlen aus, dass
$\bar{x}$ für einen grossen Stichprobenumfang N annähernd gleich a ist. Eine
Präzisierung findet diese Aussage in der Tschebyscheff-Ungleichung,
die in diesem Fall besagt, dass die Ungleichung

$$(5) \qquad |\bar{x} - a| \leq \sigma \sqrt{\frac{1}{\varepsilon N}}$$

mit einer Wahrscheinlichkeit von mindestens $1 - \varepsilon$ erfüllt ist. In
diesem Sinne liefert die Formel (1.5) eine approximative Bestimmung
des Integralwertes oder kommt man zur Schätzung des Erwartungswertes
der Zeit zwischen zwei Bestellungen, usw.

Eine schärfere Abschätzung der linken Seiten in (3) und (5) erhält
man, wenn man bemerkt, dass für genügend grosse N die Grössen h
(wenn p nicht zu klein ist) und $\bar{x}$ nach dem zentralen Grenzwertsatz
approximativ normalverteilt sind. Da eine relative Häufigkeit h nur
ein Spezialfall eines arithmetischen Mittels darstellt (man setze
$x_i = 1$ mit Wahrscheinlichkeit p und $= 0$ mit Wahrscheinlichkeit $1 - p$),
kann man sich auf die Betrachtung von $\bar{x}$ beschränken. $\bar{x}$ ist approximativ normalverteilt mit Erwartunswert a und Varianz σ^2/N. Wählt man
eine Wahrscheinlichkeits-Schranke ε, so kann die Abschätzung y der
linken Seite von (5) aus der Gleichung

$$(6) \qquad P\left\{|\bar{x} - a| \leq y\right\} = \sqrt{\frac{N}{2\pi\sigma^2}} \int_{-y}^{y} e^{-\frac{(z-a)^2 N}{2\sigma^2}} dz = 1 - \varepsilon$$

gewonnen werden. Z.B. ergibt sich mit $\varepsilon = 0.003$, dass die Ungleichung

(7) $|\bar{x} - a| \leq \dfrac{3\sigma}{\sqrt{N}}$

mit einer Wahrscheinlichkeit von 0.997 erfüllt ist.

Diese wenigen Bemerkungen erklären, in welcher Art Monte Carlo Rechnungen zur Bestimmung von gewissen Parametern führen. Sind die aufeinanderfolgenden Beobachtungen abhängig voneinander, wie die Lagerbestände, die Warteschlangen-Längen und die Wartezeiten in den besprochenen Modellen, so liegt ein Fall vor, der in der Theorie der Analyse von Zeitreihen untersucht wird. Erfüllen die unterliegenden stochastischen Prozesse gewisse Stationaritäts-Voraussetzungen, auf die wir hier nicht eingehen können, so sagt der Ergodensatz aus, dass die Mittelwerte (arithmetische Mittel bei diskretem Parameter bez. Integralmittel bei stetigem Parameter) immer noch in der gleichen Weise, wie oben beschrieben, in Wahrscheinlichkeit gegen einen Erwartungswert a konvergieren. Somit kommt man auch in diesen Fällen zu einer approximativen Bestimmung des Parameters a. Für vollständigere Erläuterungen in diesem Zusammenhang muss auf die Literatur verwiesen werden [1, 6, 8, 9, 13].

Beide Abschätzungen (5) und (7) enthalten den Term $\sigma / \sqrt{N}$, die sog. Streuung oder Standard-Abweichung von $\bar{x}$. Man kann diese Grösse als ein Mass für den Fehler von $\bar{x}$ nehmen. Nun kennt man bei einer Monte Carlo Rechnung i.a. σ nicht im voraus, so dass es beispielsweise unmöglich ist, vorauszubestimmen, welcher Stichprobenumfang N benötigt wird um eine bestimmte Genauigkeit zu erreichen. Wenn man Information über die Genauigkeit der Rechnung wünscht, so muss σ^2 während der Rechnung geschätzt werden. Dazu kann man die Grösse

(8) $s^2 = \dfrac{\sum\limits_{i=1}^{N} (x_i - \bar{x})^2}{N - 1}$

die empirische Varianz, benützen. Für grosse N ist s^2 eine gute Nährung für σ^2 und somit ist $s/\sqrt{N}$ ein guter Nährungswert für die Streuung von $\bar{x}$. Das gilt nur für unabhängige Beobachtungen; für abhängige Beobachtungen wird auf die zitierte Literatur verwiesen.

Abschliessend sei auf die wichtige Tatsache hingewiesen, dass der Fehler einer Monte Carlo Rechnung nur mit der Wurzel aus dem Stichprobenumfang N abnimmt, wie aus dem oben gesagten, insbesondere den

Formeln (3), (5) und (7), hervorgeht. Diese Tatsache bleibt auch bestehen, wenn es sich um abhängige Beobachtungen handelt. Zur Verbesserung der Genauigkeit der Rechnung um einen Faktor 10 ist also eine Vergrösserung des Stichprobenumfangs um den Faktor 100 notwendig. Es ist klar, dass auf diese Weise der Genauigkeits-Verbesserung enge Grenzen gesetzt sind. Man kann aber den Fehler einer Monte Carlo Rechnung nicht nur durch Vergrösserung des Stichprobenumfangs reduzieren, sondern auch durch eine geschickte Planung der Versuchs-Anordnung, d.h. der Organisation der Rechnung. Dabei macht man von der Manipulierbarkeit des "Zufalls" in der Monte Carlo Methode Gebrauch. Solche Verfahren sind unter dem Begriff von Varianz- oder Stichproben-reduzierenden Techniken entwickelt worden, vor allem für die Integralberechnung. Wir verweisen auf die Literatur [15, 20, 25, 30].

Literaturverzeichnis

[1]   Bartlett, M.S.: An introduction to stochastic processes.
        Cambridge University Press, 1955.

[2]   Box, G.E.P. and Muller M.E.: A note on the generation of
        random normal deviates. Ann. Math. Stat. 29,
        610-611, 1958.

[3]   Chung, K.L.: Markov chains with stationary transition
        probabilities. Springer, Berlin-Göttingen-Heidelberg,
        1960.

[4]   Crone, J.: Einige Anwendungsmöglichkeiten der Monte Carlo
        Methode. Fortschritte der Physik 3, 1955.

[5]   Dieter, U.: Autokorrelation multiplikativ-erzeugter Pseudo-
        Zufallszahlen, in R. Henn u.a. (Ed.): Operations
        Research Verfahren VI, 69-85, 1968.

[6]   Doob, J.L.: Stochastic processes. John Wiley. New York, 1965.

[7]   Dynkin, E.B. und Juschkewitsch A.A.: Sätze und Aufgaben über
        Markoffsche Prozesse. Springer. Berlin-Heidelberg-
        New York, 1969.

[8]   Fishman, G.S. and Kiviatt P.S.: The analysis of simulation
        generated time series. Management Science, 13A,
        525-556, 1967.

[9]   Gafarian, A.V. and Ancker C.J. Jr.: Mean value estimation from
        digital computer simulation. Oper. Res., 14, 25-44,
        1966.

[10]   Gnedenko, B.W.: Lehrbuch der Wahrscheinlichkeitsrechnung.
        Akademie-Verlag. Berlin, 1962.

[11]   Greenberger, M.: An a priori determination of serial correlation
        in computer generated random numbers. Math. Comp.
        15, 383-389, 1961.

[12] Greenberger, M.: Notes on a new pseudo random number generator.
      J. Assoc. Comp. Mach. 8, 163-167, 1961.

[13] Grenander, U. and Rosenblatt M.: Statistical analysis of
      stationary time series. John Wiley, New York und
      Almqvist u. Wiksell, Stockholm, 1957.

[14] Haas, P.R. in Bowman und Fetter: Analysis for production
      management. Homewood, Illinois, 1957.

[15] Hammersley, J.M. and Handscomb D.C.: Monte Carlo methods.
      Methuen. London, 1964.

[16] Handschin, J.E.: Monte Carlo techniques for prediction and
      filtering of nonlinear stochastic processes. Auto-
      matica, 6, 1970.

[17] Harling, J.: Simulation techniques in Operations Research.
      Oper. Res. 6, 307-319, 1958.

[18] Hull, E. and Dobell A.R.: Random number generators. Soc. Indust.
      Appl. Math. Review 4, 230-254, 1962.

[19] IBM: Random number generation and testing. Form 20 - 8011.

[20] Kahn, H. and Marshall A.W.: Methods of reducing sample size
      in Monte Carlo computations. Oper. Res. 1, 263-278,
      1953.

[21] Lehmer, D.H.: Mathematical methods in large scale computing
      units. Proc. Symp. on large scale digital calcul.
      machinery. Harvard University Press, 141-146, 1949.

[22] Marsaglia, G.: Random variables and computers. Trans. Third
      Prague Conf. Inf. Theory. Publ. House Czech. Acad.
      Sci., Prag 499-512, 1964.

[23] Marsaglia, G. and McLaren M.D.: Uniform random number generators.
      J. Assoc. Comp. Mach. 12, 83-89, 1965.

[24] Mayne, D.Q.: A gradient method for determining optimal control
      of nonlinear stochastic systems. Proc. 2nd IFAC Symp.
      Theory of self-adaptive control systems, Teddington
      (UK), 1965.

[25] Meyer, H.A.(Ed.): Symposium on Monte Carlo methods. John Wiley,
      New York, 1956.

[26] Rietwil, H.: Erzeugen von Zufallsvariablen mit eletronischen
      Rechengeräten. Universität Bern, 1968.

[27] Rosensthiel, P. et Ghouila-Houri A.: Les choix économiques:
      décisions séquentielles et simulation. Paris, 1960.

[28] Rotenberg, A.: A new pseudo-random number generator. J. Assoc.
      Comp. Mach. 7, 75-77, 1960.

[29] Schilder, M.: A Monte Carlo method for analysing non-linear
      circuits. Int. J. Control. 5, 1967.

[30] Shreider, Yu. A.(Ed.): The Monte Carlo method. Pergamon Press.
      New York. 1966.

[31] Taussky, O. and Todd J.: Generation and testing of pseudo-
      random numbers. In [25].

[32] Van der Waerden, B.L.: Mathematische Statistik. Springer,
      Berlin-Göttingen-Heidelberg, 1965.

[33] Zimmermann, R.E.: A Monte Carlo model for military analysis.
      In McCloskey and Coppinger [Ed.): Operations Research
      for management II, 376, 1956.

3. DIE DIREKTE METHODE

Dietrich Fischer, New York

Niklaus Ragaz, Bern

Karl Stoop, Bern

3.1. Einführung

Um das Prinzip der direkten Methode anschaulich erklären zu
können, beginnen wir mit zwei einfachen Beispielen, die zweck-
mässig mit dieser Simulationsmethode behandelt werden.

Beispiel 1: Supermarkt

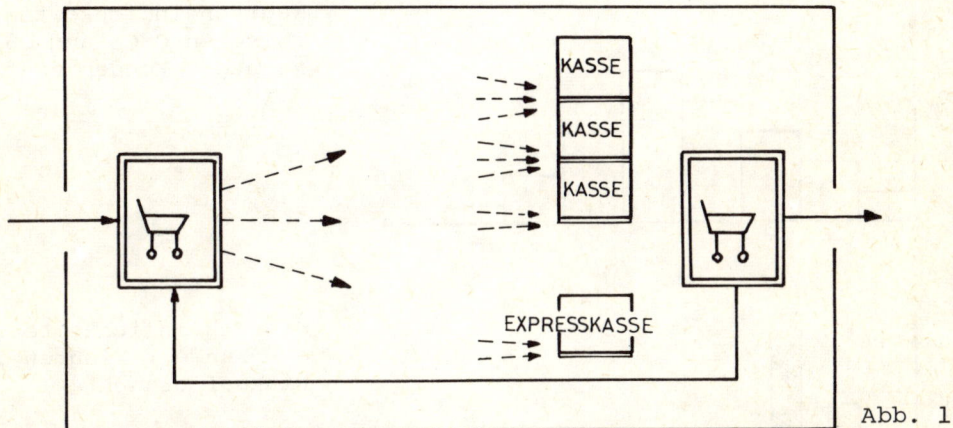

Abb. 1

Abb. 1 zeigt den schematischen Grundriss eines Supermarktes.
Durch den Eingang **links** betreten die Käufer den Laden, wobei
die Anzahl der ankommenden Personen pro Minute eine Zufallsvariable ist. Die Kunden gelangen vorerst zum Park der Einkaufswagen und nehmen einen solchen; sollten alle Wagen besetzt sein,
dann müssen sie auf freiwerdende Wagen warten. Anschliessend
tätigen die Kunden individuell ihre Einkäufe, wobei die benötigte
Einkaufszeit ebenfalls eine Zufallsvariable ist. Nach beendigtem
Einkauf begeben sie sich an die Kassen; es steht eine gewisse
Anzahl von Kassen zur Verfügung (in der Abb.1 sind es vier), wo-
von ein Teil für Expresskunden, d.h. Kunden, die nur wenige
Artikel eingekauft haben, reserviert sind. Vor den Kassen müssen
die Käufer nach den landesüblichen Regeln des Anstandes anstehen
bis sie bezahlen können, wobei die Aufenthaltszeit an der Kasse
nochmals eine Zufallsvariable ist. Anschliessend wird der Ein-

kaufswagen abgeliefert, der Kunde verlässt den Supermarkt und die
Einkaufswagen werden für neue Käufer bereitgestellt.

Bekannt sind die Anzahl vorhandener Einkaufswagen, die Wahrscheinlichkeitsverteilungen für die Anzahl der eintretenden Kunden pro
Minute (vgl. Abb. 2 als Beispiel), für die Einkaufszeiten (vgl.
Abb. 3) und für die Abfertigungszeiten an den Kassen (vgl. Abb.4).
Darauf basierend soll mittels einer Simulation ermittelt werden, mit
welcher Wahrscheinlichkeit ein Käufer auf einen Einkaufswagen warten
muss, wie lange Warteschlangen vor den Kassen entstehen und mit welcher Wartezeit ein Kunde rechnen muss.

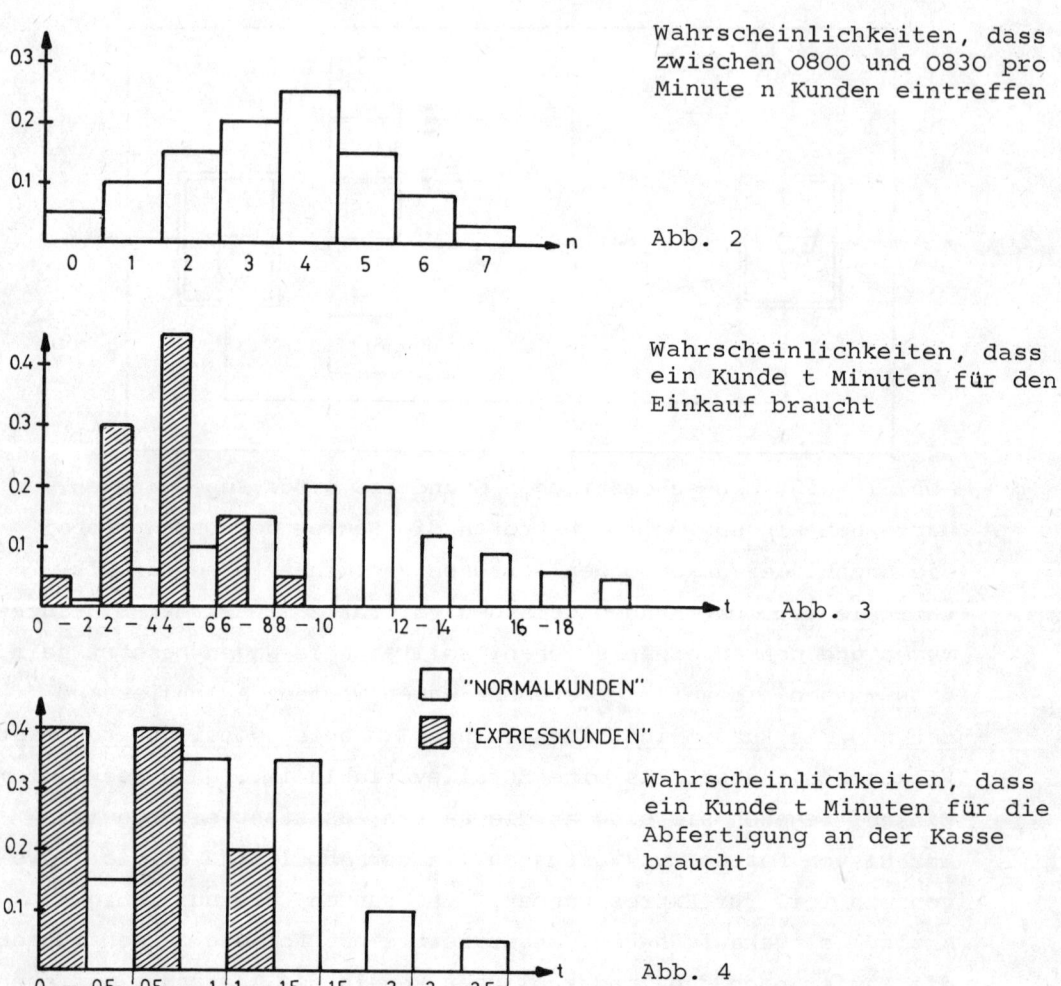

Wahrscheinlichkeiten, dass
zwischen 0800 und 0830 pro
Minute n Kunden eintreffen

Abb. 2

Wahrscheinlichkeiten, dass
ein Kunde t Minuten für den
Einkauf braucht

Abb. 3

"NORMALKUNDEN"

"EXPRESSKUNDEN"

Wahrscheinlichkeiten, dass
ein Kunde t Minuten für die
Abfertigung an der Kasse
braucht

Abb. 4

Beispiel 2: Kreuzung von 2 Einbahnstrassen

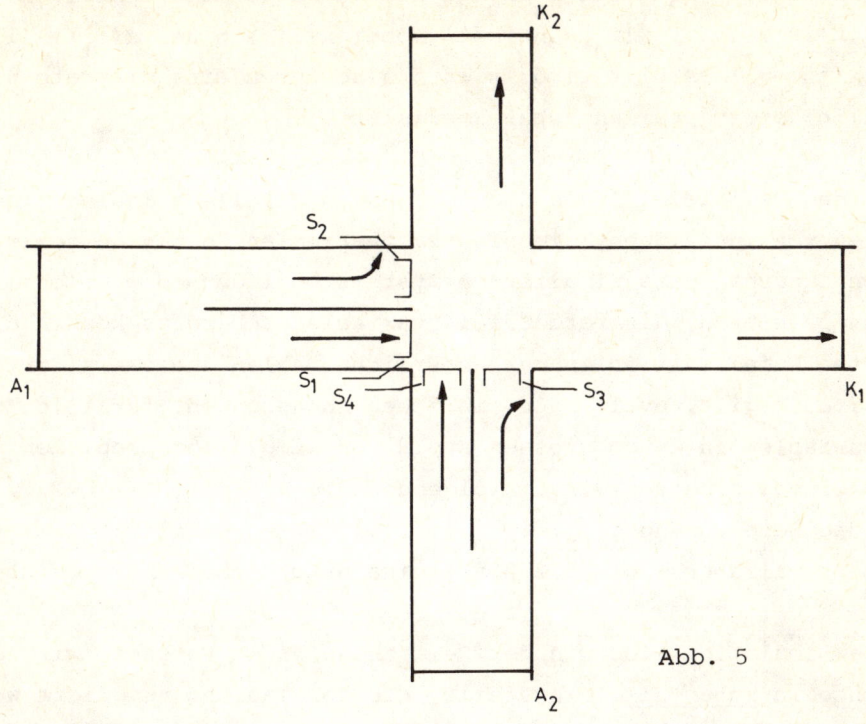

Abb. 5

An den Stellen A_1 und A_2 sollen Fahrzeuge von aussen ins Verkehrsnetz einfahren, wobei die Anzahlen der ankommenden Fahrzeuge pro
Zeiteinheit (z.B. pro 10 Sekunden) Zufallsvariablen seien. Vor der
Kreuzung müssen sich die Fahrer entscheiden, ob sie geradeaus fahren
oder abbiegen wollen und entsprechend einspuren. Die Weiterfahrt
über die Kreuzung wird durch eine Lichtsignalanlage gesteuert. Zu
dieser Lichtsignalanlage gehören die Verkehrsampeln S_1, S_2, S_3 und
S_4. Schliesslich passieren die Fahrzeuge die Kontrollstellen K_1 bzw.
K_2.

Es soll bei bekannten Abbiegewahrscheinlichkeiten und festgelegtem
Signalablauf mittels einer Simulation berechnet werden, wie lang
die Warteschlangen vor den Signalen werden, mit welchen Wartezeiten
die Fahrer rechnen müssen und wie viele Fahrzeuge in gewissen Zeitintervallen die Kontrollstellen K_1 und K_2 passieren werden.

Wir bezeichnen eine Zufallsvariable x als <u>diskret</u>, wenn sie endlich viele Werte $i_1 < i_2 \ldots < i_n$ mit gewissen Wahrscheinlichkeiten $x(i_1)$, $x(i_2)$, $\ldots$, $x(i_n)$ annimmt, wobei $x(i) \geq o$ und $x(i_1)+x(i_2)+ \ldots + x(i_n) = 1$ erfüllt sind. x wird also durch eine diskrete Wahrscheinlichkeitsverteilung charakterisiert.

Die in den Beispielen 1 und 2 auftretenden Zufallsvariablen sind als Anzahlen von Individuen, die sich zu bestimmten Zeiten an gewissen Stellen innerhalb des simulierten Systems befinden oder solche Stellen passieren, diskrete Zufallsvariable. Ueberdies können diese diskreten Zufallsvariablen nur natürliche Zahlen und o als Werte annehmen; dies gilt, evtl. nach einfachen Anpassungen, für alle Zufallsvariablen in einem grossen Kreis von Simulationsproblemen. Aus diesem Grunde ersetzen wir im folgenden die Werte $i_1 < i_2 < \ldots < i_n$ durch die Bezeichnung i_{min}, $i_{min} + 1,\ldots$, i_{max}, wobei i_{min} meist o ist, manchmal aber (vgl. 3.2.2.a)) eine natürliche Zahl bezeichnet.

Für die Simulation eines in der Zeit ablaufenden Vorgangs wird die Zeitachse in <u>Intervalle</u> eingeteilt, die fortlaufend numeriert werden.

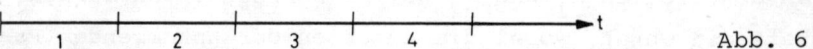

Abb. 6

Unter den Ereignissen, die nachgebildet werden, kann unterschieden werden zwischen solchen, die sich über eine gewisse Zeitdauer (ein oder mehrere Zeitintervalle) erstrecken und anderen, die - vielleicht etwas idealisiert - in einem einzelnen Zeitpunkt (z.B. am Anfang oder Ende eines Zeitintervalles) stattfinden.

Ein Ereignis, das sich über eine Zeitdauer erstreckt, ist im Beispiel 2 etwa die Fahrt eines Fahrzeuges von A_1 bis S_2; die Aufspaltung der A_1 passierenden Fahrzeuge in solche mit Ziel S_1 bzw. S_2 hingegen wird zweckmässigerweise als Ereignis ohne zeitliche Ausdehung betrachtet.

In beiden Beispielen werden die Anzahlen der ankommenden Individuen pro Zeiteinheit (Kunden im einen, Fahrzeuge im anderen Beispiel) als Zufallsvariablen durch Wahrscheinlichkeitsverteilungen beschrieben. Diese (z.B. aus statistischen Ermittlungen) bekannten Eingangsverteilungen werden beim Durchgang durch das System an mehreren

Stellen in bestimmter Weise transformiert, so etwa wenn an einer Abzweigung eine Zufallsvariable x_o in mehrere Zufallsvariablen $x_1, \ldots,$ x_n übergeht oder umgekehrt an einer Einmündung sich mehrere Zufallsvariablen $y_1, \ldots, y_n$ zu einer Zufallsvariablen y_o vereinigen; oder wenn die Zufallsvariable z = Länge einer Warteschlange durch hinten anschliessende und von vorn weggehende Individuen ändert. Es ist, wie im Beitrag 1 dargelegt wurde, die Aufgabe der Simulation nach der direkten Methode, diese Transformationen algorithmisch zu erfassen. Dabei zeigt die praktische Analyse von konkreten Beispielen, dass die folgenden relativ wenigen Operationen mit Zufallsvariablen in vielen Fällen genügen:

3.2. Operationen mit diskreten Zufallsvariablen

3.2.1 Hauptoperationen
a) Addition von zwei diskreten Zufallsvariablen
Beispiel: Die Zufallsvariable x_n bezeichne die Länge einer Warteschlange von Fahrzeugen vor einem Signal, das rot zeigt, zu Beginn des Zeitintervalles n; die Zufallsvariable y_n gebe die Anzahl Fahrzeuge an, die im Zeitintervall n zusätzlich hinten anschliessen. Gesucht sei x_{n+1}, die Länge der Warteschlange zu Beginn des Zeitintervalls n+1.

Als Zahlenbeispiel: $x_n(o)=o.2$, $x_n(1)=o.5$, $x_n(2)=o.3$; $y_n(o)=o.7$; $y_n(1)=o.3$. Unter der Voraussetzung, dass x_n und y_n unabhängig voneinander sind, und mit der einfachen Ueberlegung, dass wenn zu Beginn des Zeitintervalles n i Fahrzeuge warten und im Zeitintervall n j Fahrzeuge dazukommen, zu Beginn des Zeitintervalles n+1 k = i+j Fahrzeuge warten, liefern die Regeln der Wahrscheinlichkeitsrechnung für x_{n+1}

$$x_{n+1}(o) = x_n(o) \cdot y_n(o) \qquad\qquad = o.14$$
$$x_{n+1}(1) = x_n(o) \cdot y(1) + x_n(1) \cdot y_n(o) \qquad = o.41$$
$$x_{n+1}(2) = x_n(o) \cdot y(2) + x_n(1) \cdot y_n(1) + x_n(2) \cdot y_n(o) \qquad = o.36$$
$$x_{n+1}(3) = x_n(o) \cdot y_n(3) + x_n(1) \cdot y_n(2) + x_n(2) \cdot y_n(1) + x_n(3) \cdot y_n(o)$$
$$= o.o9$$

Allgemein: Es sind zwei voneinander unabhängige diskrete Zufallsvariablen x und y repräsentiert durch die Wahrscheinlichkeitsverteilungen x(i) für $i = i_{min}, i_{min}+1, \ldots, i_{max}$ und y(j) für $j = j_{min},$ $j_{min}+1, \ldots, j_{max}$ gegeben. Gesucht ist die diskrete Zufallsvariable

$z = x + y.$

Es gilt $\qquad z(k) = \displaystyle\sum_{k=i+j} x(i) \circ y(j) = \displaystyle\sum_{i} (i) \circ y(k-i)$

---

wobei $i = i_{min}, i_{min}+1, \ldots \circ , i_{max}$

$j = j_{min}, j_{min}+1, \circ\ldots , j_{max}$

$k = k_{min}, k_{min}+1, \ldots \circ , k_{max}$ mit $k_{min} = i_{min} + j_{min}$

$k_{max} = i_{max} + j_{max}$

b) Subtraktion von zwei diskreten Zufallsvariablen

Beispiel: Die Zufallsvariable x_n bezeichne die Länge einer Warteschlange von Fahrzeugen vor einem Signal, das grün zeigt, zu Beginn
des Zeitintervalles n; die Zufallsvariable y_n gebe die Anzahl Fahrzeuge an, die im Zeitintervall n wegfahren; es wird vorausgesetzt,
dass in diesem Zeitintervall keine neuen Fahrzeuge dazukommen. Gesucht sei x_{n+1}, die Länge der Warteschlange zu Beginn des Zeitintervalles n+1.

Als Zahlenbeispiel: $x_n(o)=o$, $x_n(1)=o$, $x_n(2)=o.5$, $x_n(3)=o.5$;
$y_n(o)=o.1$, $y_n(1)=o.6$, $y_n(2)=o.3$. Unter der Voraussetzung, dass x_n
und y_n unabhängig voneinander sind, und mit der einfachen Ueberlegung,
dass wenn zu Beginn des Zeitintervalles n i Fahrzeuge warten und im
Zeitintervall n j Fahrzeuge wegfahren, zu Beginn des Zeitintervalles
n+1 k=i - j Fahrzeuge warten, liefert die Wahrscheinlichkeitsrechnung für x_{n+1}

$x_{n+1}(o) = x_n(o) \cdot y_n(o) + x_n(1) \cdot y_n(1) + x_n(2) \cdot y_n(2) = o.15$

$x_{n+1}(1) = x_n(1) \cdot y_n(o) + x_n(2) \cdot y_n(1) + x_n(3) \cdot y_n(2) = o.45$

$x_{n+1}(2) = x_n(2) \cdot y_n(o) + x_n(3) \cdot y_n(1) \qquad\qquad = o.35$

$x_{n+1}(3) = x_n(3) \cdot y_n(o) \qquad\qquad\qquad\qquad = o.o5$

Allgemein: Es sind zwei voneinander unabhängige diskrete Zufallsvariablen x und y, repräsentiert durch die Wahrscheinlichkeitsverteilungen $x(i)$ für $i = i_{min}, i_{min}+1,\ldots,i_{max}$ und $y(j)$ für $j = j_{min},$
$j_{min}+1,\ldots,j_{max}$ gegeben. Gesucht ist die diskrete Zufallsvariable
$z = x - y.$

Es gilt $z(k) = \sum_{k=i-j} x(i) \cdot y(j) = \sum_{i} x(i) \cdot y(i-k)$

wobei $i = i_{min}, i_{min}+1, \ldots, i_{max}$

$j = j_{min}, j_{min}+1, \ldots, j_{max}$

$k = k_{min}, k_{min}+1, \ldots, k_{max}$ mit $k_{min} = i_{min} - j_{max}$

$k_{max} = i_{max} - j_{min}$

Es ist möglich, dass durch die Subtraktions-Operation eine Zufalls-variable entsteht, die auch negative Werte annimmt, obwohl dies nicht der Wirklichkeit entspricht. Dies wird korrigiert, indem an-schliessend an die Subtraktion die Hilfsoperation "unten aufstauen bei o" (vgl. 3.2.2.a)) ausgeführt wird.

c)Minimum von zwei diskreten Zufallsvariablen

Beispiel: Die Zufallsvariable x_n bezeichne die Länge einer Warte-schlange von Fahrzeugen vor einem Signal, das grün zeigt, zu Beginn des Zeitintervalles n; die Zufallsvariable y_n gebe die Anzahl Fahr-zeuge an, die im Zeitintervall n aus technischen Gründen (zeitlicher Minimalabstand zwischen zwei Fahrzeugen, Anzahl Fahrspuren beschränkt) höchstens wegfahren können; es wird vorausgesetzt, dass in diesem Zeitintervall keine neuen Fahrzeuge dazukommen. Gesucht sei z_n, die Anzahl der effektiv wegfahrenden Fahrzeuge im Zeitintervall n.

Als Zahlenbeispiel: $x_n(o)=o.1$, $x_n(1)=o.3$, $x_n(2)=o.2$, $x_n(3)=o.4$; $y_n(o)=o$, $y_n(1)=o.3$, $y_n(2)=o.7$. Unter der Voraussetzung, dass x_n und y_n unabhängig voneinander sind, und mit der einfachen Ueberlegung, dass wenn zu Beginn des Zeitintervalls n i Fahrzeuge warten und im Zeitintervall n aus technischen Gründen j Fahrzeuge wegfahren können, in diesem Zeitintervall effektiv min(i,j) wegfahren, liefert die Wahrscheinlichkeitsrechnung für z_n

$z_n(o) = x_n(o) \cdot y_n(1) + x_n(o) \cdot y_n(2)$ $=o.10$

$z_n(1) = x_n(1) \cdot y_n(1) + x_n(1) \cdot y_n(2) + x_n(2) \cdot y_n(1) + x_n(3) \cdot y_n(1)$ $=o.48$

$z_n(2) = x_n(2) \cdot y_n(2) + x_n(3) \cdot y_n(2)$ $=o.42$

Allgemein: Es sind zwei voneinander unabhängige diskrete Zufallsvariablen x und y, repräsentiert durch die Wahrscheinlichkeitsverteilungen x(i) für i = i_{min}, $i_{min}+1, \ldots, i_{max}$ und y(j) für j = j_{min},
$j_{min}+1, \ldots, j_{max}$ gegeben. Gesucht ist die diskrete Zufallsvariable
z = min(x,y).

Es gilt $\quad z(k) = \sum\limits_{k=\min(i,j)} x(i) \circ y(j)$

_____

$\quad$ wobei i = i_{min}, $i_{min}+1, \ldots, i_{max}$
$\qquad$ j = j_{min}, $j_{min}+1, \ldots, j_{max}$
$\qquad$ k = k_{min}, $k_{min}+1, \ldots, k_{max}$ mit $k_{min}=\min(i_{min}, j_{min})$
$\qquad\qquad\qquad\qquad\qquad\qquad\qquad\qquad\qquad$ $k_{max}=\min(i_{max}, j_{max})$

Analog wird eine Operation "Maximum von zwei diskreten Zufallsvariablen" definiert; für Anwendungen ist sie weniger bedeutend.

d) p - Teil einer diskreten Zufallsvariablen (Aufspaltung)

Beispiel: Die Zufallsvariable x bezeichne im Beispiel 2 die Anzahl
Fahrzeuge, die in einem bestimmten Zeitintervall die Stelle A_1
passieren. Die Zahl p gebe die Wahrscheinlichkeit dafür an, dass ein
Fahrzeug zum Linksabbiegen einspurt. Gesucht ist z, die Anzahl Fahr-
zeuge, die im betreffenden Zeitintervall A_1 passieren und an der
Kreuzung nach links abbiegen werden.

Als Zahlenbeispiel: x(o)=o.2, x(1)=o.3, x(2)=o.5; p=o.4.
Für einen vorgegebenen Wert i von x ist die Wahrscheinlichkeit, dass
j (j⩽i) Fahrzeuge davon nach links abbiegen, gegeben durch die
Binomialverteilung

$$w_i(j) = \binom{i}{j} \cdot p^j \circ (1-p)^{i-j}$$

Da auch x eine Zufallsvariable mit der Verteilung x(i) ist, ergibt
sich für z eine gewichtete Ueberlagerung von Binomialverteilungen

$$z(j) = \sum\limits_{i=j}^{i_{max}} x(i) \cdot w_i(j) = \sum\limits_{i=j}^{i_{max}} \binom{i}{j} \circ p^j \circ (1-p)^{i-j} \cdot x(i)$$

Für das Zahlenbeispiel ergibt sich: $\quad$ z(o) = o.2 + o.18 + o.18 = o.56
$\qquad\qquad\qquad\qquad\qquad\qquad\qquad\quad$ z(1) = o.12 + o.24 $\qquad$ = o.36
$\qquad\qquad\qquad\qquad\qquad\qquad\qquad\quad$ z(2) = $\qquad\qquad\qquad$ = o.o8

Allgemein: Es ist eine diskrete Zufallsvariable x, repräsentiert durch die Wahrscheinlichkeitsverteilung x(i) für i=i_{min}, $i_{min}+1$, ... , i_{max} und eine Abbiegewahrscheinlichkeit p gegeben. Gesucht ist die diskrete Zufallsvariable z, der p - Teil von x.

Es gilt
$$z(k) = \sum_{i=k}^{i_{max}} \binom{i}{k} \cdot p^k \cdot (1-p)^{i-k} \cdot x(i)$$

für k = o,1, ... , i_{max}

Bei einer Aufspaltung interessieren i.a. nicht nur ein, sondern beide entstehenden Teile (im obigen Beispiel also nicht nur die Anzahl Linksabbieger z, sondern ebenso die Anzahl der Geradeausfahrenden y). In diesem Fall wird der eben beschriebene Rechenvorgang zweimal durchlaufen, zuerst mit p, dann mit q = 1-p anstelle von p.

Noch allgemeiner ist eine mehrfache Aufspaltung (in mehr als zwei Ströme); es liegt dann anstelle von p eine Wahrscheinlichkeitsverteilung von n Abbiegewahrscheinlichkeiten p_1,..., p_n mit $p_1+p_2+...+p_n = 1$ vor. Der Rechenvorgang wird n-mal nacheinander mit p_1 bzw. p_2 bzw. ... p_n und demselben x durchlaufen, wobei die Zufallsvariablen z_1 bzw. z_2 bzw. ... z_n berechnet werden.

e) zeitliche Verschiebung einer diskreten Zufallsvariablen

Beispiel: Die Zufallsvariable x_n bezeichne im Beispiel 2 die Anzahl Fahrzeuge, die im Zeitintervall n die Stelle A_1 passieren. Die natürliche Zahl k gebe die Fahrzeit von A_1 bis S_1 in Zeitintervallen an(gleich für alle Fahrzeuge). Gesucht ist y_{n+k}, die Anzahl Fahrzeuge, die im Zeitintervall n+k bei S_1 ankommen. Falls die Zeitintervalle n und n+k gleich lang sind, ist offenbar $y_{n+k}(i) = x_n(i)$ für i = i_{min}, $i_{min}+1$, ..., i_{max}.

Allgemein: Es ist eine diskrete Zufallsvariable x_n, repräsentiert durch die Wahrscheinlichkeitsverteilung $x_n(i)$ für i = i_{min}, $i_{min}+1$, ... , i_{max} und eine Zeitdauer k gegeben. Gesucht ist die diskrete Zufallsvariable z_{n+k}, die zeitliche Verschiebung von x_n um k Intervalle.

Es gilt $z_{n+k}(i) = x_n(i)$ für i = i_{min}, $i_{min}+1$, ... , i_{max}

Es ist im Hinblick auf einige spätere Betrachtungen angezeigt, diese triviale Transformation ebenfalls als Hauptoperation aufzunehmen.

3.2.2. Hilfsoperationen

Die folgenden Hilfsoperationen sind vor allem für das Rechnen mit dem Computer von Bedeutung. Wird eine diskrete Zufallsvariable x durch die Wahrscheinlichkeitsverteilung $x(i)$ mit $i=i_{min}$, $i_{min}+1$, ..., i_{max} beschrieben, so werden dafür $n = i_{max} - i_{min} +1$ Speicherplätze benötigt; soviel Platz steht aber oft nicht zur Verfügung.

a) unten aufstauen bei m/oben aufstauen bei n

Ohne Gegenmassnahme würde durch wiederholte Addition von diskreten Zufallsvariablen der Wertebereich k_{min}, $k_{min}+1$, ..., k_{max} gewisser Wahrscheinlichkeitsverteilungen $z(k)$ beliebig anwachsen, wobei jedoch den kleinsten und grössten Werten im allgemeinen nur sehr geringe Wahrscheinlichkeiten zukämen. Um Speicherbedarf und Rechenzeit in vernünftigen Grenzen zu halten, werden deshalb jeweils von unten und oben her alle Wahrscheinlichkeiten, deren Summe unterhalb einer vorgegebenen Grenze ε liegt, abgeschnitten und k_{min} und k_{max} entsprechend angepasst, also $k_{min} = m$ und $k_{max} = n$ gesetzt, wo m bwz. n der grösste bzw. kleinste Wert mit $z(m-1)+z(m-2)+... < \varepsilon$ bzw. $z(n+1)+z(n+2)+... < \varepsilon$ ist.

b) Klasseneinteilung

Die Anwendung der Hilfsoperation unter a) bewirkt eine gewisse Ungenauigkeit in den Resultaten; manchmal fällt die Ungenauigkeit durch das folgende Vorgehen weniger ins Gewicht:

Es werden nicht mehr alle Werte einzeln abgespeichert, sondern der Wertebereich wird in Klassen eingeteilt, z.B. o,1-5,6-10,11-15,... . $x(i) = p$ bedeutet dann, dass die Zufallsvariable x mit der Wahrscheinlichkeit p einen Wert aus der i-ten Klasse aufnimmt.

c) Durchschnitt und Standard-Abweichung

Es ist auch denkbar, dass von einer (diskreten oder kontinuierlichen) Zufallsvariablen nur gewisse Parameter, etwa der Durchschnitt d und die Standard-Abweichung s abgespeichert werden. Für die bekannten mathematischen Idealverteilungen (Gleich-, Normal-, Poisson-,

Binomialverteilung usw.) geht dadurch keine Information verloren, da
aus d und s umgekehrt die Wahrscheinlichkeitsverteilung x(i) bestimmt werden kann. Aber auch bei empirischen Verteilungen ist es
gelegentlich sinnvoll (und übersichtlicher), wenn nur d und s angegeben werden.

d und s werden aus der Wahrscheinlichkeitsverteilung x(i) nach den
folgenden Formeln ermittelt.

$$d = \sum_{i=1}^{i_{max}} x(i) \cdot i$$

$$s = \sqrt{\sum_{i=1}^{i_{max}} x(i) \circ i^2 - \left(\sum_{i=1}^{i_{max}} x(i) \cdot i\right)^2}$$

d) Normierung

Durch die beschränkte Genauigkeit beim Computerrechnen kann bei verschiedenen Operationen der Fall eintreten, dass eine Wahrscheinlichkeitsverteilung x(i) die Bedingung $s := \sum_{j=i_{min}}^{i_{max}} x(j) = 1$ nicht mehr
genau erfüllt. Dies wird korrigiert, indem jedes x(i) durch s
dividiert wird.

3.3. Zerlegung der Beispiele 1 und 2 in einzelne Operationen

3.3.1. Allgemeines

Vorläufig gehen wir stets von der Voraussetzung aus, dass bei den
Operationen voneinander unabhängige Zufallsvariablen verknüpft werden oder die Abhängigkeit derart ist, dass sie vernachlässigt werden
kann; auf die Behandlung abhängiger Zufallsvariabler wird im Beitrag
6 näher eingegangen.

Zeichenerklärung zu den Abb. 7 bis 10:

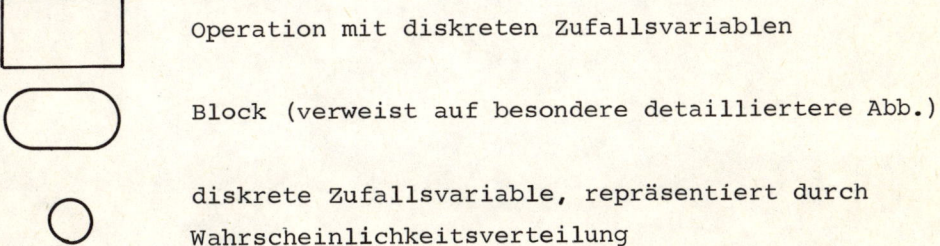

Operation mit diskreten Zufallsvariablen

Block (verweist auf besondere detailliertere Abb.)

diskrete Zufallsvariable, repräsentiert durch
Wahrscheinlichkeitsverteilung

$\triangledown$ Eingangsvariable ($\triangledown$ diskrete Eingangs-Zufallsvariable)

$\triangle$ Zwischen- oder Ausgangsvariable ($\triangle$ diskrete Zwischen-Zu-

fallsvariable, bzw. dis-

krete Ausgangs-Zufalls-

variable)

Die Werte der Eingabevariablen werden als bekannt vorausgesetzt; darauf basierend werden die Zwischen- und Ausgangsvariablen berechnet.
Zwischenvariablen sind Hilfsgrössen (Zwischenresultate) bei der Berechnung der Ausgangsvariablen, die die gesuchten Resultate der
Simulation darstellen. Da Zwischen- und Ausgabevariablen oft nicht
getrennt werden können (z.B. kann eine Ausgangsvariable gleichzeitig
Zwischenvariable für die Berechnung einer andern Ausgangsvariablen
sein), wurde für beide dasselbe Symbol gewählt.

Die Abb. 7 bis 10 zeigen die schematische Zerlegung der
Beispiele 1 und 2 in die auftretenden Hauptoperationen; die Hilfsoperationen sind für diese Betrachtung nicht interessant.

3.3.2. Zerlegung des Beispiels 1

Die Abb. 7 zeigt die Zerlegung des Geschehens im Supermarkt in die
einzelnen Operationen mit Ausnahme des zeitlichen Aufenthaltes beim
Einkaufen (vom Eintritt mit einem Wagen bis zur Ankunft an einer
Kasse); dieser Teil wird aus Platzgründen gesondert in Abb. 8 dargestellt.

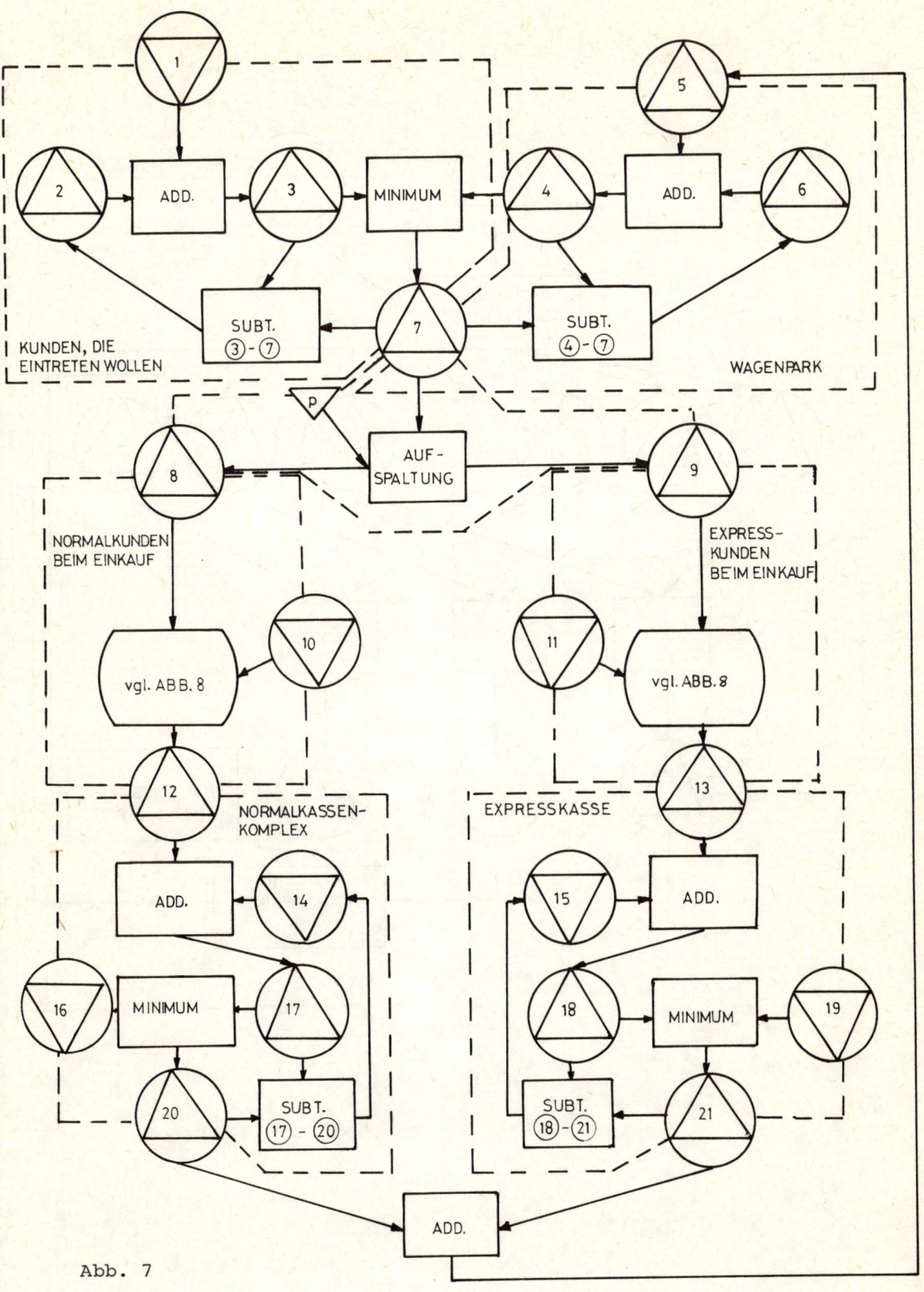

Abb. 7

- 48 -

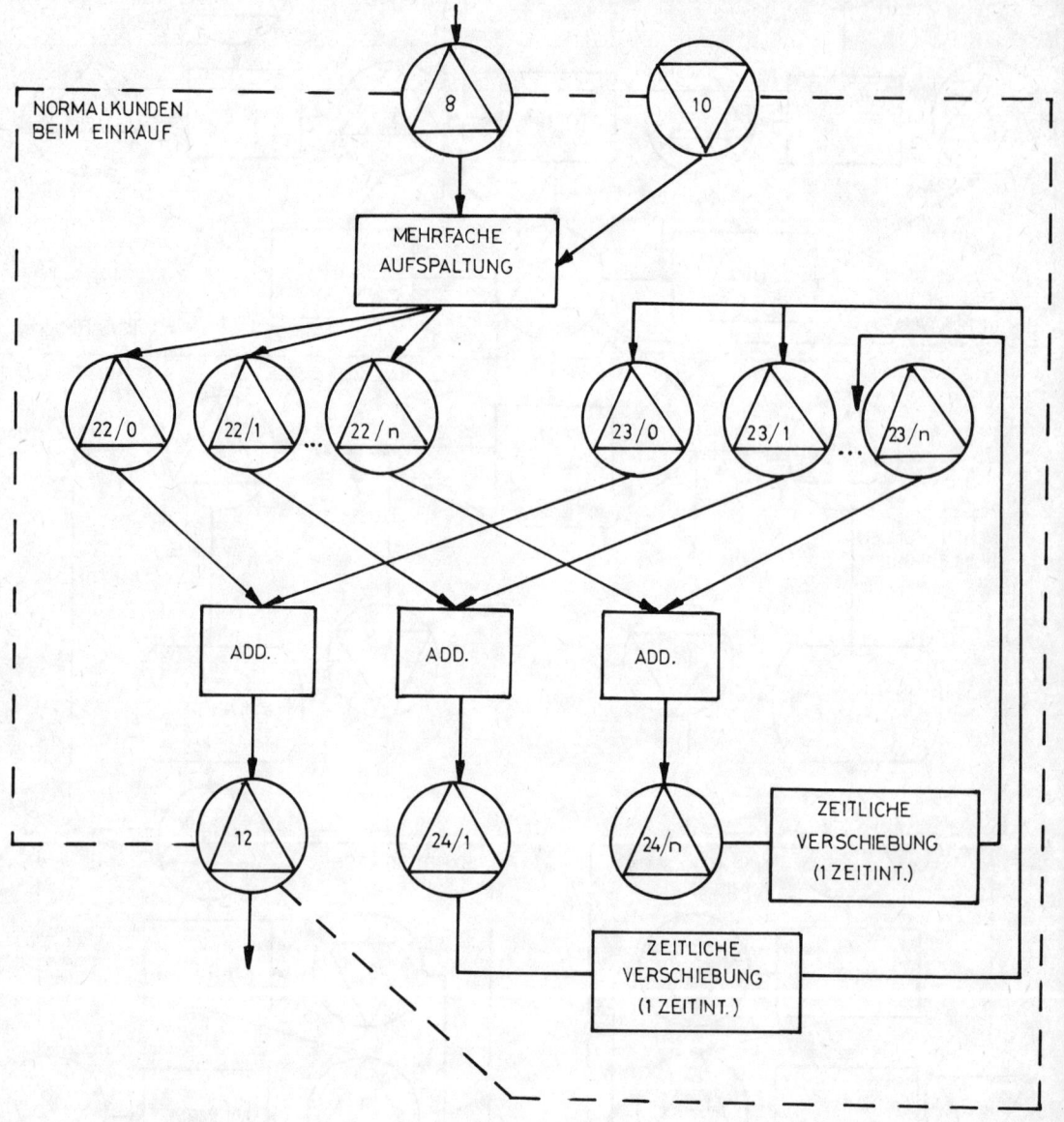

Abb. 8

In den Abb. 7 und 8 sind die folgenden Variablen mit Abkürzungen bezeichnet:

p   Wahrscheinlichkeit, dass ein Kunde Expresskunde ist

1   Anzahl der ankommenden Kunden während eines Zeitintervalles

2   Anzahl der wartenden Kunden zu Beginn eines Zeitintervalles

3   Anzahl der eintrittsbereiten Kunden während eines Zeitintervalles

4   Anzahl der für eintretende Kunden verfügbaren Wagen während eines Zeitintervalles

5   Anzahl der zurückkehrenden Wagen während eines Zeitintervalles

6   Anzahl Wagen im Wagenpark am Eingang zu Beginn eines Zeitintervalles

7   Anzahl der eintretenden Kunden mit Wagen während eines Zeitintervalles

8   Anzahl der eintretenden "Normalkunden" mit Wagen während eines Zeitintervalles

9   Anzahl der eintretenden "Expresskunden" mit Wagen während eines Zeitintervalles

10   Aufenthaltsdauer der "Normalkunden" beim Einkauf (in Zeitintervallen)

11   Aufenthaltsdauer der "Expresskunden" beim Einkauf (in Zeitintervallen)

12   Anzahl der ankommenden Kunden beim "Normalkassen-Komplex" während eines Zeitintervalles

13   Anzahl der ankommenden Kunden bei der Expresskasse während eines Zeitintervalles

14   Anzahl der wartenden Kunden beim "Normalkassen-Komplex" zu Beginn eines Zeitintervalles

15   Anzahl der wartenden Kunden bei der Expresskasse zu Beginn eines Zeitintervalles

16   Anzahl der Kunden, die währen eines Zeitintervalles am "Normalkassen-Komplex" abgefertigt werden können

17   Anzahl der Kunden, die während eines Zeitintervalles am "Normalkassen-Komplex" abgefertigt werden möchten

18   Anzahl der Kunden, die während eines Zeitintervalles an der Expresskasse abgefertigt werden möchten

19   Anzahl der Kunden, die während eines Zeitintervalles an der Expresskasse abgefertigt werden können

20   Anzahl der Kunden, die den "Normalkassen-Komplex" während
      eines Zeitintervalles passieren
21   Anzahl der Kunden, die die Expresskasse während eines Zeit-
      intervalles passieren
22/i Anzahl der eintretenden "Normalkunden" während eines Zeit-
      intervalles, deren Aufenthaltsdauer beim Einkauf i Zeit-
      intervalles beträgt
23/i Anzahl der früher eingetretenen "Normalkunden", die im glei-
      chen Zeitintervall wie 22/i beim "Normalkassen-Komplex"
      eintreffen
24/i wird ein Zeitintervall später zu 23/i-1

Die Abb. 8 bezieht sich auf den zeitlichen Aufenthalt der "Normalkunden" beim Einkaufen. Für die Betrachtung der Expresskunden gilt
dasselbe Schema, wenn die Variablen 8, 10 und 12 durch 9, 11 und 13
ersetzt werden und die Legenden zu den Variablen 22/i und 23/i sinngemäss angepasst werden.

Aus Abb. 7 kann beispielsweise abgelesen werden, dass durch Addition
der Zufallsvariablen 1 und 2 (Anzahl der ankommenden Kunden während
eines Zeitintervalles und Anzahl der auf freiwerdende Wagen wartenden Kunden zu Beginn dieses Zeitintervalles) die Zufallsvariable 3
(Total der eintrittsbereiten Kunden während dieses Zeitintervalles)
entsteht; oder dass das Minimum der Zufallsvariablen 18 und 19 (Anzahl der Kunden, die während eines Zeitintervalles an der Expresskasse abgefertigt werden möchten, bzw. können) die Zufallsvariable
21 (Anzahl der Kunden, die während dieses Zeitintervalles die Expresskasse passieren) ergibt. Jede dieser Operationen wird in jedem Zeitintervall einmal ausgeführt, so dass eigentlich zu jeder Zufallsvariablen noch ein Zeitindex gehört (l_k = Anzahl der ankommenden Kunden im Zeitintervall k, usw.) In Abb. 7 würden durch diese
Schreibweise aber Missverständnisse gefördert, vor allem bei Zyklen
von Operationen, wie z.B. an den Kassen auftreten. Gelegentlich
empfiehlt sich aber die Verwendung der Zeitindices.

Die drei "Normalkassen" wurden etwas vereinfachend zu einem "Normalkassen-Komplex" zusammengefasst; man erhält in diesem Fall etwa
die Anzahl wartender Kunden vor dem Kassen-Komplex und nicht vor
den einzelnen Kassen; wenn sich die Kunden vernünftig verhalten, d.h.

an die kürzeste Warteschlange anschliessen und noch wechseln, wenn
eine andere Kasse früher frei wird, ist der Zusammenhang einfach.

Schliesslich ist für Abb. 7 angenommen, dass die abgegebenen Einkaufswagen augenblicklich wieder für neue Kunden zur Verfügung
stehen.

3.3.3. Zerlegung des Beispiels 2

Die Abb. 9 zeigt die Zerlegung des Verkehrsablaufs an einer Kreuzung
(vgl. Abb. 5) in die einzelnen Operationen, wobei aus Platzgründen
die Zerlegung der Warteschlangen gesondert in Abb. 10 dargestellt
ist.

- 52 -

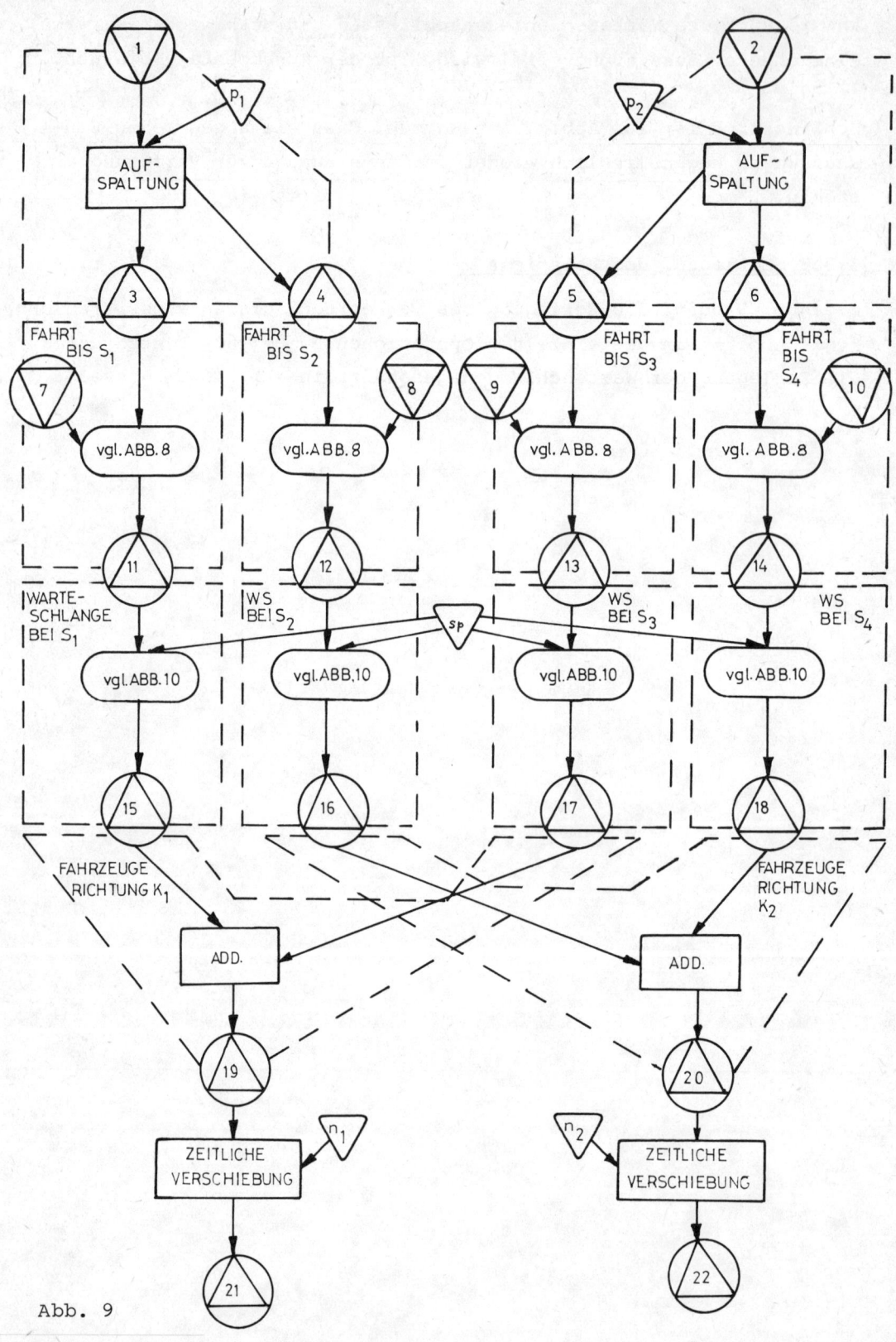

Abb. 9

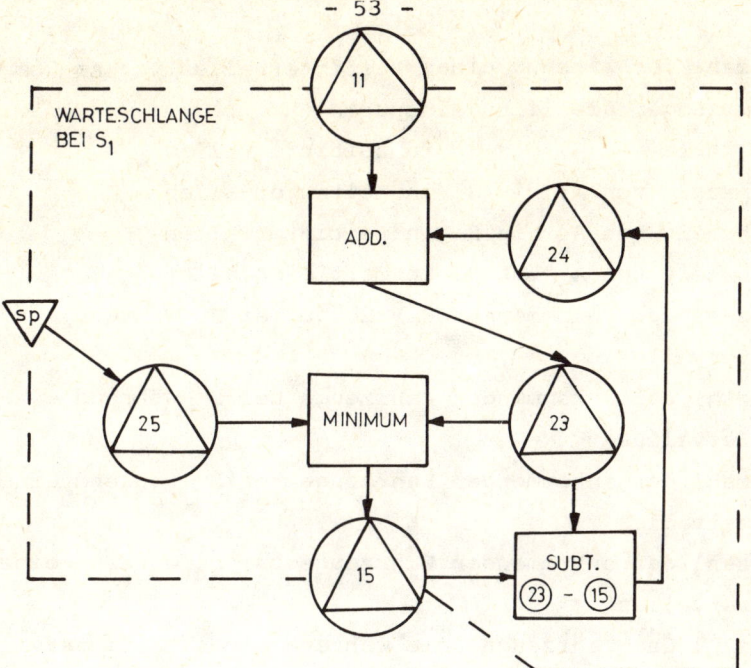

Abb. 10

In den Abb. 9 und 10 sind die folgenden Variablen mit Abkürzungen
bezeichnet:

p_1 Wahrscheinlichkeit, dass ein von A_1 kommendes Fahrzeug links
abbiegt.

p_2 Wahrscheinlichkeit, dass ein von A_2 kommendes Fahrzeug rechts
abbiegt

sp   Signalplan

n_1 Fahrzeit in Zeitintervallen von der Kreuzung bis K_1

n_2 Fahrzeit in Zeitintervallen von der Kreuzung bis K_2

1   Anzahl der bei A_1 einfahrenden Fahrzeuge während eines Zeitintervalles

2   Anzahl der bei A_2 einfahrenden Fahrzeuge während eines Zeitintervalles

3   Anzahl der während eines Zeitintervalles von A_1 kommenden
Fahrzeuge, die rechts einspuren

4   Anzahl der während eines Zeitintervalles von A_1 kommenden
Fahrzeuge, die links einspuren

5   Anzahl der während eines Zeitintervalles von A_2 kommenden
Fahrzeuge, die rechts einspuren

6   Anzahl der während eines Zeitintervalles von A_2 kommenden Fahrzeuge, die links einspuren

7   Fahrzeit von A_1 bis S_1 in Zeitintervallen

8   Fahrzeit von A_1 bis S_2 in Zeitintervallen

9   Fahrzeit von A_2 bis S_3 in Zeitintervallen

10   Fahrzeit von A_2 bis S_4 in Zeitintervallen

11   Anzahl der ankommenden Fahrzeuge bei S_1 während eines Zeitintervalles

12   Anzahl der ankommenden Fahrzeuge bei S_2 während eines Zeitintervalles

13   Anzahl der ankommenden Fahrzeuge bei S_3 während eines Zeitintervalles

14   Anzahl der ankommenden Fahrzeuge bei S_4 während eines Zeitintervalles

15   Anzahl der Fahrzeuge, die während eines Zeitintervalles S_1 passieren

16   Anzahl der Fahrzeuge, die während eines Zeitintervalles S_2 passieren

17   Anzahl der Fahrzeuge, die während eines Zeitintervalles S_3 passieren

18   Anzahl der Fahrzeuge, die während eines Zeitintervalles S_4 passieren

19   Anzahl der Fahrzeuge, die während eines Zeitintervalles die Kreuzung mit Ziel K_1 befahren

20   Anzahl der Fahrzeuge, die während eines Zeitintervalles die Kreuzung mit Ziel K_2 befahren

21   Anzahl der Fahrzeuge, die während eines Zeitintervalles K_1 passieren

22   Anzahl der Fahrzeuge, die während eines Zeitintervalles K_2 passieren

23   Anzahl der Fahrzeuge, die S_1 während eines Zeitintervalles passieren möchten

24   Anzahl der wartenden Fahrzeuge vor S_1 zu Beginn eines Zeitintervalles

25   Höchstzahl der Fahrzeuge, die S_1 während eines Zeitintervalles passieren können.

Die Abb. 10 bezieht sich auf die Warteschlange vor der Ampel S_1. Für die Betrachtung der Warteschlangen vor den Ampeln S_2, S_3 und S_4 gilt

dasselbe Schema, wenn die Nummern und Bezeichnungen der betreffenden
Variablen sinngemäss abgeändert werden.

Unter Pulkauflösung versteht man den Effekt, dass die Fahrzeuge i.a.
mit verschiedenen Geschwindigkeiten fahren, wodurch Fahrzeug-
formationen auch ohne Beeinflussung durch Lichsignale oder andere
Verkehrsteilnehmer verändert werden. Es handelt sich um eine analoge
Erscheinung wie im Supermarkt, wo sich die Kunden verschieden lang
beim Einkaufen aufhalten; deshalb muss die Pulkauflösung, wenn sie
nicht vernachlässigt werden kann, nach dem gleichen Schema in
Operationen zerlegt werden. In Abb. 9 sind Pulkauflösungen zwischen
$A_1 \longrightarrow S_1$, $A_1 \longrightarrow S_2$, $A_2 \longrightarrow S_3$ und $A_2 \longrightarrow S_4$ berücksichtigt, nach der
Kreuzung aber vernachlässigt (entspricht der Annahme, dass K_1 und
K_2 nahe bei der Kreuzung sind).

4. DIE SIMULATIONSMETHODE BERSIM

4.1. Die Komponenten der Simulationsmethode BERSIM

Niklaus Ragaz, Bern

Karl Stoop, Bern

Bei BERSIM (Kurzbezeichnung für "BERner SImulationsMethode")
handelt es sich um ein am Institut für angewandte Mathematik
der Universität Bern entwickeltes Simulationsverfahren, das auf
der direkten Methode (vgl. Beitrag 3) aufgebaut ist. Die Grund-
züge der Simulationsmethode BERSIM wurden im Sommer 1969 in einem
von W. Nef geleiteten Seminar entworfen.

Im Beitrag 3 wurde anhand von zwei einfachen Beispielen dargelegt, dass die direkte Methode zu den gesuchten Resultaten eines
Simulationsproblems führt, indem auf gewisse vorgegebene Zufallsvariablen verschiedene der dort erwähnten Operationen ausgeführt
werden. Bei näherer Betrachtung dieser Beispiele zeigt sich,
dass oft gleiche Kombinationen von mehreren solchen Operationen
auftreten. Dies wurde bereits im Beitrag 3 etwas ausgenützt, indem beispielsweise die Abb. 10 die Zerlegung der Warteschlange
vor der Ampel S_1 angibt und darauf verwiesen wird, dass für die
Ampeln S_2, S_3 und S_4 eine analoge Zerlegung gilt; weiter enthält die Abb. 10 dieselbe Kombination von Operationen, wie sie
in der Abb. 7 mehrmals auftritt. Auch die Kombination von Abb. 8
tritt im Supermarkt zweimal auf und entspricht überdies den
Blöcken "Fahrt bis S_i" in Abb. 9.

Es ist nun für die Analyse eines Simulationsmodells ein grosser
Vorteil, wenn die Zerlegung nicht bis zu den einzelnen Operationen
gehen muss, sondern nur bis zu solchen charakteristischen Blöcken
von Operationen. Aufgrund einiger analysierter Beispiele zeigte
sich, dass durch sinnvolle Zusammenfügung der nachstehend aufgeführten sieben verschiedenen Blöcke (im folgenden als Komponenten
bezeichnet) ein grosser Teil der gestellten Probleme wirkungs-
voll angepackt werden kann.

Jede Komponente ist ein Teilsystem in dem gewisse Eingangsgrössen

mittels festgelegter Vorschriften und Operationen in bestimmte Ausgangsgrössen überführt werden. Durch die Ein- und Ausgangsgrössen erfolgt das notwendige Zusammenspiel der Komponenten, die gesamthaft
das Simulationsmodell bilden. Diese Ein- und Ausgangsgrössen sind
nicht identisch mit den in Beitrag 3 eingeführten Ein- und Ausgangsvariablen, die sich auf das gesamte simulierte System beziehen.

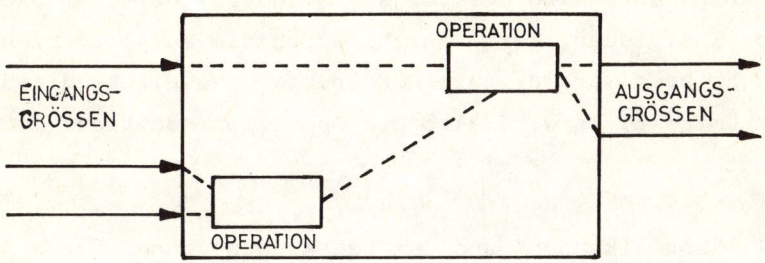

Abb. 11   schematische Struktur einer Komponente

4.1.1. Komponente "Abzweigung"

In dieser Komponente wird der Vorgang nachgebildet, dass sich eine
Anzahl von Individuen, beschrieben durch die Zufallsvariable x_n, in
zwei Teile y_n und z_n aufspaltet, wobei die Uebergangswahrscheinlich-
keit p_1 und damit $p_2 = 1 - p_1$ in die beiden Teile bekannt sind; es
wird also die Operation Aufspaltung (3.2.1.d) durchgeführt.

Beispiel 1: Aufspaltung der Kunden in "Normalkunden"und "Express-
            kunden".
Beispiel 2: Aufspaltung von Fahrzeugen durch Einspuren in zwei ver-
            schiedene Fahrstreifen.

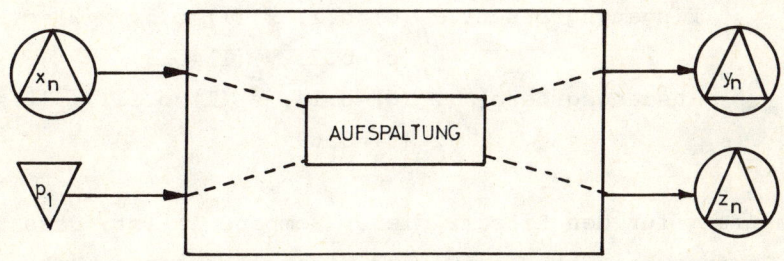

Abb. 12

numerisches Beispiel:

Eingangsgrössen: $x_n(o)=o.2$, $x_n(1)=o.3$, $x_n(2)=o.5$, $p_1=o.4$

Ausgangsgrössen: $y_n(o)=o.56$, $y_n(1)=o.36$, $y_n(2)=o.08$
$z_n(o)=o.40$, $z_n(1)=o.42$, $z_n(2)=o.18$

4.1.2. Komponente "Einmündung"

In dieser Komponente wird der Vorgang nachgebildet, dass sich zwei Gruppen von Individuen, deren Anzahl durch die Zufallsvariablen x_n und y_n beschrieben werden, zu einer Gruppe vereinigen, die dann z_n Individuen umfasst; es wird also die Operation Addition (3.2.1.a) durchgeführt.

Beispiel 1: "Normalkunden" und "Expresskunden" gehen durch denselben Ausgang.

Beispiel 2: wegfahrende Fahrzeuge bei den Ampeln S_2 und S_4 spuren in dieselbe Fahrbahn ein.

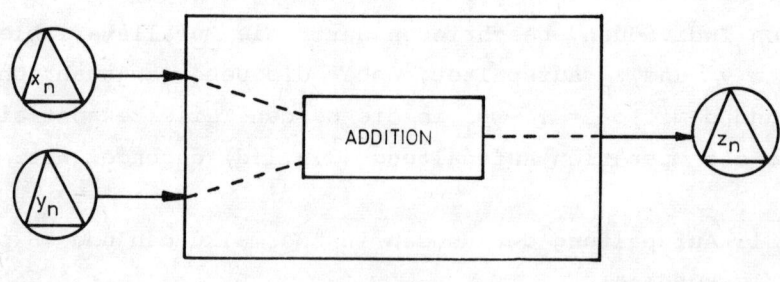

Abb. 13

numerisches Beispiel:

Eingangsgrössen: $x_n(o)=o.2$, $x_n(1)=o.5$, $x(2)=o.3$
$y_n(o)=o.7$, $y_n(1)=o.3$

Ausgangsgrösse: $z_n(o)=o.14$, $z_n(1)=o.41$, $z_n(2)=o.36$,
$z_n(3)=o.09$

Voraussetzung für den Einsatz dieser Komponente ist, dass sich die beiden Gruppen bei der Vereinigung nicht gegenseitig behindern und dadurch Rückstaueffekte entstehen; sonst muss noch die Komponente "Haltelinie" (vgl. 4.1.3.) herangezogen werden.

4.1.3. Komponente "Haltelinie"

In dieser Komponente wird der Vorgang nachgebildet, dass an gewissen "neuralgischen" Stellen eines simulierten Systems Individuen unfreiwillig warten müssen und dadurch Warteschlangen entstehen.

Die Anzahl der ankommenden Individuen x_n in einem Zeitintervall n an einer solchen Stelle ist dann im allgemeinen verschieden von y_n, der Anzahl Individuen, die die Stelle in diesem Zeitintervall passieren können, so dass zusätzlich die Zufallsvariable z_n, die Anzahl Individuen in der Warteschlange zu Beginn des folgenden Zeitintervalles n +1 von Interesse ist. Als Eingangsgrösse tritt zusätzlich w_n auf, die Höchstzahl der Individuen, die während des Zeitintervalles n "aus technischen Gründen" passieren können.

Beispiel 1: Kunden müsssen anstehen, bis sie einen Einkaufswagen
           nehmen können, Kunden müssen vor den Kassen anstehen
Beispiel 2: Fahrzeuge müssen vor den Verkehrsampeln warten

In der untenstehenden Abb. 14, die die Zerlegung der Komponente "Haltelinie" in Operationen angibt, ist erstmals das Symbol ⎍⋀⋀⋀ in der Anordnung

verwendet. Es bedeutet allgemein, dass die Operation Op nicht sofort nach Berechnung der Variablen b ausgeführt wird. Bei der spezielleren Anordnung in der Form

ist dies so zu verstehen, dass die Operation jeweils auf Zufallsvariablen mit gleichen Zeitindizes ausgeübt werden soll, also b_n mit c_n und später b_{n+1} mit c_{n+1} verknüpft werden sollen.

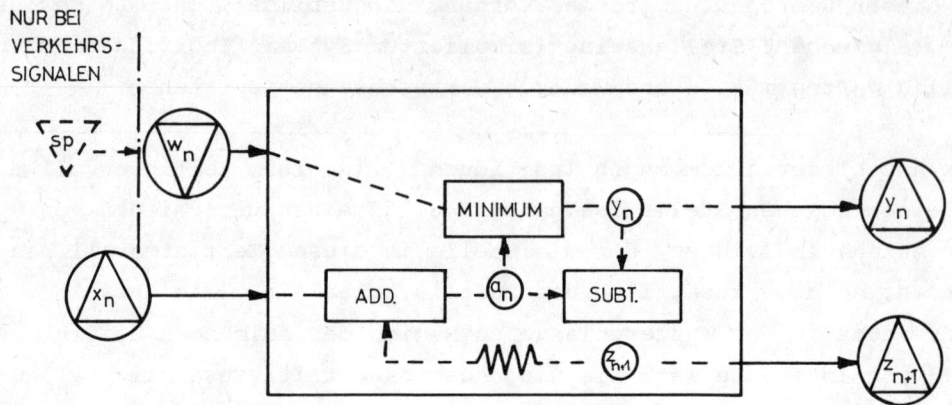

Abb. 14

Der Ablaufmechanismus an solchen neuralgischen Stellen ist je nach
Beispiel verschieden. Während es beim Supermarkt vernünftig ist,
an den Kassen die Zufallsvariable w_n (Anzahl der Kunden, die während
eines Zeitintervalles n abgefertigt werden können) als bekannte
Eingangsvariable zu betrachten, ist für die Kunden, die eintreten
wollen, w_n (Anzahl der verfügbaren Wagen während eines Zeitintervalles
n) Ausgangsgrösse einer andern Komponente, damit Zwischenvariable.

Für ein Lichtsignal im Strassenverkehr hingegen ist w_n vom Signalplan sp abhängig, so dass in jedem Zeitintervall zuerst die Signal-
phase (grün oder rot) bestimmt werden muss. w_n ist dann eigentlich
keine Eingangsgrösse mehr, sondern eine interne.

Daneben sind noch verschiedene weitere Mechanismen denkbar; für den
Strassenverkehr folgen detailliertere Angaben darüber in Beitrag 5.

numerisches Beispiel:

intern: $z_n(o)=o.5$, $z_n(1)=o.5$

Eingangsgrössen: $x_n(o)=o.3$, $x_n(1)=o.4$, $x_n(2)=o.3$
$w_n(o)=o.1$, $w_n(1)=o.7$, $w_n(2)=o.2$

Ausgangsgrössen: $y_n(o)=o.235$, $y_n(1)=o.665$, $y_n(2)=o.1$
$z_{n+1}(o)=o.535$, $z_{n+1}(1)=o.31o$, $z_{n+1}(2)=o.14o$
$z_{n+1}(3)=o.o15$

Bei der Operation Subtraktion (vgl. Abb.14) sollte eigentlich y_n von a_n subtrahiert werden; diese Zufallsvariablen sind aber stark voneinander abhängig, so dass der in 3.2.1.b angegebene Algorithmus nicht benützt werden kann. Es ergeben sich die richtigen Werte, wenn z_{n+1} = $a_n - w_n$ berechnet und bei o aufgestaut wird.

Dazu das folgende Zahlenbeispiel: a_n bezeichne die Anzahl Fahrzeuge, die im Zeitintervall n eine Haltelinie passieren möchten, es sei $a_n(o)=o.4$, $a_n(1)=o.6$, aus technischen Gründen können 2 Fahrzeuge in diesem Zeitintervall passieren, also $w_n(2)=1$. Es fahren dann offenbar mit Sicherheit alle Fahrzeuge weg, also $y_n(o)=o.4$; $y_n(1)=o.6$. Wären a_n und y_n voneinander unabhängig, so erhielte man z_{n+1}, die Anzahl wartender Fahrzeuge zu Beginn des nächsten Zeitintervalles durch Subtraktion $a_n - y_n$ nach 3.2.1.b, also $z_{n+1}(o)=o.76$; $z_{n+1}(1)=o.24$. Wenn alle wartenden Fahrzeuge wegfahren, ist aber $z_{n+1}(o)=1$, $z_{n+1}(1)=o$. Es ist klar, dass a_n und y_n stark voneinander abhängig sind, und als Folge ergeben sich bei der Subtraktion nach 3.2.1.b völlig falsche Werte. Hingegen ergibt sich tatsächlich das richtige Resultat, wenn von a_n die davon unabhängige Grösse w_n subtrahiert und bei o aufgestaut wird.

Für die Beispiele 1 und 2 von Beitrag 3 müssen nebst den Warteschlangen auch Wartezeiten bestimmt werden; diese Berechnung gehört in die Komponente "Haltelinie", lässt sich aber nicht auf die eingeführten Operationen zurückführen; da sie problemabhängig ist, wurde sie auch nicht als selbständige Operation aufgenommen; für den Strassenverkehr wird die Berechnung der Wartezeiten im Beitrag 5 diskutiert.

4.1.4. Komponente "Park"

In dieser Komponente wird der Zu- und Abfluss eines Parks simuliert; zur internen Zufallsvariablen w_n (Anzahl Individuen zu Beginn des Zeitintervalles n im Park) wird x_n (Anzahl dazukommender Individuen während des Zeitintervalles n) addiert; dies ergibt die Ausgangsgrösse z_n (Anzahl verfügbarer Individuen im Zeitintervall n); von z_n wird y_n (Anzahl weggehender Individuen während des Zeitintervalles n) subtrahiert, wobei die interne Variable w_{n+1} entsteht.

Beispiel 1: Park der freien Einkaufswagen im Supermarkt.

Im Beispiel 2 tritt diese Komponente nicht auf; dass sie aber auch in Strassenverkehrssimulationen oft von Bedeutung ist, wird im Beitrag 5 gezeigt.

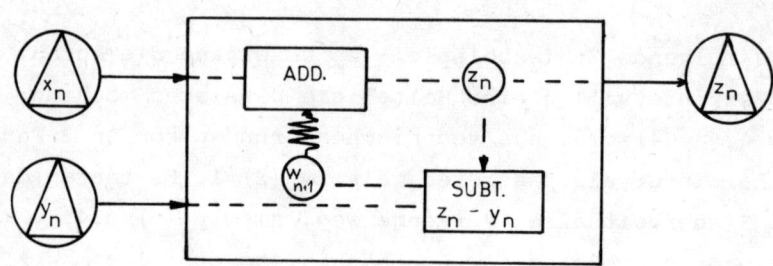

Abb. 15

numerisches Beispiel:

intern: $w_n(0)=0.5$, $w_n(1)=0.5$

1. Eingangsgrösse:$x_n(0)=0.3$, $x_n(1)=0.4$, $x_n(2)=0.3$

Ausgangsgrösse: $z_n(0)=0.15$, $z_n(1)=0.35$, $z_n(2)=0.35$,

$$z_n(3)=0.15$$

2. Eingangsgrösse:$y_n(0)=0.6$, $y_n(1)=0.4$

intern: $w_{n+1}(0)=0.29$, $w_{n+1}(1)=0.35$, $w_{n+1}(2)=0.27$,

$$w_{n+1}(3)=0.09$$

4.1.5. Komponente "Erzeugen einer Wahrscheinlichkeitsverteilung"

Da das ganze Simulationsgeschehen auf Operationen mit diskreten Zufallsvariablen, die durch Wahrscheinlichkeitsverteilungen charakteristiert werden, zurückgeführt wird, die Informationen über die Eingangsvariablen (z.B. Anzahl der an einer bestimmten Stelle ins simulierte System eintretenden Individuen pro Zeitintervall) aber oft in anderer Form vorliegen, wird in dieser Komponente aus einigen möglichen Angaben eine Wahrscheinlichkeitsverteilung $x_n(i)$ konstruiert; solche Angaben (in Abb. 16 mit vp_{x_n} bezeichnet) sind beispielsweise Verteilungstypen nebst den notwendigen Parametern (Gleich-, Poissen-, Binomialverteilung usw.).

Beispiel 1: Erzeugen der Wahscheinlichkeitsverteilungen 1,10,11,16,17

Beispiel 2: Erzeugen der Wahrscheinlichkeitsverteilungen 1,2,7,8,9,10

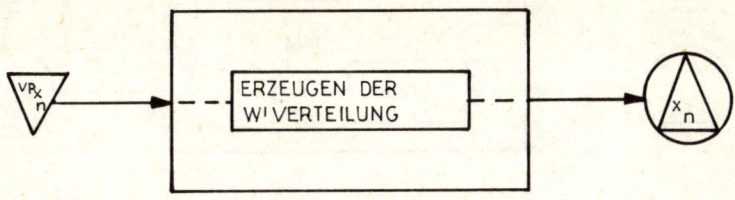

Abb. 16

numerisches Beispiel:

      Eingangsgrössen: 720 Individuen pro Stunde

                            poissonverteilt

                            Länge des Zeitintervalles $\left.\begin{array}{} \end{array}\right\}$ vp_{x_n}

                            Nr. n : 10 sec

      Ausgangsgrössen: $x_n(o)=o.14$, $x_n(1)=o.27$, $x_n(2)=o.27$, $x_n(3)=o.18$, $x_n(4)=o.o9$, $x_n(5)=o.o4$

4.1.6. Komponente "Spezialweiche"

Wie unter 4.1.1. wird in dieser Komponente der Vorgang nachgebildet, dass sich eine Anzahl von Individuen, beschrieben durch die Zufallsvariable x_n, in zwei Teile A und B aufspaltet, wobei sich y_n Individuen für A und z_n Individuen für B entscheiden; hier ist der Teil A bevorzugt, d.h. es gehen so viele Individuen wie möglich nach A, die übrigen nach B. Eingangsgrösse ist nebst x_n noch die Zufallsvariable w_n, die Anzahl der Individuen, die im Teil A Platz finden.

Diese Komponente ist in verschiedenen Simulationsmodellen von Bedeutung; in den Beispielen 1 und 2 tritt sie aber nicht auf.

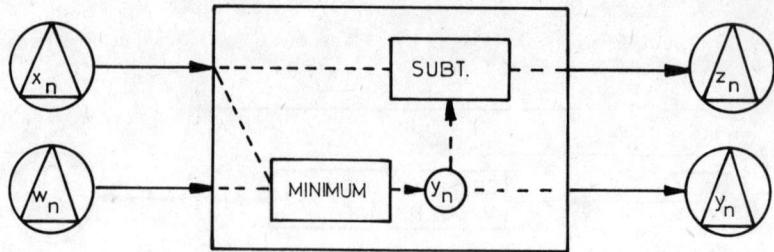

Abb. 17

Analog wie unter 4.1.3 ist zu beachten, dass bei der Subtraktion
eigentlich y_n von x_n subtrahiert werden sollte, diese beiden Zufallsvariablen aber stark voneinander abhängig sind, so dass der in 3.2.1.b
angegebene Algorithmus nicht benützt werden kann; es ergeben sich
die richtigen Werte, wenn $z_n = x_n - w_n$ berechnet und bei o aufgestaut
wird.

numerisches Beispiel:

Eingangsgrössen: $x_n(o) = o.3$, $x_n(1) = o.5$, $x_n(2) = o.2$

$w_n(o) = o.1$, $w_n(1) = o.4$, $w_n(2) = o.5$

Ausgangsgrössen: $y_n(o) = o.37$, $y_n(1) = o.53$, $y_n(2) = o.10$

$z_n(o) = o.635$, $z_n(1) = o.291$, $z_n(2) = o.o74$

4.1.7. Komponente "Verzögerung"

Diese Komponente sorgt für den geordneten zeitlichen Ablauf der
Simulation. Um von einer der bisher aufgeführten Komponenten zur
nächsten zu gelangen, brauchen die Individuen i.a. eine gewisse Zeit.
Dies kann nachgebildet werden, indem zwischen zwei solche Komponenten
eine Komponente "Verzögerung" geschaltet wird; in dieser Komponente
werden die eintretenden Individuen während einer gewissen Anzahl Zeitintervallen zurückgehalten, bevor sie wieder austreten.

Beispiel 1: Aufenthalt der Kunden bei Einkauf im Supermarkt
Beispiel 2: Fahrt der Fahrzeuge von A_1 bis S_1

Der Aufbau dieser Komponente entspricht also der Abb. 8 von Beitrag 3;

aus den Zufallsvariablen x_n (Anzahl der eintretenden Individuen im Zeitintervall n) und y_n (Aufenthaltsdauer der im Zeitintervall n eintretenden Individuen im Anzahl Zeitintervallen) wird die Zufallsvariable z_{n+1} (Anzahl der austretenden Individuen im Zeitintervall n+1) berechnet. Auch z_{n+2}, z_{n+3}, ... sind von x_n und y_n abhängig und entsprechend ist z_{n+1} ebenfalls von x_{n-1}, x_{n-2}, ... und y_{n-1}, y_{n-2}... abhängig. Dass im Zeitintervall n die Grössen x_n, y_n und z_{n+1} als Ein- bzw. Ausgangsgrössen erscheinen, ist durch den zeitlichen Ablauf der Simulation bedingt (vgl. 4.2.).

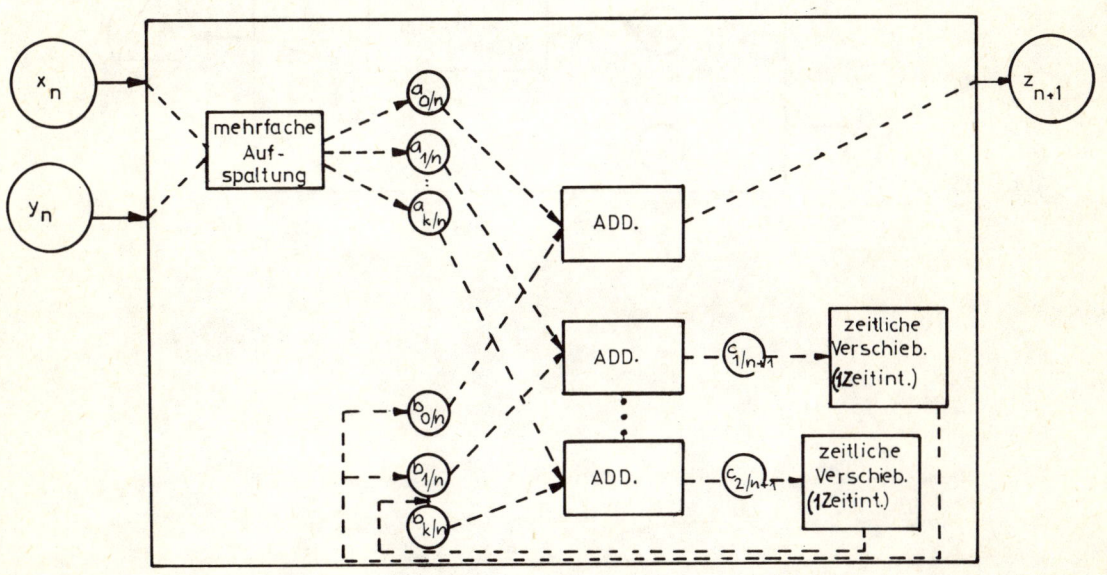

Abb. 18

numerisches Beispiel:

intern: $b_{o/n}(o)=o.5$, $b_{o/n}(1)=o.5$; $b_{1/n}(o)=1$

Eingangsgrössen: $x_n(o)=o.2$, $x_n(1)=c.3$, $x_n(2)=o.5$
$y_n(1)=o.6$, $y_n(2)=o.4$

Ausgangsgrösse: $z_{n+1}(o)=o.20$, $z_n(1)=o.41$, $z_{n+1}(2)=o.30$,
$z_{n+1}(3)=o.o9$

Spezialfall: Oft wird angenommen, dass alle Individuen dieselbe Verzögerung von k Zeitintervallen erleiden. Es muss dann nur die Operation "zeitliche Verschiebung um k Zeitintervalle" ausgeführt werden. Im Hinblick auf das Prinzip der Simulationsmethode BERSIM (vgl. 4.2.) wird die zeitliche Verschiebung aufgespalten in Teilschiebungen um je 1 Zeitintervall. Abb. 18 wird vereinfacht zu

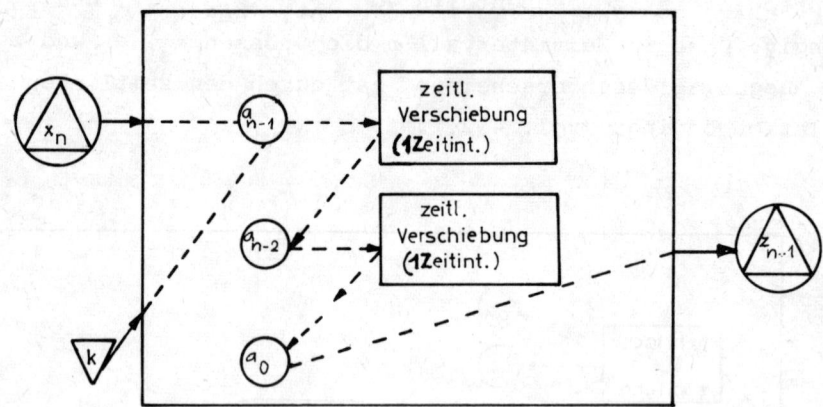

Abb. 19

Die Beispiele 1 und 2 aus Beitrag 3 lassen sich nun vollständig in
solche Komponenten zerlegen.

Beispielsweise tritt die Kombination von Operationen, wie sie die
Komponenten "Halteline" enthält (vgl. Abb. 14), im Beispiel 1 drei-
mal auf.

allg. Aufbau der Komponente "Halte-   Ausschnitt aus Abb.7 (Zerlegung
linie" (vgl. Abb. 14)   des Supermarktes in Operationen)

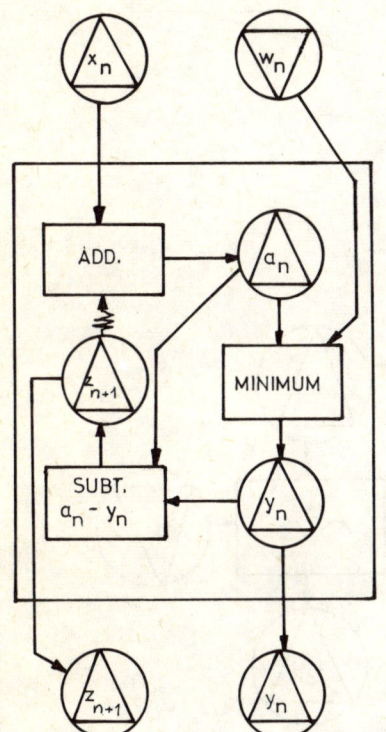
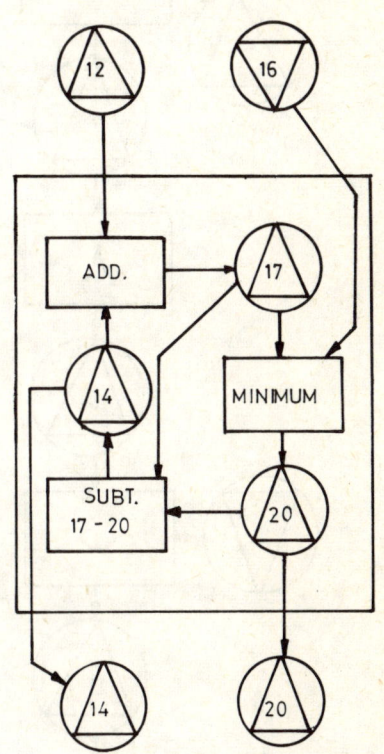

Abb. 20   Abb. 21

Die folgenden Abbildungen 22 und 23 zeigen die vollständige Zerlegung
der Beispiele 1 und 2 von Beitrag 3 in Komponenten:

Beispiel 1: Zerlegung entsprechend Abb. 7

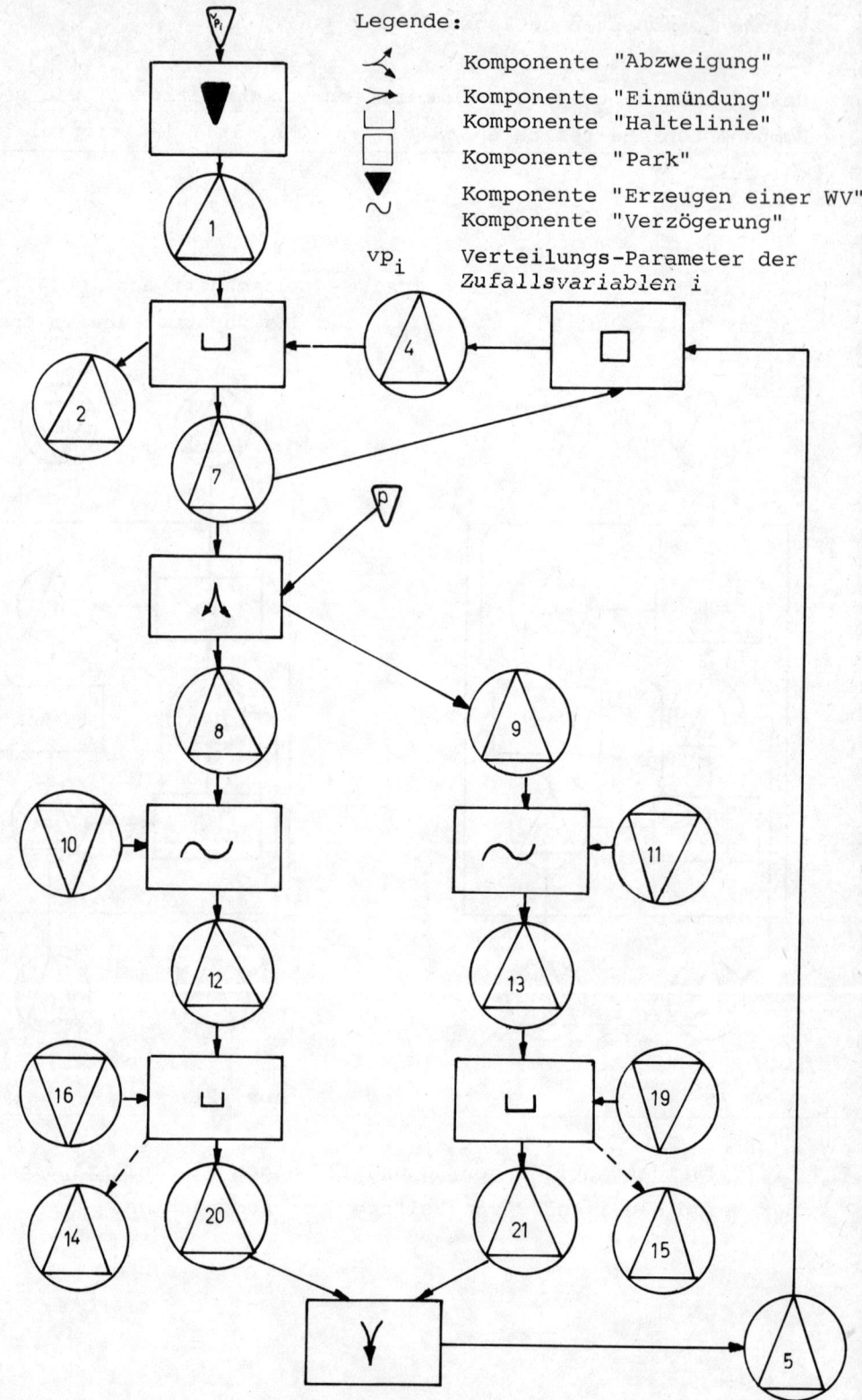

Legende:

Komponente "Abzweigung"	
Komponente "Einmündung"	
Komponente "Haltelinie"	
Komponente "Park"	
Komponente "Erzeugen einer WV"	
Komponente "Verzögerung"	

vp_i Verteilungs-Parameter der Zufallsvariablen i

Abb. 22

- 69 -

Beispiel 2: Zerlegung entsprechend Abb. 9

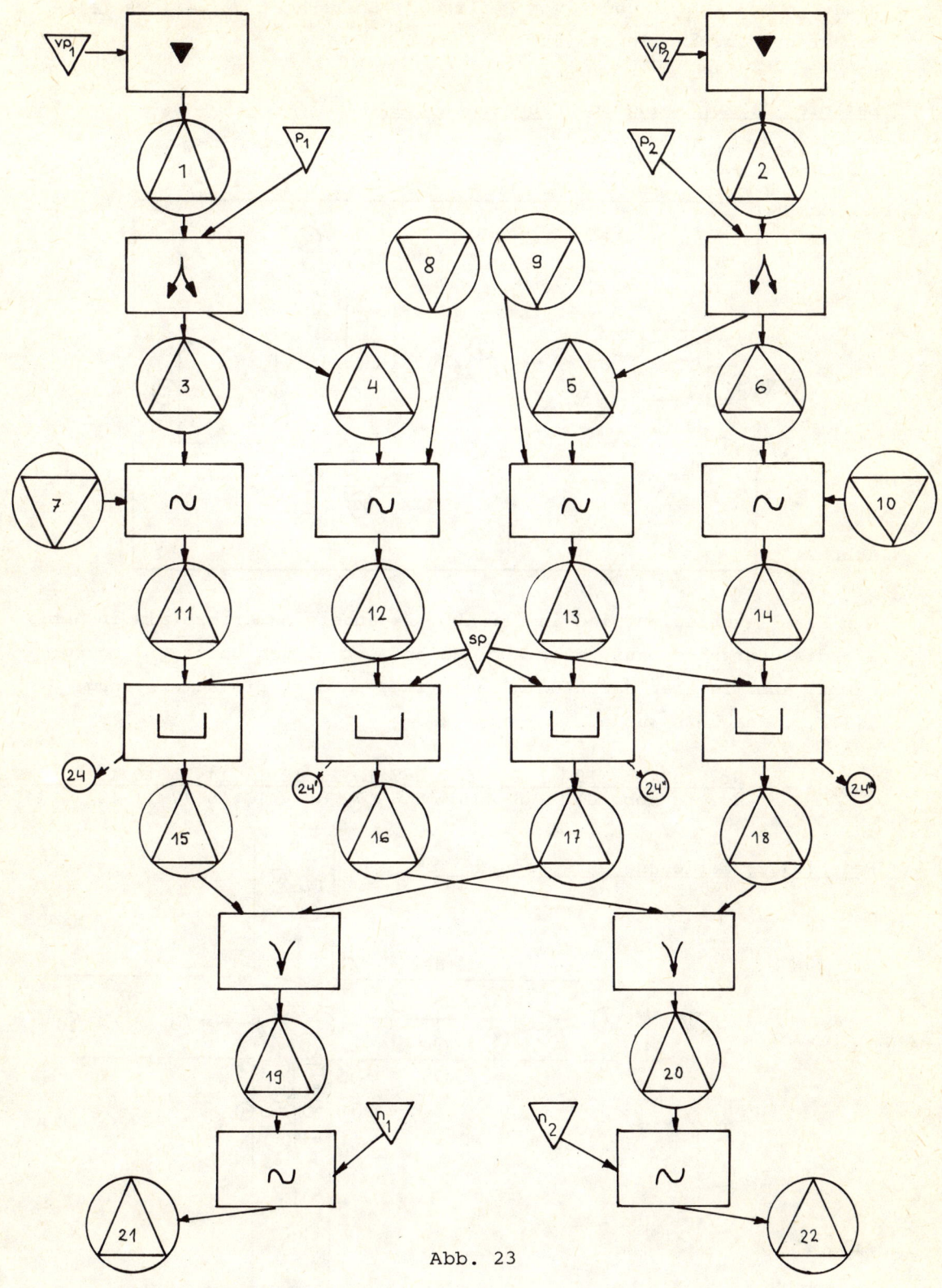

Abb. 23

Die Komponenten können auch direkt auf die geometrischen Ausgangs-
situationen (Abb. 1 und 5 von Beitrag 3) übertragen werden, was einfacher und anschaulicher ist.

Beispiel 1: Zerlegung entsprechend Abb.1.

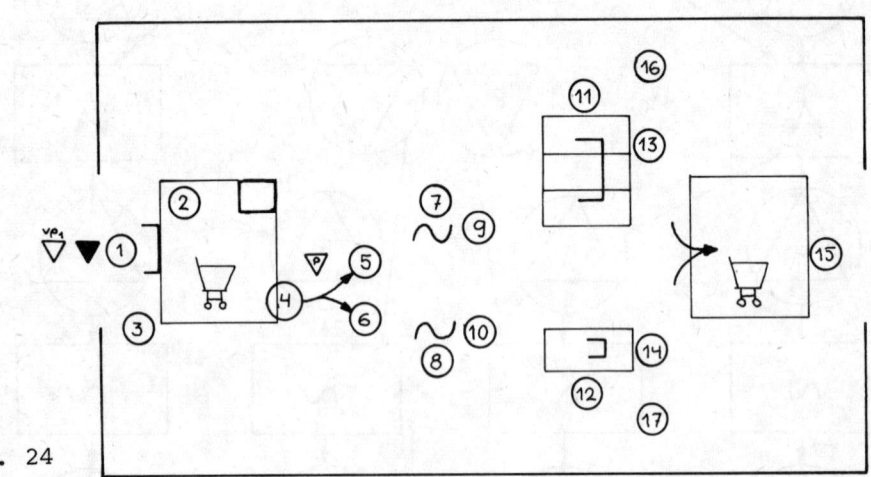

Abb. 24

Die Zufallsvariablen sind in der Abb. 24 anders numeriert als in Abb.
22; dies beruht darauf, dass Abb. 22 auf Abb. 7 von Beitrag 3 bezug
nimmt, Abb. 24 aber unabhängig davon ist, so dass die Numerierung
1,2,3,... gewählt wurde.

Zuordnung:

Nr. in Abb. 19	1	2	4	5	7	8	9	10	11	12	13	14	15	16	19	20	21
Nr. in Abb. 21	1	3	2	15	4	5	6	7	8	9	10	16	17	11	12	13	14

Beispiel 2: Zerlegung entsprechend Abb. 5

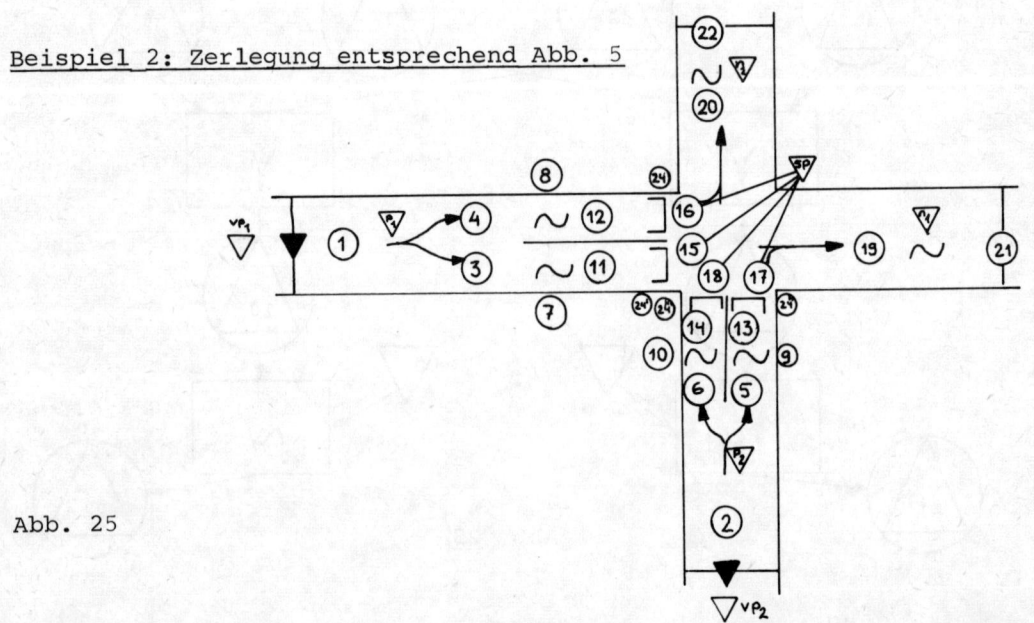

Abb. 25

Das Beispiel 2 (analog für Beispiel 1) besteht also nach der Simulationsmethode BERSIM aus den folgenden 16 Komponenten:

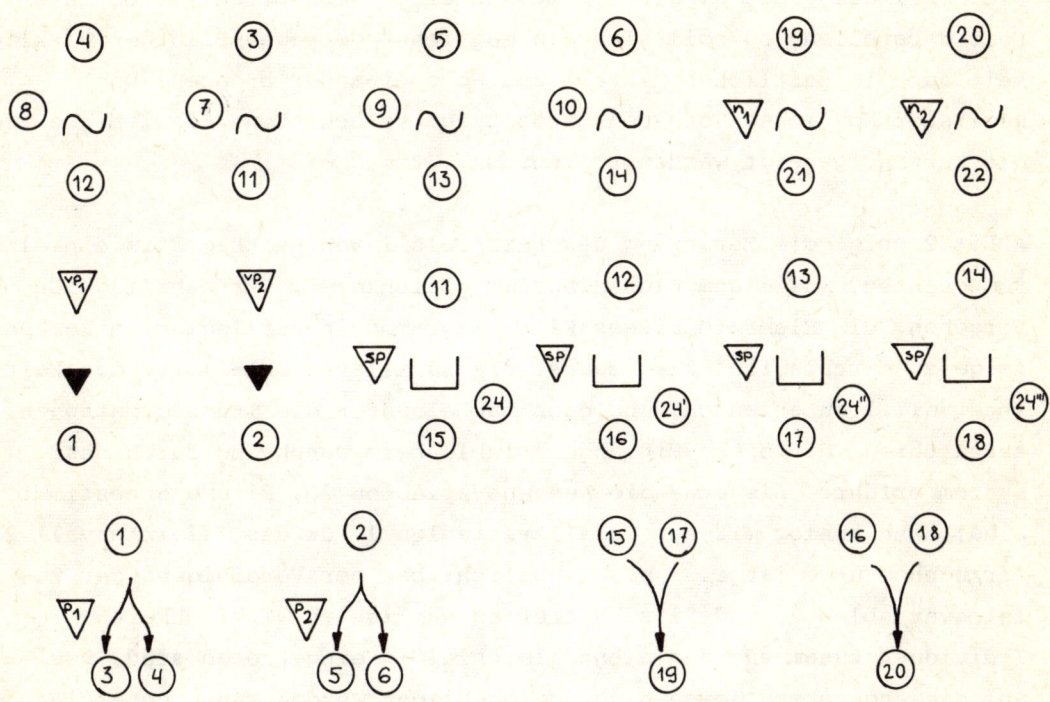

Abb. 26

Für die Abb. 22 bis 26 wurde vorausgesetzt, dass über die ankommenden
Individuen (Kunden bzw. Fahrzeuge) Informationen in Form von Verteilungstypen und -parametern vp_1 und vp_2 vorliegen, die durch Komponenten ▼ erst noch in Wahrscheinlichkeitsverteilungen tranformiert werden müssen (in den Abb. 7 und 9 von Beitrag 3 wurdendiese Transformationen nicht eingetragen, da es nach 3.2.2.c nur Hilfsoperationen
sind). Für die übrigen Eingangsvariablen (z.B. Fahrzeiten zwischen
$A_1 \longrightarrow S_1$ usw.) wurde hingegen angenommen, dass die Angaben bereits
in Form von Wahrscheinlichkeitsverteilungen vorliegen, so dass keine
Komponenten ▼ benötigt werden.

4.2. Der zeitliche Ablauf der Simulation

Karl Stoop, Bern

4.2.1. Grundlagen

Die Resultate einer Simulation müssen einen geordneten Ablauf in der
Zeit darstellen; es soll sich ein möglichst getreues Bild der Wirklichkeit auch im zeitlichen Hinter- und Nebeneinander ergeben. Die
Realisierung dieses Vorhabens stösst auf verschiedene Schwierigkeiten,
die kurz aufgezeigt werden sollen.

Abb. 22 zeigt die Zerlegung des Beispiels 1 von Beitrag 3 in einzelne
Komponenten, was einem Flussdiagramm gleichkommt. Das naheliegende
Vorgehen, die Elemente dieses Flussdiagramms in der logischen Reihenfolge zu durchlaufen, also zuerst die Zufallsvariable 1 für das Zeitintervall 1 zu erzeugen, und dann nacheinander die Transformationen
auszuführen, die diese Eingangsvariable beim Durchgang durch das
System erfährt, bis etwa die Ausgansvariablen 20, 21 und 5 bestimmt
sind, dann analog mit der Zufallsvariablen 1 für das Zeitintervall 2
vorzugehen usw. ist i.a. nicht möglich; bei der Vereinigung der Zufallsvariablen 20 und 21 zu 5 treffen nämlich in Wirklichkeit
Individuen zusammen, die nicht gleichzeitig eingetreten sind, was
auf die angegebene Weise nicht nachgebildet werden kann. Ueberdies
dauert es i.a. mehrere Zeitintervalle, bis die im Intervall 1 eingetretenen Kunden den Supermarkt wieder verlassen; unterdessen sind
aber in den Zeitintervallen 2,3,... bereits weitere Kunden eingetreten, so dass die Zeit wieder zurückgestellt werden müsste, um diese
zu erfassen.

Um die Ereignisse in der korrekten zeitlichen Reihenfolge nachzubilden, muss deshalb ein anderes Vorgehen gewählt werden. Vorerst wird
eine Simulationsuhr ins Simulationsprogramm eingebaut, welche mit
einer natürlichen Zahl n das jeweils erreichte Zeitintervall angibt
(vgl. 3.1.); zu gegebener Zeit erfolgt ein Sprung von n auf n+1. Für
Ereignisse, die in einem Zeitpunkt (also ohne zeitliche Ausdehnung)
stattfinden, bietet das Berücksichtigen der zeitlichen Reihenfolge
keine Schwierigkeiten, höchstens dass bei Gleichzeitigkeit von zwei
oder mehreren solchen Ereignissen dies auf dem Computer nicht streng
nachgebildet werden kann, sondern nur ein Ereignis nach dem andern

simuliert werden kann; der Anschein von Gleichzeitigkeit wird aber ge-
wahrt, wenn die Simulationsuhr unverändert bleibt, bis alle diese Ereignisse nachgebildet sind.

Bei Ereignissen von zeitlicher Ausdehnung hingegen (z.B. Fahrt von A_1
nach S_1 im Beispiel 2 von Beitrag 3), die in der Simulationsmethode
BERSIM durch die Komponente "Verzögerung" nachgebildet werden, tritt
oft der Fall auf, dass mehrere Ereignisse zeitlich ineinandergreifen,
wie dies in den untenstehenden Abb. 27 und 28 angedeutet ist:

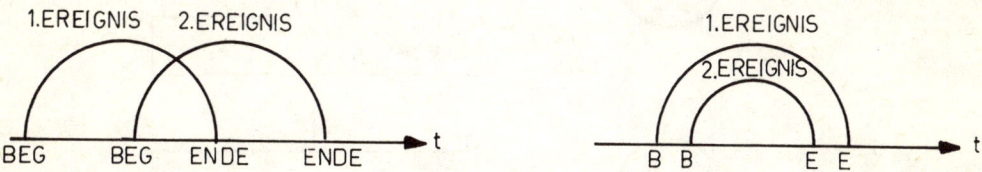

Abb. 27   Abb. 28

Wenn zuerst das 1. und dann das 2. Ereignis simuliert würden, wäre
es unvermeidlich, dazwischen die Simulationsuhr zurückzustellen. Dies
soll aber umgangen werden, weil bei vielen ineinandergreifenden Ereignissen ein zeitliches Durcheinander entstehen würde und überdies
möglich ist, dass das Ende des 1. Ereignisses vom Beginn des 2. Ereignisses kausal abhängt. Als Ausweg bleibt, solche Ereignisse in
Teilereignisse aufzuteilen, die dann simuliert werden können, ohne
die Simulationsuhr zurückstellen zu müssen. Für die beiden Ereignisse
von Abb. 28 ist etwa folgende Aufteilung möglich:

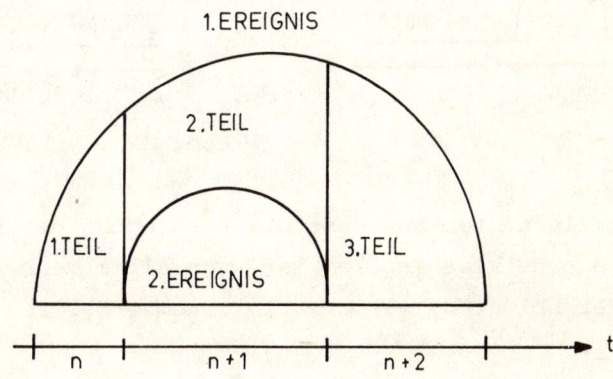

Abb. 29

Wenn die Zeitintervalle n, n+1 und n+2 in Abb. 29 festgelegt werden
(über die Länge der bereits in 3.1. eingeführten Zeitintervalle wurde
bisher nichts ausgesagt), so kann die Simulation folgendermassen ablaufen:

Simulationsuhr

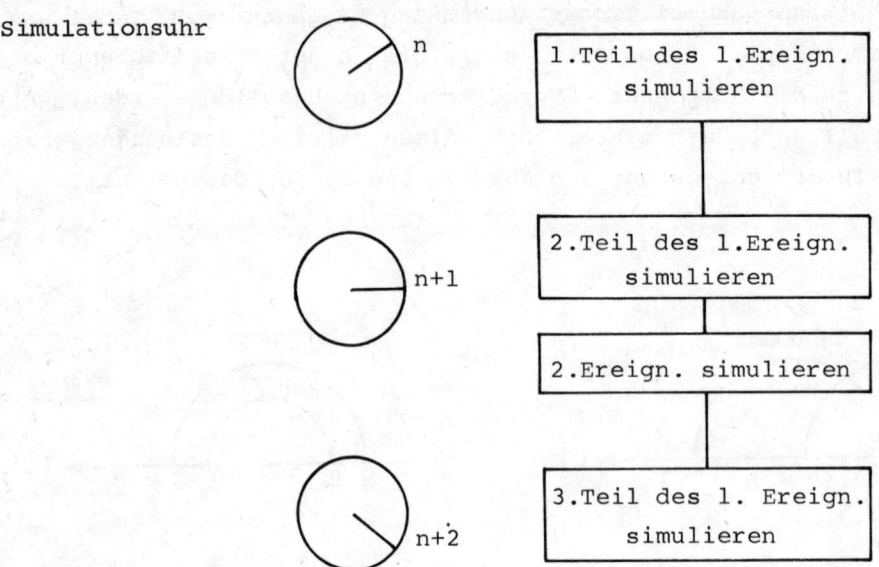

Abb. 30

Aus verschiedenen Gründen ist es denkbar, dass die Zeitintervalle in
Abb. 29 zu gross sind; beispielsweise weil noch ein drittes Ereignis
parallel zu den beiden andern abläuft oder weil der Beginn des 2. Ereignisses den 2. Teil des 1. Ereignisses beeinflusst; die Abb. 31 und
32 geben passendere Zeitintervalle für diese Fälle an:

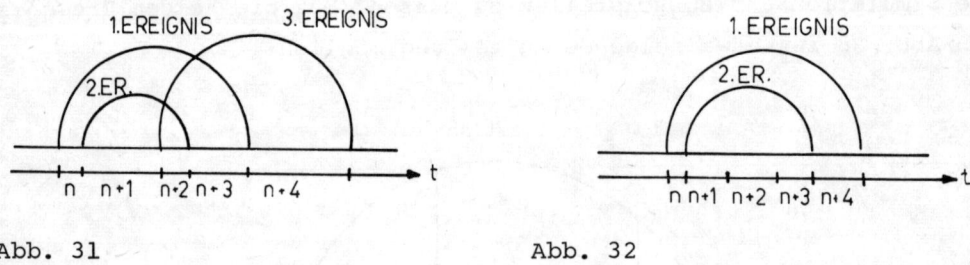

Abb. 31   Abb. 32

Diese Beispiele deuten an, dass die Festlegung der Längen der Zeitintervalle ein heikles Problem ist, vor allem wenn viele Ereignisse
nebeneinander ablaufen, was etwa in einem grösseren Verkehrsnetz der
Fall ist.

Für die Simulationsmethode BERSIM wurde festgelegt, dass alle Zeitintervalle dieselbe Länge haben (vgl. Abb. 33).

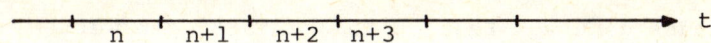

Abb. 33

In Simulationsmethoden, die auf der Monte Carlo Methode beruhen oder Modelle ohne Unsicherheitsfaktoren benützen, ist in einem gegebenen Zeitpunkt oft bekannt, wann das nächste Mal etwas passieren wird und es wird dann ein Zeitschritt bis zu diesem Moment ausgeführt; auf diese Weise ergeben sich i.a. unregelmässige Zeitintervalle, dies besonders dann, wenn das Simulationsmodell nur wenige Individuen enthält (z.B. 3 Schiffe sollen an einem Pier entladen werden; ein grosses Industrieerzeugnis muss einige Bearbeitungsmaschinen passieren).

Bei der auf der direkten Methode beruhenden Simulationsmethode BERSIM hingegen ist man jeweils über den nächsten Zeitpunkt, in dem etwas passieren wird, nur durch Wahrscheinlichkeitsangaben informiert; bei Modellen, in denen viele Individuen zirkulieren, was etwa für die Beispiele 1 und 2 aus Beitrag 3 zutrifft, kommt dazu, dass fast ständig etwas passiert, so dass sogar gewisse Ereignisse zusammengefasst werden müssen (z.B. alle ankommenden Individuen an einer Stelle in einem gewissen Zeitabschnitt); bei diesen Eigenschaften liegt kein Grund mehr für unregelmässige Zeitintervalle vor, im Gegenteil können die Zufallsvariablen, die sich auf ein Zeitintervall beziehen, bei gleichen Zeitintervallen viel leichter überblickt und verglichen werden. Deshalb wurde für BERSIM diese Variante gewählt.

Wenn bei gewissen Simulationen das Bedürfnis besteht, "uninteressante" Phasen mit grossen Zeitintervallen möglichst schnell zu überbrücken und andere mit kleinen Intervallen genau zu analysieren, besteht immer noch die Möglichkeit, eine solche Simulation in mehrere Teilsimulationen zu zerlegen, wobei die Länge des Zeitintervalles in den einzelnen Teilen verschieden sein kann.

Wie lang die Zeitintervalle sein sollen, hängt natürlich vom jeweiligen Problem ab; für ein Beispiel aus dem Strassenverkehr wird diese Frage

in Beitrag 5 noch diskutiert. Normalerweise geht es darum, eine
Kompromisslösung zu finden, indem bei kürzeren Zeitintervallen der
Rechenaufwand grösser wird, bei längeren hingegen Ungenauigkeiten
in Kauf genommen werden müssen, weil die Ereignisse mit zeitlicher
Ausdehnung nicht mehr ganzzahlige Vielfache des Zeitintervalles bele-
gen; es muss dann von Fall zu Fall entschieden werden, wie weit diese
Ungenauigkeiten toleriert werden können.

4.2.2. Der zeitliche Ablauf der Simulation

Die Simulation läuft ab, indem in jedem Zeitintervall jede Komponente
des Systems in bestimmer Reihenfolge einmal angerufen wird und dabei
aus den bekannten Eingangsgrössen die Ausgangsgrössen berechnet werden; der Aufbau der "Verzögerungs"-Komponenten wurde so konzipiert
(vgl. 4.1.7.), dass jedes Ereignis von zeitlicher Ausdehnung jeweils
um ein Teilergebnis von der Länge eines Zeitintervalles weitersimuliert
wird.

Um die Simulation auf diese Weise überhaupt beginnen zu können, muss
der Anfangszustand des Systems bekannt sein. Meist trifft dies nicht
zu; man nimmt dann meistens der Einfachheit halber an, am Anfang seien
noch keine Individuen im Innern des zu simulierenden Systems, sondern
diese würden erst nach Beginn der Simulation von aussen her eintreten;
diese normalerweise unrealistische Annahme wirkt sich i.a. schon nach
einigen Zeitintervallen nicht mehr wesentlich aus (vgl. 4.2.3.). Grundsätzlich kann aber von beliebigen andern Anfangsbedingungen ausgegangen
werden. Es ist nun stets möglich, die Reihenfolge der Komponenten so
festzulegen, dass im Moment, in dem eine Komponente angerufen wird,
alle benötigten Eingangsgrössen bekannt sind, damit die Ausgangsgrössen berechnet werden können und so die Simulation dauernd in Bewegung gehalten werden kann. Wesentlichen Anteil daran haben die
Komponenten "Verzögerung", die aus den Eingangsgrössen zur Uhrzeit n
Ausgangsgrössen für die Zeit n+1 liefern, während sich bei den
übrigen Komponenten Ein- und Ausgangsgrössen auf das gleiche Zeitintervall n beziehen.

Für das Beispiel 2 von Beitrag 3 ist die Reihenfolge der Komponenten
in der Abb. 26 in diesem Sinne richtig gewählt.

Im folgenden wird der Beginn der Simulation für dieses Beispiel 2 anhand der Abb. 34, die aus Abb. 26 entstand, indem zusätzlich die gegenseitigen Abhängigkeiten der Komponenten eingezeichnet wurden, detailliert erklärt. Dabei wird vorerst vorausgesetzt, dass es sich um ein stationäres Simulationsmodell handelt, d.h. dass die Eingangsvariablen (Anzahl ankommender Fahrzeuge bei A_1 bzw. A_2 pro Zeitintervall, Signalplan, Fahrzeit $A_1 \longrightarrow S_1$ usw.) im Laufe der Simulation nicht ändern.

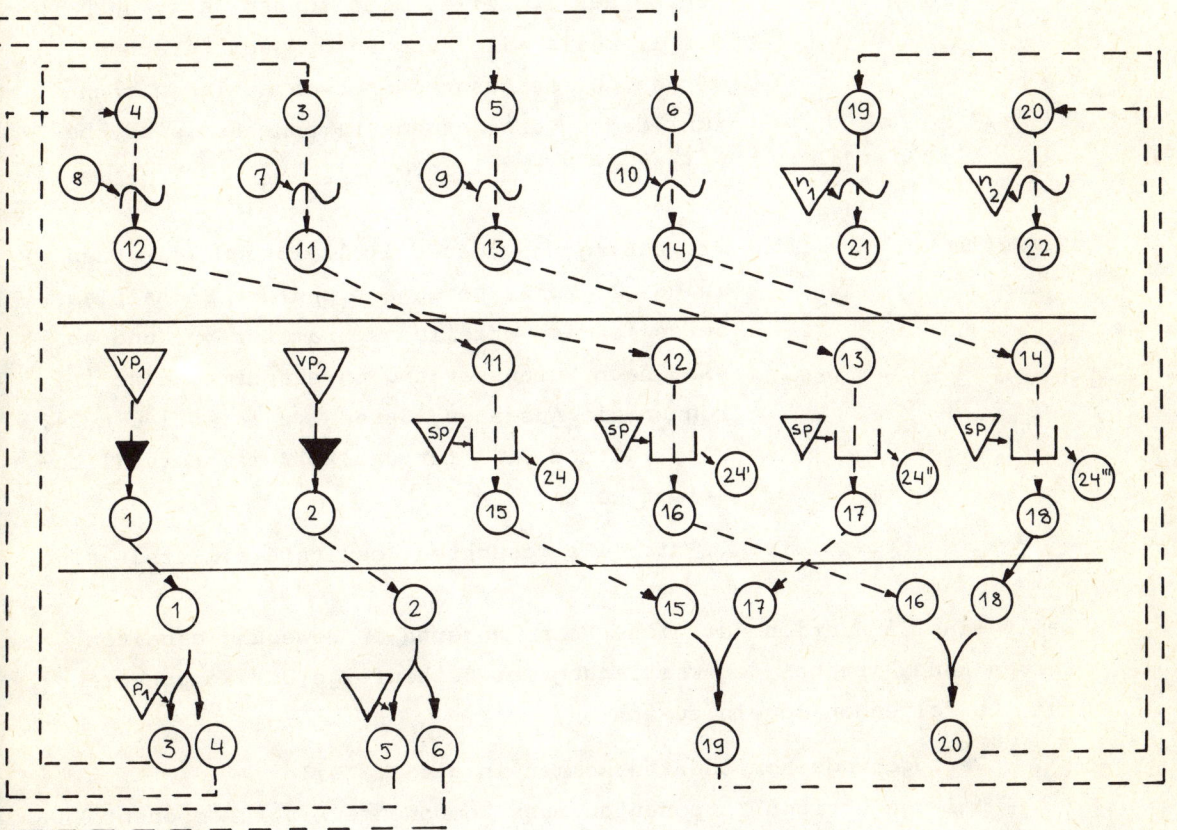

Abb. 34

- Beginn der Simulation, <u>Zeitintervall k=1:</u>

1. Zeile von Abb. 34: wird für k=1 übersprungen

2. Zeile von Abb. 34: aus dem bekannten Anfangszustand des Systems können die Ausgangsgrössen 1,2,15,16,17,18,24, 24', 24"und 24"' berechnet werden.

3. Zeile von Abb. 34:   die eben berechneten Ausgangsgrössen 1,2,15,16, 17 und 18 der Komponenten der 2. Zeile sind die Eingangsgrössen der Komponenten der 3.Zeile, also können auch in der 3. Zeile alle Ausgangs- grössen berechnet werden.

1. Zeile von Abb. 34:   die 6 Ausgangsgrössen der Komponenten der 3. Zeile, die im Intervall k=1 berechnet wurden, sind die Eingangsgrössen der Kompo- nenten der 1. Zeile, also können jetzt auch in der 1. Zeile alle Ausgangsgrössen berechnet werden. Diese Ausgangsgrössen beziehen sich nun, da es Verzögerungs-Komponenten sind, be- reits auf das Zeitintervall k=2.

2. Zeile von Abb. 34:   die 4 Eingangsgrössen 11,12,13 und 14 wurden in der 1. Zeile berechnet und der Signalplan sp sowie die Verteilungsparameter vp_1 und vp_2 sind nach Voraussetzung unverändert, also können die Ausgangsgrössen 1,2,15,16,17,18,24, 24', 24" und 24"' für das 2. Zeitintervall be- stimmt werden.

...... usw., bis alle gesuchten Resultate ermittelt sind.

Damit eine Simulation auf diese Weise dauernd in Bewegung gehalten werden kann, ist bei der Festlegung der Reihenfolge der Komponenten auf die folgenden Regeln zu achten:

- Verzögerungs-Komponenten kommen in die 1. Zeile
- bei den übrigen Komponenten muss Komponente A vor Komponente B kommen, falls die Zufallsvariable v Ausgangsgrösse der Kompo- nente A und Eingangsgrösse der Komponente B ist, damit alle Eingangsgrössen von B bekannt sind im Moment, in dem B ange- rufen wird (z.B. ⊔ vor Υ in Abb. 34).
Diese Regel kann nur dann nicht eingehalten werden, wenn ge- schlossene Kreise von solchen Komponenten ohne Verzögerungs- Komponenten dazwischen auftreten, was praktisch kaum von Be- deutung ist (dies würde eine Rückkopplung ohne Verzögerung be- deuten).

Dem Computer werden die in Abb. 34 steckenden Informationen zugeführt, indem für jede Komponente eine Datenkarte erstellt wird, die die folgenden Angaben enthält:

(a) Bezeichung der Komponente (fakultativ)

(b) Typ der Komponente (1=Abzweigung, 2=Einmündung, 3=Haltelinie, ...)

(c) Nummern der als Ein- und Ausgangsgrössen der Komponente auftretenden Zwischen- und Ausgangsvariablen in vorgeschriebener Reihenfolge

(d) Werte der Eingangsvariablen in vorgeschriebener Reihenfolge (Anfangswerte, diese können im Verlaufe der Simulation ändern, vgl. 4.2.3.)

Diese Datenkarten müssen in der Reihenfolge von Abb. 34 eingegeben werden; als Beispiele geben wir die Daten auf den Karten für die 7. und 13. Komponente an:

(a)	(b)	(c)			(d)	
FAHRZEUGE BEI A1	5	1			O	720
ABZWEIGUNG LINKS	1	1	3	4	0.75	

Die Zonen (c) und (d) enthalten je nach Typ der Komponente verschieden viele Zahlen. Für die Komponenten "Erzeugen einer Wahrscheinlichkeitsverteilung" stehen unter (d) zuerst der Typ der Verteilung (O = poissonverteilt) und anschliessend die benötigten Parameter (Erwartungswert = 720 Fahrzeuge pro Stunde); bei den Komponenten "Abzweigung" findet sich in der Zone (d) die Abbiegewahrscheinlichkeit (0.75) auf die erste unter (c) angegebene Ausgangsgrösse (3).

In der Abb. 34 hat jede Zufallsvariable eine andere Nummer, was bedeutet, dass alle diese Variablen während der Simulation auf verschiedenen Plätzen abgespeichert werden. Sollte nicht soviel Platz vorhanden sein, so besteht i.a. die Möglichkeit, gewisse Variablen auf denselben Plätzen abzuspeichern, indem man ihnen dieselbe Nummer zuteilt. Für das Beispiel von Abb. 34 könnten etwa die Variablen 11 und 16 mit derselben Nummer bezeichnet werden, da die erste nur von der 2. bis zur 9., die zweite von der 10. bis zur 16. Komponente gespeichert werden muss, also nie beide Variablen gleichzeitig gespeichert sein müssen.

Die Individuen, die das Simulationsmodell verlassen (Zufallsvariablen 21 und 22) werden bei dieser Simulationsmethode ohne weiteres Zutun gelöscht, wenn die entsprechenden Komponenten beim nächstenmal durchlaufen werden.

4.2.3. Stationäre und dynamische Simulationsmodelle

Die in einem Simulationsmodell auftretenden Variablen werden nach 3.3.1. in vorgegebene Eingangsvariablen einerseits und davon abhängige Zwischen- und Ausgangsvariablen anderseits eingeteilt. So sind etwa im Beispiel 1 von Beitrag 3 (vgl. Abb.7) die Variablen 1, 10,11,16,19 und p Eingangsvariablen, deren Werte als bekannt vorausgesetzt werden; darauf basierend können die übrigen Variablen, also die Zwischenvariablen und die Ausgangsvariablen, welche die gesuchten Resultate einer Simulation darstellen, bestimmt werden.

Ein Simulationsmodell wird stationär genannt, wenn die vorgegebenen Eingangsvariablen zeitlich unveränderlich sind; bei solchen Modellen konvergieren auch die Werte der Zwischen- und Ausgangsvariablen (beispielsweise die Längen der Warteschlangen), nachdem der Einfluss der mehr oder weniger willkürlich gewählten Anfangsbedingungen abgeklungen ist, i.a. gegen zeitlich unveränderliche Grenzwerte, d.h. es bildet sich nach einer gewissen Anzahl Zeitintervallen ein Gleichgewichtszustand heraus, dessen Eigenschaften in vielen Fällen das gesuchte Resultat der Simulation darstellen. Solche Simulationen werden deshalb in der Regel so weit geführt, bis die Veränderungen der Zwischen- und Ausgangsvariablen pro Zeitintervall alle unter einer vorgegebenen Grenze ε bleiben. Die Beschreibung unter 4.2.2. bezieht sich auf den Beginn einer solchen stationären Simulation. Ein Gleichgewichtszustand stellt sich i.a. nicht ein, wenn Teile des Simulationssystems überlastet sind, konkret z.B. wenn pro Zeitintervall mehr Kunden in den Supermarkt eintreten, als an den Kassen abgefertigt werden können.

Die Simulationsmethode BERSIM wurde aber vor allem im Hinblick auf dynamische (instationäre) Prozesse entwickelt, bei denen sich im Verlaufe der Simulation gewisse Eingangsvariablen verändern (Beispiel 2: Zahl der ankommenden Fahrzeuge bei den Stellen A_1 und A_2 pro Zeitintervall ist zeitlich veränderlich; Signalplan ändert im Laufe der

Simulation). Damit bildet sich bei dynamischen Simulationsmodellen kein Gleichgewichtszustand mehr heraus; vielmehr interessiert sich der Benützer in diesen Fällen für einen "Film" des Geschehens. d.h. er will mit Hilfe der Simulation Einblick erhalten, in welcher Weise sich Aenderungen der Eingangsvariablen auf die Ausgangsvariablen auswirken. Da bei dem unter 4.2.2. beschriebenen zyklischen Durchlaufen der Komponenten grundsätzlich nur Zwischen- und Ausgangsvariablen ändern können, muss bei dynamischen Prozessen dieser Zyklus zu bestimmten Zeiten unterbrochen werden und in einem Programmteil, der "CHANGE" genannt wird, die fälligen Aenderungen der Eingangsvariablen ausgeführt werden.

Solche Aenderungen können je nach Problem auf verschiedene Weisen erfolgen. Sie können von aussen ausgeführt werden, indem zu bestimmten Zeitpunkten ab Datenkarten neue Werte gewisser Eingangsvariablen gelesen werden. Gelegentlich werden sie aber intern bewirkt, indem aus früher ermittelten Werten von Zwischen- oder Ausgangsvariablen neue Werte von Eingangsvariablen abgeleitet werden. In den Beispielen 1 und 2 würden sich solche intern bewirkten Aenderungen von Eingangsvariablen unter den folgenden Annahmen ergeben:

Beispiel 1: Die Anzahl der bedienten Kassen im Normalkassen-Komplex und damit die Anzahl der Kunden, die pro Zeitintervall abgefertigt werden können, richtet sich nach dem tatsächlichen Anfall von Kunden.
Es werden also aufgrund der während einer gewissen Zeit gespeicherten Werte der Zufallsvariablen 14 (vgl. Abb. 22) im Programmteil "CHANGE" evtl. Aenderungen der Eingangsvariablen 16 ausgeführt.

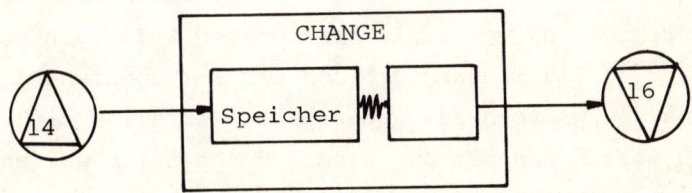

Abb. 34a

Beispiel 2: Die Signalanlage an der Kreuzung wird von einem Verkehrsrechner gesteuert, der über verschiedene Signalprogramme verfügt. Je nach den Warteschlangenlängen, also je nach den Werten

der während einer gewissen Zeit gespeicherten Zufallsvariablen 24,
24', 24" und 24"' (vgl. Abb. 23) wird ein Signalprogramm sp ausge-
wählt. Im Beitrag 5 wird auf ein ähnliches Modell näher eingegangen.

Die Abb. 35 zeigt schematisch den Simulationsablauf für stationäre
bzw. dynamische Modelle.

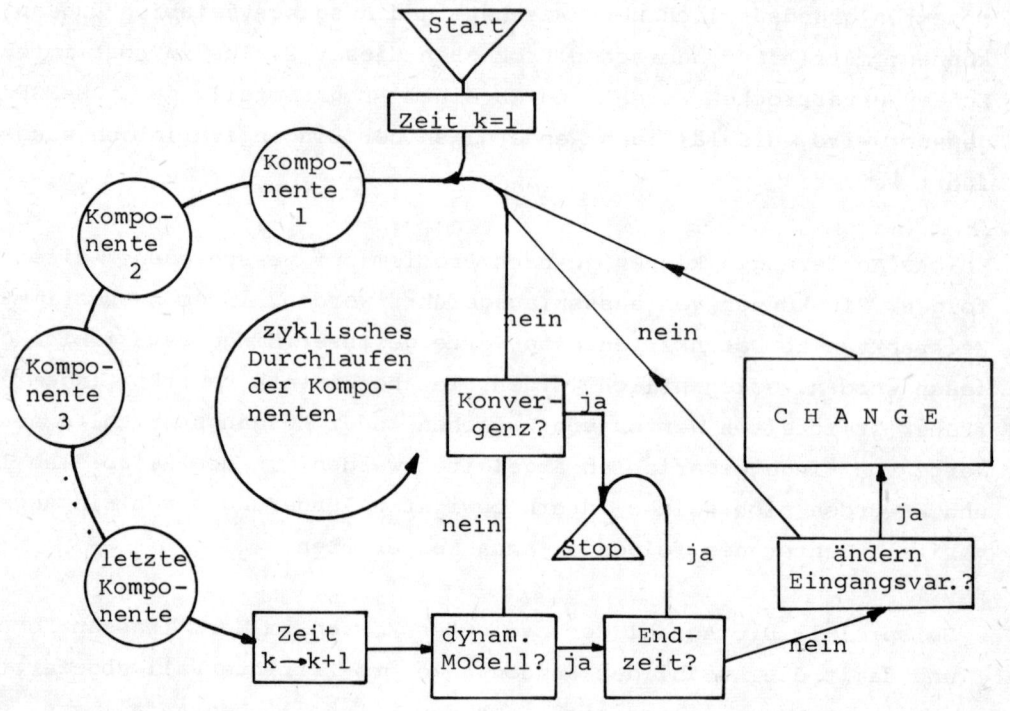

Abb. 35

Bei stationären Modellen müssen übrigens nicht in jedem Zeitintervall
alle Komponenten angerufen werden. Wir beziehen uns wieder auf Abb.34,
also das 2.Beispiel von Beitrag 3. Nach Voraussetzung sind vp_1 und
vp_2 und damit die Ausgangsgrössen 1 und 2 der Komponenten ▼ zeitlich
unveränderlich; da weiter im stationären Fall auch p_1 und p_2 konstant
bleiben, sind die Eingangsgrössen der Komponenten ⚔ und damit auch
deren Ausgangsgrössen für jedes Zeitintervall gleich. Diese Komponenten
▼ und ⚔ müssen deshalb nur einmal durchlaufen werden und können nachher "abgeschaltet" werden; die im ersten Zeitintervall berechneten
Werte der Ausgangsgrössen 3,4,5 und 6 der Komponenten ⚔ bleiben gespeichert und werden in den folgenden Zeitintervallen immer wieder als
Eingangsgrössen der entsprechenden vier Komponenten ∼ verwendet. Sobald die letzten Fahrzeuge, die im ersten Zeitintervall A_1 oder A_2
passiert haben, bei S_1, S_2, S_3 oder S_4 eingetroffen sind, können

diese vier Komponenten ∿ ebenfalls "abgeschaltet" werden, weil von diesem Moment an auch deren Ausgangsgrössen 11,12, 13 und 14 in jedem Zeitintervall gleich werden. Von jetzt an müssen also anstelle von ursprünglich 16 nur noch 8 Komponenten in jedem Zeitintervall durchlaufen werden. Bei dem Komponenten ⊔ werden die Ausgangsgrössen nur dann zeitlich unveränderlich, wenn ein Zeitintervall genau eine oder mehrere ganze Umlaufzeiten des Signalplans (vom Grünbeginn eines Signals bis zum nächsten Grünbeginn dieses Signals) dauert; erstreckt sich hingegen eine Umlaufzeit des Signalplans über k Zeitintervalle, so nähern sich nur die Ausgangsgrössen bezogen auf die Zeitintervalle n, n+k, n+2k, ... festen Grenzwerten; sobald sich dies Ausgangsgrössen um weniger als vorgegebene Fehlerschranken ε ändern, könnten auch diese Komponenten ⊔ abgeschaltet werden; kurz darauf, spätestens nach weiteren $\max(n_1, n_2)$ Zeitintervallen, ist dann der Gleichgewichtszustand des gesamten Systems erreicht und die Simulation kann abgebrochen werden. Bei nichtstationären Simulationen können sinngemäss gewisse Komponenten vorübergehend abgeschaltet werden, beispielsweise die Komponenten ▼ , wenn ihre Eingangsgrössen nur in grösseren Zeitabständen ändern.

Am Schluss von 4.2.2. wurde angegeben, dass oft verschiedenen Zufallsvariablen dieselben Speicherpositionen zugeordnet werden können, wenn sich dies aus Platzgründen aufdrängt. In diesem Fall ist das Abschalten von Komponenten nur noch beschränkt durchführbar; denn Ausgangsgrössen abgeschalteter Komponenten, die mehrmals als Eingangsgrössen anderer Komponenten benötigt werden, brauchen eigene Speicherplätze.

Das Ein- und Abschalten von Komponenten erlaubt es übrigens auch, Simulationsmodelle im Verlaufe der Simulation strukturell zu verändern, indem gewisse Komponenten neu eingebaut oder entfernt werden.

Das Ein- und Ausschalten von Komponenten erfolgt im Programmteil "CHANGE", wobei dies analog wie bei den Aenderungen von Eingangsvariablen intern oder extern veranlasst werden kann.

4.2.4 Der Aufbau des Computer-Programms

Es soll hier nur ganz summarisch der Aufbau des FORTRAN-Programms skizziert werden, das der Simulationsmethode BERSIM zugrundeliegt.

Einige weitere Angaben folgen in Beitrag 5.

Das Programm besteht aus 4 Segmenten:
- Einlese - Segment
- Simulations - Segment
- CHANGE - Segment
- Druck - Segment

Einlese - Segment: In diesem Segment werden die Datenkarten gelesen und die Daten in eine für die eigentliche
Simulation geeignete Form gebracht.

Simulations - Segment: In diesem Hauptsegment wird, wie unter 4.2.2.
beschrieben, in der vorgegebenen Reihenfolge
jede Komponente einmal angerufen und dabei,
falls die Komponente nicht abgeschaltet ist, aus
den bekannten Eingangsgrössen die Ausgangsgrössen berechnet.

CHANGE - Segment: Hier werden Aenderungen der Eingangsvariablen
(und evtl. auch Ein- und Abschalten von Kompo-
nenten) vorgenommen. Der Aufbau dieses Segmentes
ist (im Gegensatz zu den übrigen drei) stark
problemabhängig; für den Strassenverkehr vgl.
5.4.3..

Druck - Segment: Die gesuchten Resultate der Simulation, also die
Ausgangsvariablen werden herausgedruckt.

In Anlehnung an Abb. 35 kann das gegenseitige Zusammenwirken der vier
Segmente durch die auf der folgenden Seite stehende Abb. 36 veranschaulicht werden.

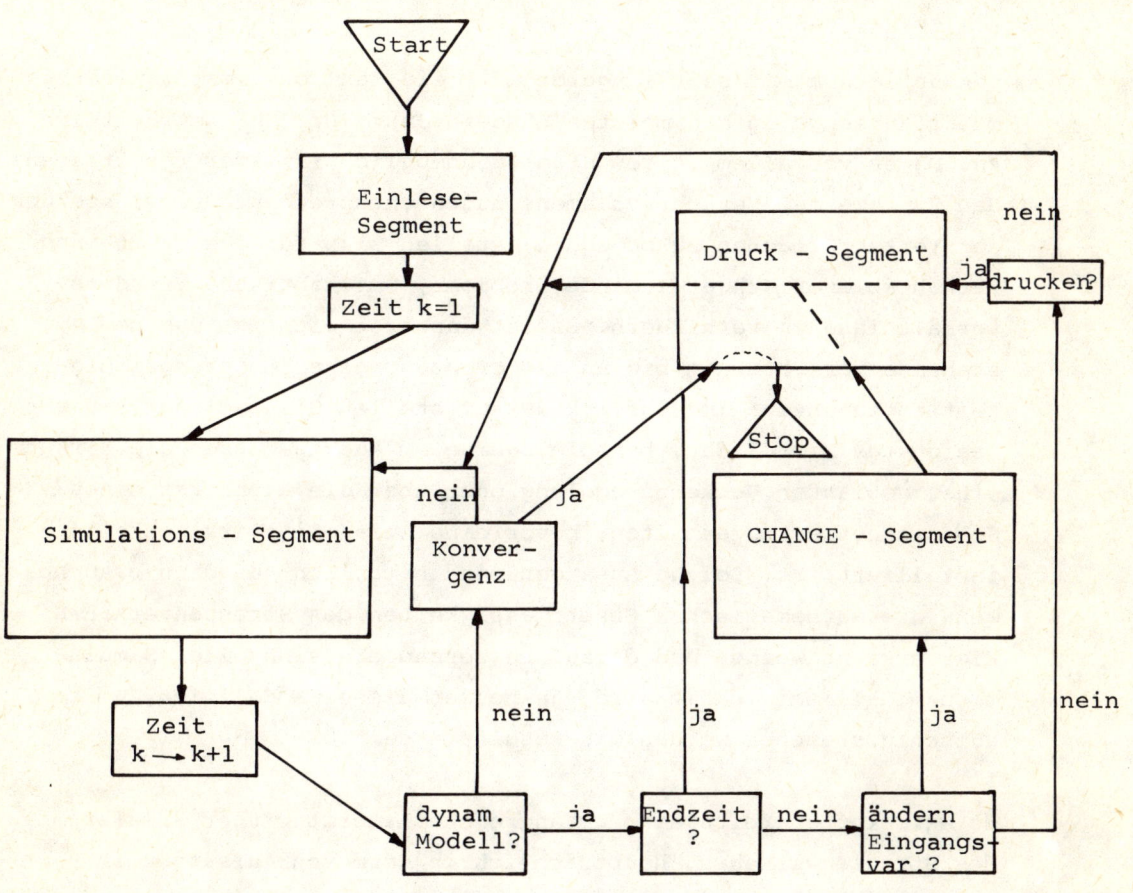

Abb. 36

5. ANWENDUNGSMOEGLICHKEITEN DER SIMULATIONSMETHODE BERSIM AUF DEN STRASSENVERKEHR

Karl Stoop, Bern

5.1. Einleitung

Bekanntlich nimmt seit längerer Zeit die Zahl der immatrikulierten
Motorfahrzeuge in den meisten Ländern Jahr für Jahr beträchtlich
zu. Da es vor allem in den Städten unmöglich ist, der resultierenden Zunahme des Verkehrsvolumens durch entsprechende Vergrösserung
der Verkehrsflächen zu begegnen, stellen sich für die Stadt- und
Verkehrsplaner schwerwiegende Probleme, um chaotische Verkehrs-
verhältnisse zu verhindern. Es ist äusserst wichtig, das be-
stehende Verkehrsnetz bis an die Grenzen seiner Leistungsfähig-
keit auszunutzen. Im Hinblick darauf stellen Simulationen ein sehr
geeignetes Mittel dar, beispielsweise um Aussagen über die Wirkung
einer geplanten Verkehrsregelung oder über die Kapazität eines
Strassennetzes zu erhalten, bevor eine Anlage in Wirklichkeit
installiert ist. Solche Aussagen sind natürlich nur dann brauchbar,
wenn die mathematischen Gesetzmässigkeiten des Strassenverkehrs
klar erkannt werden und darauf basierend ein sinnvolles Simulationsmodell entwickelt wird; je besser dieses Modell ist, um so
aufschlussreicher werden die Resultate sein.

Es existiert bereits eine umfangreiche Literatur über Simulationen
des Strassenverkehrs, hauptsächlich in Form von Aufsätzen in Fach-
zeitschriften. Der Komplexität der Materie entsprechend wird dabei vielfach nur mit Einzelproblemen oder stark vereinfachten
Modellannahmen gearbeitet. Offensichtlich können mit der im Beitrag 4 eingeführten Simulationsmethode BERSIM die grundsätzlichen
Schwierigkeiten auch nicht umgangen werden. Hingegen erlaubt diese Methode doch eine besondere, wenig bekannte Behandlung des
Geschehens im Strassenverkehr; deshalb dürften die nachstehenden
Ausführungen gewiss auf Interesse stossen und vielleicht sogar
zu weiteren Untersuchungen in dieser Richtung Anlass geben.

In Ergänzung zu dem kleinen Beispiel 2, das in den Beiträgen 3
und 4 bereits analysiert wurde, soll deshalb in den folgenden

Abschnitten auf weitere Möglichkeiten der Simulationsmethode BERSIM
im Hinblick auf den Strassenverkehr hingewiesen werden. Bei dieser
Gelegenheit können auch weitere allgemeine Eigenschaften dieser
Methode, die im Beitrag 4 nur am Rande erwähnt wurden, detaillierter
erläutert werden.

5.2. Verkehrstechnische Grundlagen

Um Missverständnisse zu vermeiden, sollen hier einige verkehrstechni-
sche Begriffe erläutert werden.

Signalplan   Zeitlicher Ablauf der Rot-, Grün- und Gelbzeichen
                  einer Signalanlage

Umlauf   Einmalige Folge aller Lichtzeichen einer Signal-
                  anlage

Umlaufzeit   Dauer eines Umlaufes (in sec)

Grünbeginn/   Beginn der Grünzeit eines Lichtsignals
Grünzeitpunkt

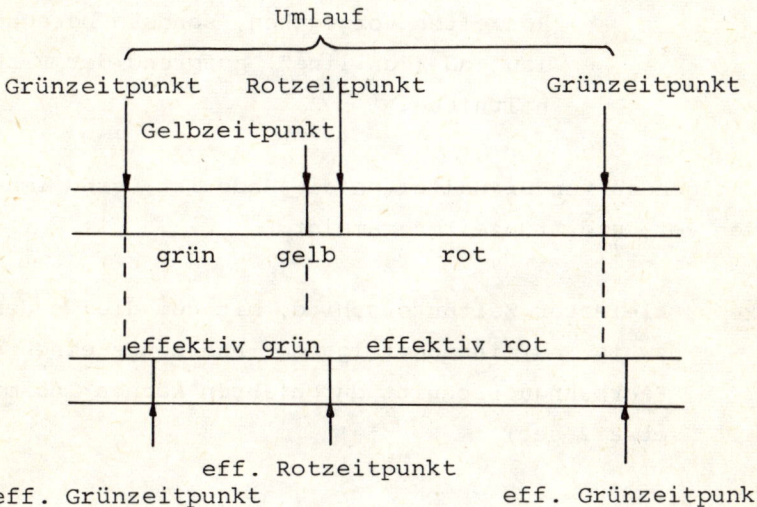

Abb. 37

Für eine Simulation werden keine Gelbzeiten berücksichtigt, sondern
die Umlaufszeit eingeteilt in effektive Grünzeit und effektive Rotzeit. Die effektive Grünzeit beginnt, wenn das erste Fahrzeug das
Signal passieren kann, also wegen des Anfahrverlusts etwa 2 sec nach
dem Grünzeitpunkt des Signals. Analog beginnt die effektive Rotzeit
etwas nach dem Gelbzeitpunkt des Signals.

Starre Signalsteuerung: nicht an den tatsächlichen Verkehr angepasst; entweder immer derselbe Signalplan
oder Umschaltung zwischen verschiedenen
Signalplänen durch eine Schaltuhr.

Verkehrsabhängige Signalsteuerung: Automatische Anpassung an den
Verkehr; Erfassung des tatsächlichen Ver-
kehrs durch Detektoren.

Bei verkehrsabhängiger Signalsteuerung unterscheidet man zwischen:

- Signalplanauswahl (halb-adaptive Steuerung): Verkehrsrechner wer-
tet Detektormessungen aus und bestimmt den
günstigsten Signalplan aus einem Katalog von
möglichen Signalplänen.

- Signalplanbildung (adaptive Steuerung): Verkehrsrechner erhält
nicht mehr Signalpläne mit festen Grün- und
Rotzeiten vorgegeben, sondern berechnet diese
laufend ("on line") aufgrund der Verkehrsver-
hältnisse.

Wenn im folgenden von Signalzeiten die Rede ist, sind immer die
effektiven Rot- und Grünzeiten gemeint.

Zeitlücke   kleinster Zeitunterschied, mit dem die Vorderenden
zweier aufeinanderfolgender Fahrzeuge einen bestimmten
Fahrbahnquerschnitt durchfahren können (normalerweise
etwa 2 sec)

5.3. Die Komponenten in verkehrstechnischer Sicht

Unter 4.1.wurde für verschiedene Erscheinungen des Strassenverkehrs
bereits angegeben, wie sie durch die dort eingeführten Komponenten
nachgebildet werden können. In diesem Abschnitt werden einige weitere
Einsatzmöglichkeiten dieser Komponenten angegeben.

5.3.1. Mehrfache Einmündungen und Abzweigungen

Bei Verzweigung in bzw. Einmündungen von mehr als zwei Fahrbahnen
sind mehrere Komponenten desselben Typs für die Nachbildung zu verwenden; beispielsweise muss die Situation von Abb. 38 wie in Abb. 39
angegeben behandelt werden.

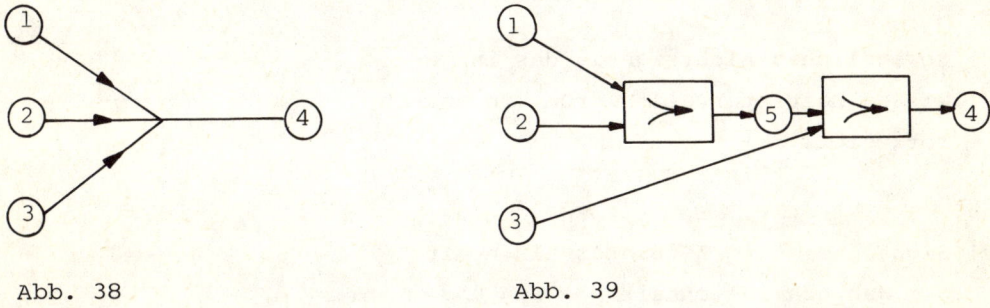

Abb. 38   Abb. 39

5.3.2. Verschiedene Typen von Haltelinien

Bereits unter 4.1.3. wurde angegeben, dass der Ablaufmechanismus bei
der Komponente "Haltelinie" je nach Beispiel etwas verschieden ist.
Aeusserlich zeigte sich dies dort, indem die Zufallsvariable w_n
(Höchstzahl der Individuen, die während des Zeitintervalles n eine gewisse Stelle "aus technischen Gründen" passieren können) für die
Kassen im Supermarkt eine Eingangsvariable, für die Lichtsignale
hingegen eine Zwischenvariable ist, die aus dem Signalplan berechnet
wird.

Da in einem Verkehrsnetz erstens nicht nur bei Lichtsignalen Fahr-
zeugrückstau entstehen kann, sondern ebenso vor Fussgängerstreifen,
Bahnübergängen, Verkehrspolizisten und Kreuzungen ohne Verkehrsregelung wegen Rechtsvortritt usw. und zweitens auch verschiedene
Typen von Lichtsignalanlagen bestehen, sind auch für Verkehrssimulationen verschiedene Mechanismen dieser Komponente von Bedeutung.

Grundsätzlich wird alles zurückgeführt auf den Fall, dass der Ver-

kehr durch ein Lichtsignal geregelt wird, wobei die Funktionsweise
dieses Signals den verschiedenen Gegebenheiten angepasst werden kann.

a) Signal zeigt immer grün, aber die
   Anzahl der Fahrzeuge, die pro Zeitintervall passieren können, ist
   kleiner als bei der Zufahrt, so dass
   eventuell doch Fahrzeuge zurückge-
   staut werden (eignet sich also zur
   Nachbildung der Wirkung eines Eng-
   passes, z.B. einer Baustelle auf den
   Verkehr).

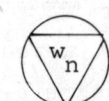

Abb.40

b) Gewöhnliches Lichtsignal, das in gewissen Zeitintervallen grün, in andern
   rot zeigt.

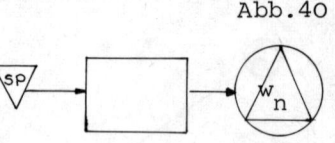

Abb.41

c) Signal zeigt im Zeitintervall n mit
   der Wahrscheinlichkeit p_n grün und
   mit der Gegenwahrscheinlichkeit
   $1 - p_n$ rot (eignet sich für die
   Simulation einer adaptiven Signalplanbildung, die im voraus nicht bekannt ist; für die Verkehrsregelung
   durch einen Polizisten; eventuell auch
   für die Nachbildung der Wirkung eines
   Fussgängerstreifens).

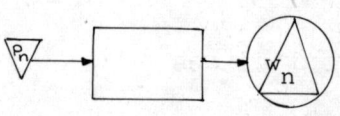

Abb.42

d) Signal zeigt grundsätzlich grün, kann
   aber von andern Verkehrsteilnehmern
   (Fussgänger; von rechts einfahrende
   Fahrzeuge an einem Knoten ohne Verkehrsregelung) vorübergehend geschlos-
   sen werden.

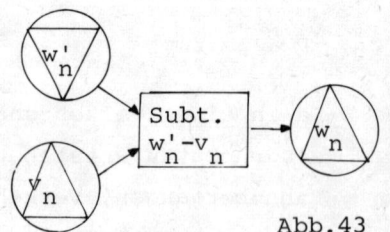

Abb.43

   (w_n' = Anzahl Individuen, die bei grün
   im Zeitintervall n passieren könnten;
   v_n = Anzahl Individuen, die im Zeitintervall n wegen vorübergehender Schlies-
   sung weniger passieren können)

Die Zufallsvariable w_n, eigentlich Eingangsgrösse der Komponente
"Haltelinie", muss also i.a. aus gewissen andern vorliegenden Informationen erst berechnet werden. Zusätzlich ist noch zu berücksichtigen, dass der Abfluss der Fahrzeuge manchmal nochmals weiter einge-
schränkt wird, weil der anschliessende Netzabschnitt überfüllt ist,
also keine weiteren Fahrzeuge mehr oder nur noch eine stark beschränkte
Zahl von Fahrzeugen aufnehmen kann. Aus diesen Gründen scheint es angebracht, die Komponente "Haltelinie" für Verkehrssimulationen (evtl.
auch für weitere Anwendungen) um eine Hilfskomponente zu ergänzen,
welche die Berechnung von $\hat{w}_n$ (Anzahl Fahrzeuge, die im Zeitintervall
n unter Berücksichtigung der Aufnahmefähigkeit des nachfolgenden Netz-
abschnittes passieren können), der Eingangsgrösse der eigentlichen
Komponente, besorgt.

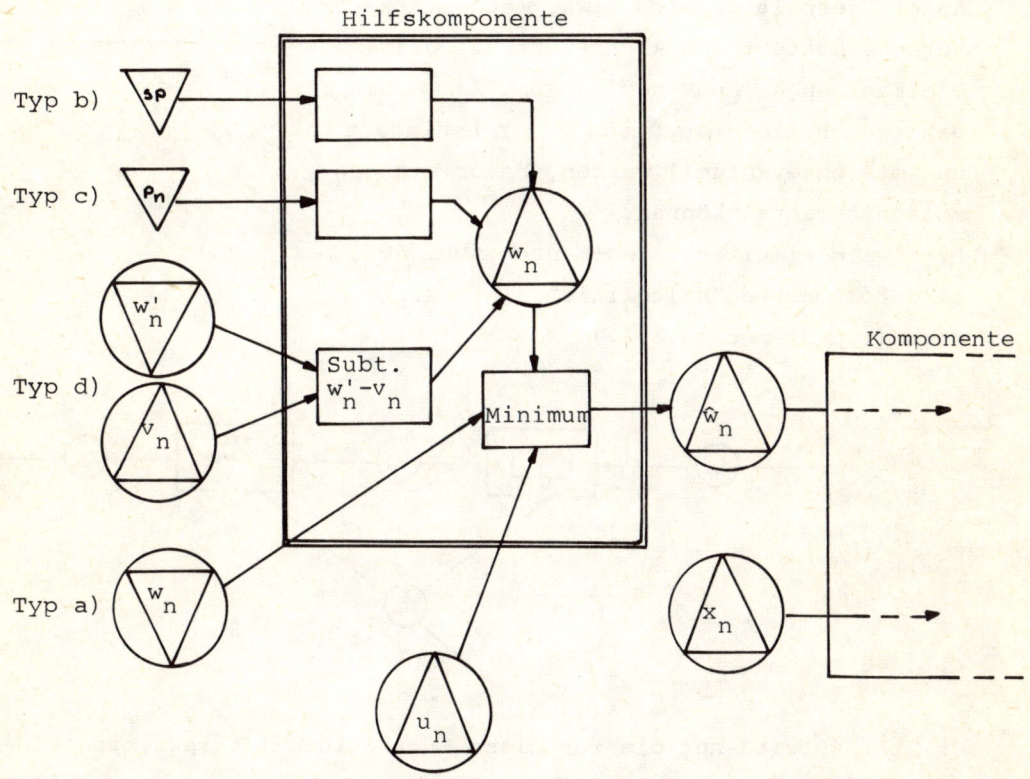

Abb. 44

(u_n = Anzahl Fahrzeuge, die im Zeitintervall n vom nachfolgenden
Netzabschnitt aufgenommen werden können).

5.3.3. Nichtsignalisierte Knoten

Unter 4.1.2 wurde darauf hingewiesen, das bei Einmündungen, an denen Rückstaueffekte entstehen können, weil sich die beiden einmündenden Ströme behindern, die Komponente "Einmündung" noch um eine Komponente "Haltelinie" ergänzt werden muss.

Im Strassenverkehr kann eine solche gegenseitige Behinderung vernachlässigt werden, wenn nur sehr schwacher Verkehr besteht; ebenfalls wenn (wie dies für das Beispiel 2 von Beitrag 3 zutrifft) die beiden in eine gemeinsame Fahrbahn einmündenden Verkehrsströme von Lichtsignalen herkommen, denn die Sicherheitsvorschriften für Lichtsignalanlagen bedingen einen Signalplan, bei dem nie gleichzeitig Fahrzeuge aus beiden Richtungen einfahren.

Anders verhält es sich etwa, wenn stärkerer Verkehr besteht und Rechtsvortritt gilt. Die Fahrzeuge von A her in Abb. 45 werden dann durch diejenigen von B her behindert und müssen eventuell warten, bevor sie den Knoten befahren können. Dies wird simuliert, indem nach Abb. 46 eine Komponente "Haltelinie" eingesetzt wird (Typ d) nach 5.3.2.).

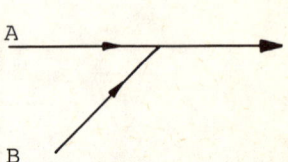

Abb.45

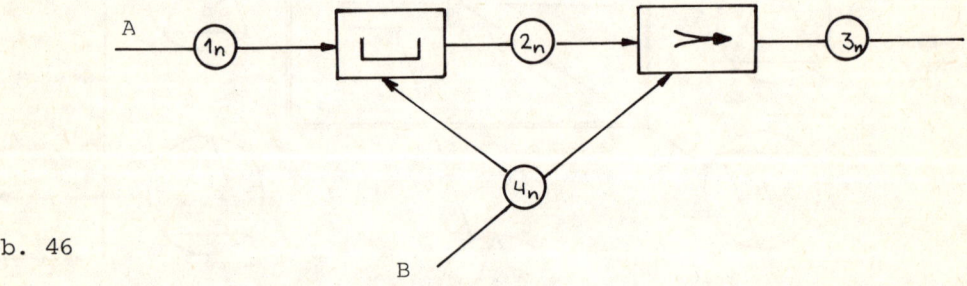

Abb. 46

In Abb. 46 sind nur die für diese Betrachtung interessanten Ein- und Ausgangsgrössen eingetragen; es bedeuten

1_n Anzahl ankommender Fahrzeuge von A her im Zeitintervall n

2_n Anzahl Fahrzeuge von A her, die im Zeitintervall n die Einmündung befahren

3_n Anzahl Fahrzeuge, die die Einmündung im Zeitintervall n befahren

4_n Anzahl ankommender Fahrzeuge von B her im Zeitintervall n (entspricht als Eingangsgrösse der Komponente   der Zufallsvariablen v_n von Abb. 43)

Analoges gilt auch allgemeiner für nichtsignalisierte Knoten.

5.3.4. Ueberlastete Netzabschnitte

In Verkehrsnetzen tritt gelegentlich die Erscheinung auf, dass Fahrzeuge ein Lichtsignal, das grün zeigt, nicht passieren können, weil der Rückstau im nachfolgenden Netzabschnitt so gross ist, dass keine oder nur noch eine stark beschränkte Zahl von Fahrzeugen aufgenommen werden kann. Dies kann simuliert werden, indem eine Komponente "Park" wie in Abb. 47 eingesetzt wird, die jeweils angibt, wie viele freie Plätze im betreffenden Netzabschnitt vorhanden sind.

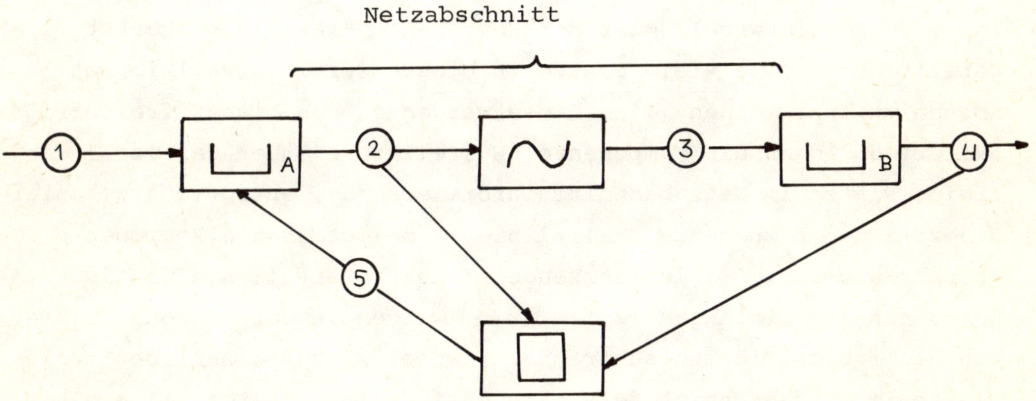

Netzabschnitt

Abb. 47

In Abb. 47 sind nur die für diese Betrachtung interessanten Ein- und Ausgangsgrössen eingetragen; es bedeuten

1_n Anzahl ankommender Fahrzeuge bei der Haltelinie A im Zeitintervall n

2_n Anzahl Fahrzeuge, die im Zeitintervall n in den Netzabschnitt einfahren

3_n Anzahl ankommender Fahrzeuge bei der Haltelinie B im Zeitintervall n

4_n Anzahl Fahrzeuge, die im Zeitintervall n den Netzabschnitt verlassen

5_n Anzahl Fahrzeuge, die im Zeitintervall n im Netzabschnitt noch Platz finden

Die vier eingetragenen Komponenten müssen in der folgenden Reihenfolge in jedem Zeitintervall angerufen werden:

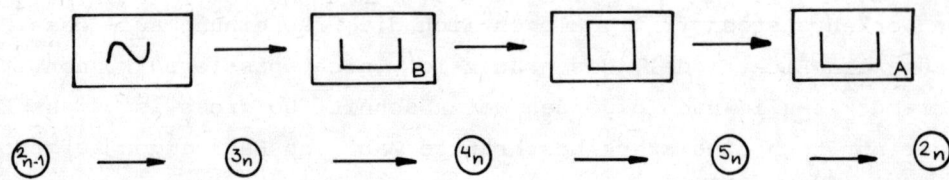

Abb. 48

In jedem Zeitintervall muss der Komponente "Park" also zuerst mitgeteilt werden,wie viele Plätze in diesem Zeitintervall im Netzabschnitt frei werden (4_n); diese werden zu den bisher freien Plätzen addiert und dann die Komponente "Haltelinie A" über das Total der freien Plätze im Netzabschnitt informiert (5_n, entspricht u_n unter 5.3.2.); die Komponente "Haltelinie A" meldet an die Komponente "Park" zurück,wie viele Fahrzeuge im Zeitintervall n effektiv in den Netzabschnitt einfahren (2_n); diese werden in der Komponente "Park" von den freien Plätzen subtrahiert, wobei sich die Zahl der freien Plätze im Netzabschnitt zu Beginn des Zeitintervalles n+1 ergibt.

Die Bedingung, dass die Haltelinien A und B in der "logisch verkehrten" Reihenfolge angerufen werden müssen, ist sinngemäss zu übertragen, wenn mehrere solche Netzabschnitte hintereinandergeschaltet sind (Abb. 49):

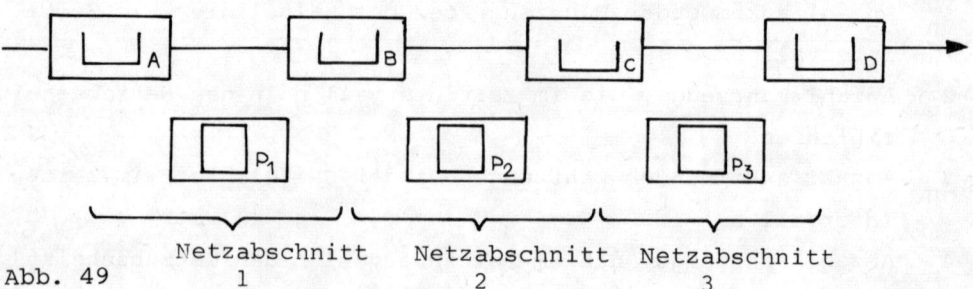

Abb. 49

Die Anzahl der Fahrzeuge, die A passieren können, ist abhängig von
den freien Plätzen zwischen A und B, diese sind abhängig davon, wie
viele Fahrzeuge B passieren können, was wiederum von den freien
Plätzen zwischen B und C abhängt, usw.. Es ist deshalb notwendig, dass
die ganze Folge der Haltelinien bei der Simulation in der "logisch
verkehrten" Reihenfolge D, C, B, A durchlaufen wird. Nach D kommt
Park P_3 dran, dann sind alle Eingangsgrössen für C bekannt, anschliessend für P_2, B, P_1 und A.

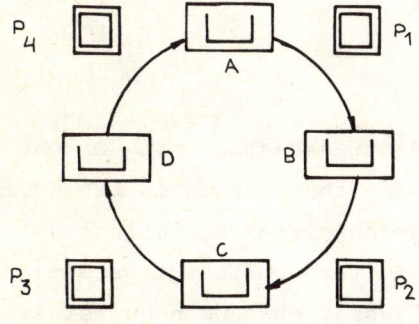

Abb. 50

Geschlossene Kreise können nicht genau
gleich behandelt werden, da kein Ende
existiert, bei dem die Simulation beginnen könnte. Es muss dann die Länge
der Zeitintervalle so kurz gewählt werden, dass das Nachrutschen in einer
oder mehreren Warteschlangen mindestens
ein Zeitintervall benötigt, d.h. wenn
beispielsweise von der Warteschlange
bei A Fahrzeuge wegfahren,dauert es
mindestens ein Zeitintervall, bis das Ende der Warteschlange nachge-
rutscht ist und damit neue freie Plätze entstehen (dies ist i.a.
keine sehr kurze Zeit, denn Platzbeschränkungen sind meist nur bei
längeren Warteschlangen von Bedeutung). Unter dieser Voraussetzung
können nämlich die in Abb. 50 eingezeichneten Komponenten in der
Reihenfolge P_4, D, P_3, C, P_2, B, P_1, A durchlaufen werden; die neu
freiwerdenen Plätze im Park P_4 werden jeweils schon im vorangehenden
Zeitintervall berechnet.

Dauert das Nachrutschen in den Warteschlangen sogar mehr als ein
Zeitintervall, so müssen zusätzlich noch "Verzögerungs"-Komponenten
eingesetzt werden. (Dies gilt sinngemäss auch für die Anordnungen
in den Abb. 48 und 49).

5.3.5. Fussgänger

Der Einfluss von Fussgängern auf den rollenden Strassenverkehr kann
auf verschiedene Arten nachgebildet werden. Fussgängerstreifen an
Knoten mit Lichtsignalanlagen sind unproblematisch, solange die Grün-
phasen der Fussgänger fest in den Signalplan eingebaut sind. Hin-

- 96 -

gegen müssen die übrigen Fussgängerstreifen gesondert behandelt werden; es bestehen die folgenden Möglichkeiten:

a) mit Haltelinie Typ a)

b) mit Haltelinie Typ c)

c) under a) und b) werden Fussgänger nur isoliert an einzelnen
Fussgängerstreifen nachgebildet. Es ist aber auch denkbar, nebst
den Fahrzeugströmen ganze Fussgängerströme innerhalb eines Ver-
kehrsnetzes zu simulieren und diese bei Fussgängerstreifen ohne
Lichtsignalregelung als vortrittsberechtigte Ströme nach 5.3.3.
aufzufassen.

5.3.6. Strassen mit Gegenverkehr

Es ist naheliegend und gebräuchlich, ein Strassenstück mit Verkehr
in beiden Richtungen als zwei getrennte Einbahnstrassen zu behandeln.
Dies ist meist unproblematisch, da die gegenseitige Beeinflussung
der beiden sich begegnenden Fahrzeugströme vernachlässigt werden
kann. Ist diese Vereinfachung aber unzulässig, etwa wenn auf einer
dreispurigen Fahrbahn mit Gegenverkehr die mittlere Fahrspur in beiden Richtungen benützt werden darf, so muss eine spezielle Komponente eingeführt werden.

5.3.7. Berechnung der Wartezeiten

Am Schluss von 4.1.3. wurde darauf hingewiesen, dass oft auch die
Bestimmung von Wartezeiten bei Haltelinien verlangt ist; dabei muss
grundsätzlich unterschieden werden, ob das Resultat aus einer einzigen Zahl bestehen soll oder ob eine Wahrscheinlichkeitsverteilung
der auftretenden Wartezeiten verlangt ist. Weiter ist die Berechnung
der Wartezeiten auch etwas problemabhängig, so dass bei der Ueber-
tragung der nachfolgenden Ausführungen auf Anwendungsgebiete ausserhalb des Strassenverkehrs eine gewisse Vorsicht geboten ist.

5.3.7.1. Wartezeit als Zahl

Beispiel: Die Simulation soll für einen bestimmten Signalablauf die
Summe aller Wartezeiten in einem Verkehrsnetz während einer gewissen
Zeit liefern (z.B. weil ein Signalablauf gesucht wird, bei dem diese
Grösse möglichst klein ist).

In diesem Fall ist es möglich, im Rahmen des unter 4.2. beschriebenen

Simulationsablaufs bei jedem Anruf einer Komponente "Haltelinie"
die totale Wartezeit im momentanen Zeitintervall an der betreffenden
Haltelinie zu ermitteln. Durch Summierung dieser Grösse über alle
Haltelinien und alle in Betracht fallenden Zeitintervalle ergibt
sich das Resultat.

Die totale Wartezeit in einem Zeitintervall n an einer Haltelinie
ergibt sich folgendermassen:

Zeigt das Signal im Zeitintervall n rot, und warten zu Beginn dieses
Zeitintervalles z_n Fahrzeuge und kommen im Laufe des Zeitintervalles
n noch x_n Fahrzeuge dazu (Bezeichnung x_n, y_n und z_n nach 4.1.3.),
dann ergibt sich unter der Annahme, dass die dazukommenden Fahrzeuge
durchschnittlich in der Mitte des Zeitintervalles ankommen

$$r_n = z_n \cdot \triangle t + x_n \cdot 1/2 \triangle t \qquad (1)$$

Dabei bezeichnet $\triangle t$ die Länge des Zeitintervalles und r_n den Zeitverlust vor dem betreffenden Signal im Zeitintervall n.

Sind z_n und x_n Zufallsvariablen, so wird die Formel (1) zu

$$r_n = \sum_{i=i_{min}}^{i_{max}} i \cdot z_n(i) \cdot \triangle t + \sum_{j=j_{min}}^{j_{max}} j \cdot x_n(j) \cdot 1/2 \triangle t \quad (2)$$

Zeigt das Signal hingegen grün, so muss die Grösse r_n reduziert werden um die "Zeitgewinne" der wegfahrenden Fahrzeuge. Wenn im Zeitintervall n wegen des zeitlichen Mindestabstandes der Fahrzeuge
höchstens k Fahrzeuge wegfahren können, dann fährt das erste zu Beginn weg, das zweite $\triangle t/k$ später, das dritte nochmals $\triangle t/k$ später
usw.; der "Zeitgewinn" s_n beträgt damit

$$s_n = \triangle t + (\triangle t - \triangle t/k) + (\triangle t - 2\triangle t/k) + \dots + (\triangle t - (y_n-1)\triangle t/k)$$
$$= \triangle t \cdot (y_n - y_n \cdot (y_n-1)/2k)$$
$$(3)$$

wobei y_n die Anzahl der im Zeitintervall n effektiv wegfahrenden
Fahrzeuge bezeichnet.

Ist y_n eine Zufallsvariable, so wird Formel (3) zu

$$s_n = \Delta t \cdot \left(\sum_{i=i_{min}}^{i_{max}} y_n(i) \cdot (i - i(i-1)/2k) \right) \qquad (4)$$

Die totale Wartezeit q_n im Zeitintervall n beträgt

$$q_n = \max (o, r_n - s_n) \qquad (5)$$

Falls das Signal rot zeigt, ist offensichtlich $s_n = o$ und damit $q_n = r_n$.

Die Annahme, die Fahrzeuge x_n kommen durchschnittlich in der Mitte des Zeitintervalles n an, kann ungenau sein, wenn die Fahrzeuge ge- bündelt von einem andern Signal herkommen. Damit hängt auch zusammen, dass in Formel (5) $r_n - s_n$ negativ werden kann; wenn etwa ein Fahrzeug im Intervall n ankommt und gerade durchfahren kann, ist nach den an- gegebenen Formeln möglich, dass der Zeitverlust $\Delta t/2$, der Zeitgewinn aber Δt gesetzt wird; dies wird durch $q_n = \max (o, r_n - s_n)$ korrigiert. Diese Ungenauigkeiten sind i.a. bedeutend kleiner als die Rundungs- fehler, die entstehen, weil die Fahrzeiten für die Netzabschnitte als ganzzahlige Vielfache von Δt angegeben werden müssen.

Die Berechnungsformeln für die Wartezeiten sind unabhängig vom Typ der Haltelinie; es werden ja nur die Variablen x_n, y_n und z_n be- nötigt.

5.3.7.2. Wartezeit als Wahrscheinlichkeitsverteilung

Beispiel: Die Simulation soll ermitteln, mit welcher Wartezeit ein Individuum (Fahrzeugführer) rechnen muss, das eine bestimmte Strecke in einem Verkehrsnetz befährt. Die Abb. 50 a zeigt das Resultat einer solchen Berechnung.

Wartezeit	Wahrscheinlichkeit (in %)
0	XXXXXXXXX XXXXXXXXX
	XXXXXXXXX XXX
1	XXXXXXXXX
2	XXXXXXXX
3	XXXXXXX
4	XXXXXX
5	XXXX
6	XXX
7	XXXX
8	XXXX
9	XXXX
10	XXX
11	XXX
12	XXX
13	XXXXX

Abb. 50a

In dieser Simulation wurde also ermittelt, dass ein Individuum durchschnittlich in 33 von 100 Fällen ohne Wartezeit durchkommt, in 10 von
100 Fällen ein Zeitintervall, in 9 von 100 Fällen 2 Zeitintervalle,
..., in 5 von 100 Fällen 13 Zeitintervalle an einer oder mehreren
Haltelinien warten muss.

Mit Simulationsmethoden, die auf der Monte Carlo-Methode beruhen oder
Modelle ohne Unsicherheitsfaktoren benützen, ist das Erstellen einer
Statistik wie Abb. 50 a nicht sehr problematisch, da grundsätzlich
jedes Individuum auf seinem Weg durch das Simulationsmodell verfolgt
werden kann und damit seine Wartezeiten relativ leicht ermittelt werden können. Für eine auf der direkten Methode beruhende Simulation
ergeben sich aber naturgemäss Schwierigkeiten; so ist es mit der
Simulation BERSIM ja im allgemeinen nicht möglich, einzelne Fahrzeuge
auf ihrer Fahrt durch ein Verkehrsnetz zu verfolgen, sondern diese
gehen an Abzweigungen und auch in "Verzögerungs"-Komponenten "in der
Anonymität unter". Trotzdem ist es in bestimmten Fällen auch mit
dieser Methode möglich, Wahrscheinlichkeitsverteilungen für Wartezeiten wie in Abb. 50a zu liefern.

Dazu das folgende Beispiel: wir betrachten eine Haltelinie bei einem
Lichtsignal, das von einem starren Signalprogramm gesteuert wird,
also immer abwechslungsweise a_{rot} Zeitintervalle rot und $a_{grün}$ zeigt;
die Länge des Zeitintervalles betrage 2 sec (= Zeitlücke), so dass
also pro Zeitintervall kein oder ein Fahrzeug ankommen bzw. wegfahren
kann.

Im Zeitintervall n kommen x_n Fahrzeuge bei der Haltelinie an, wobei
$x_n(1)=p_n$, $x_n(o)=1-p_n$. Beträgt die Länge der Warteschlangen zu Beginn dieses Zeitintervalles k Fahrzeuge, so ergibt sich die Wartezeit eines allfälligen ankommenden Fahrzeuges im Zeitintervall n
(gemessen in Zeitintervallen) zu:

für Ankunft bei rot: $\alpha(n,k) = (m - n) + k + [k/a_{grün}] \cdot a_{rot}$

für Ankunft bei grün: $\alpha(n,k) = k + [(k+ n - \hat{m})/a_{grün}] \cdot a_{rot}$

wobei im Zeitintervall m nächster Grünbeginn ist bzw. im Zeitintervall $\hat{m}$ Grünbeginn war; [ ] sind Gausssche Klammern.

An der Haltlinie kommt also im Zeitintervall n mit der Wahrscheinlichkeit $q(n,k) = x_n(1) \cdot z_n(k)$ ein Fahrzeug an, das auf eine Warteschlange der Länge k stösst und damit eine Wartezeit von $\alpha(n,k)$
erleiden wird.

Nehmen wir an, das System sei im Gleichgewichtszustand, so kann
jetzt eine Wahrscheinlichkeitsverteilung für die Wartezeiten an
dieser Haltelinie aufgestellt werden, indem alle $q(n,k)$ während
einer Umlaufzeit, bestehend aus den Zeitintervallen 1,2,..., h berechnet werden. Um die Wahrscheinlichkeit s(i) zu erhalten, dass die
Wartezeit i Zeitintervall beträgt, hat man $q(n,k)$ über alle Kombinationen von n(n=1,2,...,h) und k ($k=k_{min}$, $k_{min}+1,...,k_{max}$) zu
summieren, welche die Wartezeit i ergeben; zur Normierung ist durch
$p_1+p_2+...+p_h$ zu dividieren.

$$s(i) = \sum_{\substack{n,k \\ \alpha(n,k)=i}} q(n,k) \cdot \frac{p_n}{c} \qquad \text{wobei} \quad c = \sum_{m=1}^{h} p_m$$

(Auf diese Weise wurde Abb. 5oa ermittelt).

Das hier gezeigte Verfahren eignet sich nur für stationäre Modelle;
die Formeln für $\alpha(n,k)$ beruhen nämlich darauf, dass im Moment der
Ankunft eines Fahrzeuges an einer Haltelinie bereits der Zeitpunkt
seiner Weiterfahrt vorausberechnet werden kann, was nicht mehr zutrifft, wenn Signalplanwechsel eintreten können. Ueberdies wäre In-

formation in Form von Abb. 50a bei einer instationären Simulation
(oder bei einer stationären Simulation, wobei der Gleichgewichtszustand noch nicht erreicht ist) auch weniger aufschlussreich.

5.4 Analyse eines kontrekten Problems

Es soll in diesem Abschnitt anhand des Beispiels 2 von Beitrag 3
dargelegt werden, wie die Analyse eines konkreten Problems unter Berücksichtigung der Eingangsdaten verläuft. Die Resultate der
Simulation werden anschliessend unter 5.5. besprochen.

5.4.1. Die bekannten Eingangsdaten

Wir beziehen uns auf Abb. 5 von Beitrag 3

Fahrzeiten: $A_1 \longrightarrow S_1$: 16 sec $\qquad$ $S_1 \longrightarrow K_1$: 12 sec

$A_1 \longrightarrow S_2$: 16 sec $\qquad$ $S_2 \longrightarrow K_2$: 8 sec

$A_2 \longrightarrow S_3$: 8 sec $\qquad$ $S_3 \longrightarrow K_1$: 12 sec

$A_2 \longrightarrow S_4$: 8 sec $\qquad$ $S_4 \longrightarrow K_2$: 8 sec

Abbiegewahrscheinlichkeiten: A_1 nach links: o.25

A_2 nach rechts: o.4o

Zeitlücke (zeitlicher Mindestabstand) zwischen 2 Fahrzeugen in
derselben Fahrspur: 2 sec

Fehlergrenze : 10^{-5} (vgl. 3.3.3.a))

Funktionsweise der Signalanlage:

es stehen die folgenden zwei Signalpläne zur Verfügung:

Signalplan 1
Umlaufzeit 60 sec

	S_1	S_2	S_3	S_4
Grünzeit-punkt, mod. Umlaufzeit	36	36	4	4
Rotzeit-punkt, mod. Umlaufzeit	O	52	20	32

Signalplan 2
Umlaufzeit 72 sec

	S_1	S_2	S_3	S_4
Grünzeit-punkt, mod. Umlaufzeit	40	40	4	4
Rotzeit-punkt, mod. Umlaufzeit	O	60	24	36

Am Ende jeder Umlaufzeit wird aus den in den vergangenen vier Umlaufzeiten mittels Detektoren gemessenen Belastungen an den Stellen
A_1 und A_2 der gegenwärtige Belastungsbereich jeder Signalzufahrt
ermittelt, wobei die Belastung mit den Faktoren o.1, o.2, o.3 und

o.4 gewichtet werden, um die neueren Messungen stärker zu berücksichtigen.

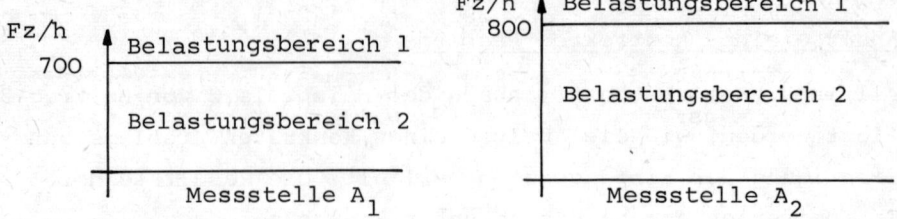

Aufgrund des untenstehenden Notenschemas, das jedem Belastungsbereich
jeder Messtelle eine vom Signalplan abhängige Note zuordnet, kann
durch Summierung der Noten ermittelt werden, welcher Signalplan im
Moment optimal ist (Signalplan mit höherer Notensumme). Er soll so-
gleich eingeschaltet werden, falls er bereits bisher wirkte oder
falls die Notensumme des andern Signalplans um mindestens 30 %
kleiner ist. Ist diese Abweichung kleiner als 30%, so wird er nur
dann aktiviert, wenn er in den zwei vorangegangenen Umläufen bereits
die höhere Notensumme hatte.

SP \ BB	1	2
1	1	4
2	2	1

Notenschema für A_1

SP \ BB	1	2
1	1	4
2	3	1

Notenschema für A_2

(BB = Belastungsbereich; SP = Signalplan)
Noten: 1 = schlecht / 2 = mittel / 3 = gut / 4 = sehr gut

<u>Belastungsablauf:</u> Die Erwartungswerte für die Belastungen betragen:

bei A_1: während der ganzen Simulation: 800 Fz/h

bei A_2: während der 1.Minute der Simulation: 750 Fz/h

ab 2.Minute der Simulation: 900 Fz/h

Die Simulation soll mit Signalplan 1 beginnen. Als Anfangszustand
wird angenommen, dass sich noch keine Fahrzeuge im Innern des
simulierten Systems befinden; da der Einfluss der Anfangsbedingungen
i.a. schon nach wenigen Signalumläufen weitgehend verschwunden ist,

lohnt es sich nämlich nur selten, von andern Anfangsbedingungen aus-
zugehen (höchstens wenn eine andere abgebrochene Simulation weitergeführt werden soll oder sonst aus anderen Auswertungen gute
Nährungswerte bekannt sind). Ein brauchbares Vorgehen besteht auch
darin, eine stationäre "Vorsimulation" mit den Anfangswerten der
Eingangsvariablen bis zum Gleichgewichtszustand durchzuführen und
diesen als Anfangszustand für die eigentliche (instationäre)
Simulation zu verwenden.

Die Simulation soll die folgenden Angaben liefern:

- Länge der Warteschlangen vor den Signalen S_1, S_2, S_3 und S_4:
  Wahrscheinlichkeitsverteilung, Durchschnitt und Standardab-
  weichung am Ende jedes Zeitintervalles; dazu Wartezeiten.
- Anzahl der durchfahrenden Fahrzeuge bei den Kontrollpunkten K_1
  und K_2 für jedes Zeitintervall in Form von Wahrscheinlichkeitsver-
  teilungen
- Zeitliche Entwicklung der Warteschlangen während der ersten 50
  Zeitintervalle in graphischer Darstellung.

5.4.2. Problemanalyse

Als erstes wird das Simulationsmodell in die einzelnen Komponenten
und die sie verbindenden Ein- und Ausgangsgrössen aufgegliedert, was
bereits in der Lageskizze Abb. 25 und der Aufstellung der Komponenten Abb. 26 vorweggenommen wurde. Ein Flussdiagramm (Abb. 22) er-
übrigt sich, was vor allem bei der Analyse eines komplexen Problems
eine grosse Zeitersparnis bedeutet.

Bevor dann die Datenkarten erstellt werden können, muss eine sinnvolle Länge des Zeitintervalles festgelegt werden. Wie unter 4.2.1.
ausgesagt wurde, ergeben sich bei kürzerem Zeitintervall zwar
detailliertere Angaben, die Rechenzeit wird aber grösser. Die
kürzeste Länge, die in Betracht fällt und für Verkehrssimulationen
oft am geeignetsten ist, ist die Zeitlücke zwischen zwei Fahrzeugen,
also 2 sec. Die zirkulierenden Fahrzeuge können dann (auf einspuriger
Fahrbahn) durch o/1-Verteilungen beschrieben werden, d.h. mit Wahrscheinlichkeit p passiert kein und mit der Gegenwahrscheinlichkeit
1-p ein Fahrzeug eine bestimmte Stelle in einem Zeitintervall.
Weitere Möglichkeiten sind vorläufig alle ganzzahligen Vielfachen

n·2 sec; pro Zeitintervall befahren dann zwischen o und n Fahrzeuge
eine gewisse Stelle einer einspurigen Fahrbahn. Zwischenwerte (z.B.
5 sec) für die Länge des Zeitintervalles würden in dieser Hinsicht
Ungenauigkeiten ergeben. Weiter sind aber auch die Fahrzeiten für
die einzelnen Netzabschnitte zu berücksichtigen, die nach 4.2. ganzzahlige Vielfache des Zeitintervalls sein müssen. Auch die Signalzeiten sind mit Vorteil ganzzahlige Vielfache des Zeitintervalls,
damit die Signale während eines ganzen Intervalls entweder rot oder
grün zeigen, aber nicht innerhalb wechseln.

Damit nach diesen Vorschriften eine zulässige Länge des Zeitintervalles überhaupt existiert, müssen die Fahrzeiten für die einzelnen
Netzabschnitte auf ganzzahlige Vielfache der Zeitlücke gerundet werden, was aber keine sehr einschneidende Bedingung ist. Die Signalzeiten sind normalerweise aus technischen Gründen so eingestellt,
indem Signalpläne nur in Vielfachen von 2 sec auf die sog. Koordina-
tenplatten gesteckt werden können.

Unter 5.4.1. wurden gleiche Fahrzeiten für alle Fahrzeuge auf den
Netzabschnitten angenommen. Es wäre aber möglich, etwa für die Strecke
$A_1 \longrightarrow S_1$ anzugeben: 10% der Fahrzeuge brauchen 12 sec, 20% brauchen
14 sec, 40% brauchen 16, sec, 20% brauchen 18 sec, 10% brauchen 20
sec.

Ueberdies sind unter 5.4.1. Fahrzeiten wie Signalzeiten sogar ganzzahlige Vielfache von 4 sec, so dass auch 4 sec als Länge des Zeitintervalles gewählt werden kann, was dem Output unter 5.5. zugrundeliegt.

5.4.3. Das CHANGE - Segment

Da es sich um ein instationäres Problem handelt (Belastung und
Signalabläufe sind zeitlich variabel),muss nach 4.2. ein CHANGE —
Segment eingesetzt werden, um die Aenderungen der Eingangsvariablen
nachzubilden.

In diesem Segment muss erstens die Belastungsänderung bei A_2 nach
der 1. Minute nachgebildet werden und zweitens die Funktionsweise
des Steuergerätes simuliert werden, welches auf der Strasse am Ende
jeder Umlaufzeit prüft, ob ein Signalplanwechsel vorgenommen werden

soll.

Das CHANGE - Segment wird natürlich nicht besonders für das erwähnte Beispiel programmiert, sondern so, dass es allgemein für die Simulation einer Verkehrsregelung nach diesem Prinzip verwendet werden kann. Es muss also möglich sein, aus mehr als zwei Signalplänen auszuwählen und auch mehr als zwei Belastungsbereiche der Signalzufahrten zu unterscheiden (vgl. Abb. 51); damit werden die Notenschemen entsprechend umfangreicher. Weiter muss das Unterprogramm so eingerichtet sein, dass Belastungsänderungen zu beliebigen Zeiten erfolgen können.

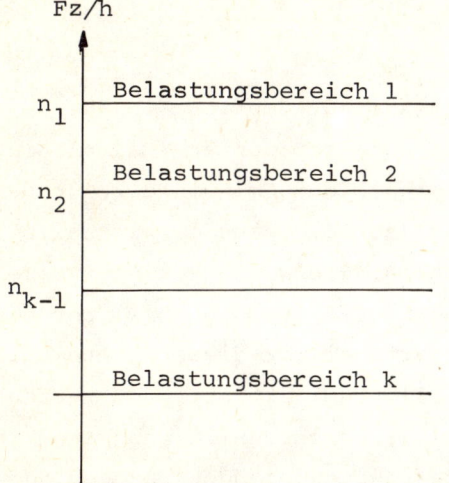

Fz/h

Belastungsbereich 1

n_1

Belastungsbereich 2

n_2

n_{k-1}

Belastungsbereich k

Abb. 51

Es bestehen verschiedene Möglichkeiten, diese Belastungsänderungen, die in Wirklichkeit durch Fahrzeugzählungen an den Detektoren ermittelt werden, auf einem Computer nachzubilden.

a) Belastungsänderungen zu gewissen Zeitpunkten ab Lochkarten lesen
b) Belastungsänderungen durch Pseudozufallszahlen erzeugen. Es wird für jede Messstelle aus der vorgegebenen Durchschnittsbelastung in Fz/h die Wahrscheinlichkeit p bestimmt, dass in einem 2-sec-Intervall (=Zeitlücke) ein Fahrzeug ankommt (1-sec-Intervall, falls zweispurige Fahrbahn). Es wird dann für jedes solche Intervall eine zwischen o und 1 gleichverteilte Pseudozufallszahl n_i erzeugt; jedesmal wenn $n_i \leq p$ ausfällt, wird ein Fahrzeug "registriert".
c) Kombination von a) und b); Durchschnittsbelastungen sind zeitlich variabel und werden zu gewissen Zeitpunkten ab Lochkarten gelesen; sonst wie b).

Es muss je nach Problemstellung entschieden werden, welche Variante am besten geeignet ist. Dem Output unter 5.5. liegt die Variante c) zugrunde.

5.5. Der Programm-Output

Die Abb. 52 zeigt einen Ausschnitt aus dem numerischen Programm-Output für das Beispiel unter 5.4.. Es werden für jedes Zeitintervall (dessen Länge für diese Auswertung zu 4 Sekunden festgelegt wurde) die folgenden Angaben herausgedruckt (selbstverständlich kann über die Art des Outputs für jede Simulation weitgehend frei entschieden werden):

- Für jede Haltelinie:
  1. Zeile: Nummer der Haltelinie (fortlaufend numeriert in der Reihenfolge der Datenkarten der Komponenten "Haltelinie"); Grün- und Rotzeitpunkt innerhalb der Umlaufzeit für den momentan aktiven Signalplan (so folgt aus der 1. Zeile von Abb. 52, dass für Signal S_1 9 bzw. O Zeitintervalle nach Beginn einer Umlaufzeit effektiv grün bzw. rot beginnt); anschliessend die Wartezeit vor dieser Haltelinie im abgelaufenen Zeitintervall, summiert über die wartenden Fahrzeuge (nach 5.3.7.1.); Durchschnitt und Standard-Abweichung für die Länge der Warteschlange (bezogen auf das Ende des abgelaufenen Zeitintervalles).

  2. Zeile: Länge der Warteschlange als Wahrscheinlichkeitsverteilung; von links beginnend die Wahrscheinlichkeiten, dass o,1,2, ... Fahrzeuge am Ende des Zeitintervalles warten (bei langen Warteschlangen wird in einer 3. Zeile weitergefahren).

- Auf der nächsten Zeile folgt die kumulierte Wartezeit über alle Haltelinien seit Simulationsbeginn (vgl. 5.3.7.1.).

- Anschliessend werden unter der Bezeichnung VARIABLE n die übrigen Ausgangsvariablen des Simulationsmodells, in unserem Fall die Anzahl der in jedem Zeitintervall bei K_1 und K_2 durchfahrenden Fahrzeuge, also nach Abb. 25 die Zufallsvariablen 21 und 22 herausgedruckt. Die Zeit gibt die Nummer des abgelaufenen Zeitintervalles an, anschliessend rechts folgen die Wahrscheinlichkeiten, dass o,1,2,... Fahrzeuge die betreffende Stelle im vergangenen Zeitintervall passiert haben.

Wenn im Laufe der Simulation das Unterprogramm CHANGE angerufen wird, wird dies an der betreffenden Stelle im Programm-Output angegeben.

Da nach dem 45. Zeitintervall 3 Umlaufzeiten zu 15 Zeitintervallen (also 60 Sekunden) vorbei sind, wird an dieser Stelle nach der in 5.4. angegebenen Strategie mittels CHANGE untersucht, ob ein anderer Signalplan besser geeignet sei.

Es ergibt sich, dass in Abweichung von den Erwartungswerten 800 bzw. 920 Fahrzeuge pro Stunde an den Detektoren A_1 und A_2 Belastungen von 720 bzw. 900 Fahrzeugen pro Stunde gezählt wurden (d.h. innerhalb einer Umlaufzeit zu 60 Sekunden wurden 12 Fahrzeuge bei A_1 und 15 Fahrzeuge bei A_2 gezählt); darauf basierend wird nun der andere Signalplan mit 18 Zeitintervallen (also 72 Sekunden) Umlaufzeit und angepassten Grün- und Rotzeitpunkten gewählt.

Der numerische Programm-Output ist sehr genau, aber recht unübersichtlich; um einen anschaulichen Ueberblick zu ermöglichen, eignen sich graphische Darstellungen besser.

Die Abb. 53 zeigt die zeitliche Entwicklung der Warteschlangen vor den vier Haltelinien für die ersten 50 Zeitintervalle der Simulation (links am Rand die Nummern der Zeitintervalle) in graphischer Darstellung.

Als Beispiel betrachten wir die Warteschlange beim Signal 2 am Ende des Zeitintervalles 39. Die zwei "*" bedeuten, dass mit über 50% Wahrscheinlichkeit mindestens zwei Fahrzeuge zu diesem Zeitpunkt vor dem Signal warten; wegen der folgenden beiden "+" wartet mit 10 bis 50% Wahrscheinlichkeit auch an dritter und vierter Stelle ein Fahrzeug; die drei "-" zeigen an, dass an fünfter, sechster und siebter Stelle noch mit Wahrscheinlichkeit zwischen 1 und 10% Fahrzeuge warten; schliesslich bedeutet der "." auf Position acht, dass dort nur noch mit einer Wahrscheinlichkeit zwischen einem Promille und einem Prozent ein Fahrzeug wartet. Die weiteren Plätze des Stauraumes sind mit Wahrscheinlichkeiten unter einem Promille belegt.

Anschaulich sieht man, wie während der Rotphasen die Warteschlangen verlängert und dann bei grün wieder abgebaut werden.

Während der ersten 45 Zeitintervalle ist das Teilsystem, bestehend aus den Haltelinien 1 und 2 und deren Zufahrten, stationär. Die

HALTELINIE 1   9 0   WARTEZEITEN: .617 Z.I.   WARTESCHLANGEN DURCHSCHNITT: .7361 STANDARD-ABWEICHUNG: 1.5894
.73146 .09207 .06149 .04223 .02836 .01819 .01119 .00665 .00382 .00214 .00117 .00062 .00032 .00016 .00008 .00004 .00002
.00000
HALTELINIE 2   9 13   WARTEZEITEN: .341 Z.I.   WARTESCHLANGEN DURCHSCHNITT: .4507 STANDARD-ABWEICHUNG: .6744
.63808 .28614 .06449 .00986 .00123 .00016 .00003 .00001
HALTELINIE 3   1 5   WARTEZEITEN: 4.078 Z.I.   WARTESCHLANGEN DURCHSCHNITT: 4.2747 STANDARD-ABWEICHUNG: 2.1775
.01586 .06462 .13223 .18139 .18806 .15773 .11202 .06974 .03920 .02040 .01005 .00477 .00220 .00099 .00044 .00019 .00008
.00003 .00001
HALTELINIE 4   1 8   WARTEZEITEN: 3.934 Z.I.   WARTESCHLANGEN DURCHSCHNITT: 4.2298 STANDARD-ABWEICHUNG: 2.0581
.01451 .06143 .13012 .18375 .19451 .16450 .11574 .06968 .03668 .01720 .00732 .00288 .00107 .00039 .00014 .00005 .00002
.00000

VARIABLE 21   ZEIT 45   .06296 .09447 .84257 .00000   KUMULIERTE WARTEZEIT: 276.547 Z.I.
VARIABLE 22   ZEIT 45   .77111 .19059 .03830 .00000

ENDE DES UMLAUFS   3   ZEITINTERVALL: 45

GEMESSENE BELASTUNGEN: 720   900

NEUE UMLAUFSZEIT: 18   NEUE GRUENZEITEN: 10 10   1   1
                        NEUE ROTZEITEN: 0 15   6   9

HALTELINIE 1   10 0   WARTEZEITEN: 1.066 Z.I.   WARTESCHLANGEN DURCHSCHNITT: 1.3956 STANDARD-ABWEICHUNG: 1.7801
.37638 .29827 .14673 .07152 .04087 .02575 .01649 .01018 .00607 .00351 .00197 .00108 .00058 .00030 .00015 .00008 .00003
.00001 .00000
HALTELINIE 2   10 15   WARTEZEITEN: .561 Z.I.   WARTESCHLANGEN DURCHSCHNITT: .6705 STANDARD-ABWEICHUNG: .8203
.51175 .34273 .11476 .02566 .00436 .00063 .00009 .00001 .00000
HALTELINIE 3   1 6   WARTEZEITEN: 4.472 Z.I.   WARTESCHLANGEN DURCHSCHNITT: 4.6685 STANDARD-ABWEICHUNG: 2.2644
.01066 .04771 .10710 .16095 .18249 .16691 .12872 .08650 .05202 .02867 .01477 .00725 .00343 .00158 .00071 .00031 .00013
.00005 .00002 .00000
HALTELINIE 4   1 9   WARTEZEITEN: 4.525 Z.I.   WARTESCHLANGEN DURCHSCHNITT: 4.8206 STANDARD-ABWEICHUNG: 2.1931
.00799 .03862 .09338 .15049 .18179 .17546 .14089 .09677 .05805 .03093 .01485 .00652 .00266 .00102 .00038 .00014 .00005
.00002 .00000

VARIABLE 21   ZEIT 46   .14019 .16057 .69924 .00000   KUMULIERTE WARTEZEIT: 287.170 Z.I.
VARIABLE 22   ZEIT 46   1.00000 .00000 .00000

Abb. 52

EIN INDIVIDUUM IST AN DER BETREFFENDEN STELLE VORHANDEN MIT DER WAHRSCHEINLICHKEIT

* 50-100%   + 10-50%   - 1-10%   . 0.1-1%   LEER: KLEINER ALS 0.1%

	HALTELINIE 1	HALTELINIE 2	HALTELINIE 3	HALTELINIE 4
1				
2				
3			.	-.
4			.	-.
5	++-.	+-.	.	-.
6	*++-..	+-.	+-.	-.
7	**+-.	++-.	++-.	-.
8	**++--..	*+--.	*+--.	-.
9	***++--..	*+--.	*++--.	+--.
10	**++--..	+--.	**++-..	*++-..
11	+++--..	-.	**++-..	*++--.
12	++--..	.	**+--..	**++--.
13	+---..	.	**++--..	**++--.
14	---...	+-.	**++----.	**++---.
15	--...	+-.	***++--..	***++---.
16	*+--..	++-.	***+++--...	***+++--...
17	*++--..	*+-.	***++--..	***+++--..
18	**++--.	*+-.	+++---.	***++---.
19	***++--..	*++-.	++---.	+++++--..
20	***+++--..	*++-.	---..	++---..
21	*****++--....	***+-..	++--.	+--...
22	******++--...	***++--.	*+--.	--..
23	*******++---...	***++--..	*++--.	--..
24	******++---...	****++--.	*++-..	*++-..
25	******++---..	+++--.	*++-..	*++-..
26	****+++--....	+--..	**++-..	**++-..
27	**++++--....	--..	**++---..	**++---.
28	+++----....	..	*****++-...	***+++---..
29	+++----...	+-.	*****++-...	***+++---...
30	++---...	+--.	****+++---...	****+++--...
31	*++----...	++-.	*****+++-...	******+++--...
32	*+++----...	**+--.	*****++---...	*****++---...
33	**+++----...	***+-..	*****++---...	***++---...
34	***++++--....	***++-.	+++----..	+++---...
35	*****+++---...	*++--..	+----..	+++----.
36	*****+++---...	***+-.	++++--.	+-----.
37	*****+++--...	***++--.	*++--.	-----..
38	******+++--...	***++--.	*++---.	--...
39	*******++---...	**++--.	**++---..	++--.
40	******+++---...	+++--.	**++----.	**++-.
41	******++++----...	+--.	**++--...	**++--..
42	**+++++----...	--..	***+++---...	**+++--..
43	*++++---....	..	*****++---...	***++---..
44	+++----......	+-.	*****+++--...	***+++---...
45	+++----.....	+--.	*****++---...	*****+++---..
46	+++----......	++-.	******+++----..	******+++----.
47	**+--.----..	*+--.	*****++---...	*****++---..
48	**+++----......	**++-..	*****++--....	*****++--...
49	***++++----...	*++--.	+++----..	+++++---..
50	*****+++-----....	*+--..	++---...	+++---...

Abb. 53

graphische Darstellung zeigt, dass für die Warteschlange vor der
Haltelinie 2 die Anfangsbedingungen sehr schnell keinen grossen Einfluss mehr haben, indem sich für die Zeitintervalle 16 bis 30 einerseits und 31 bis 45 anderseits in dieser Darstellung schon kein Unter-
schied mehr ergibt; bei der Haltelinie 1 hingegen, deren Grünzeit im
Verhältnis zum Verkehrsanfall knapper berechnet ist, konnte dieser
Gleichgewichtszustand noch nicht erreicht werden.

Zur Beurteilung, ob ein bestimmter Stauraum ausreicht, ist der Zeitpunkt des Rotendes massgebend. Im konkreten Fall der Haltelinie 2 ist
die Wahrscheinlichkeit kleiner als 1%, dass in einem stationären Zustand mit 800 ankommenden Fahrzeugen pro Stunde bei A_1, Abbiegewahrscheinlichkeit o.25 nach links und Signalplan 1 ein Stauraum für
acht Fahrzeuge vollkommen aufgefüllt wird (vgl. ebenfalls Zeitintervall 39); mit dem numerischen Output kann diese Wahrscheinlichkeit
genauer zu o.oo35 ermittelt werden. Dies bedeutet, dass im Mittel
erst nach etwa 300 Umläufen (d.h. nach etwa 300 Minuten oder 5 Stunden) aufgrund des Zufalls eine Auffüllung dieses Stauraumes eintritt.
Anderseits werden in 50% aller Umäufe höchstens 2 Fahrzeuge bei Rot-
ende warten, wie man aus derselben Zeile (Zeitintervall 39) ablesen
kann.

5.6. Adaptive Verkehrslenkung; Optimierung

Unter 5.3.2. wurde beim Typ c) der Komponente "Haltelinie" erwähnt,
dass er sich für die Simulation von Signalanlagen mit adaptiver
Signalsteuerung eigne; nach diesem Prinzip kann vom Verkehrsrechner
der zukünftige Signalablauf zu bestimmten Zeitpunkten t_i in der Weise
ermittelt werden, dass die gegenwärtige Verkehrssituation mit verschiedenen Signalabläufen weitersimuliert wird und dann der Signalablauf, der so das beste Resultat lieferte, effektiv während einer
gewissen Zeit (bis t_{i+1}) aktiviert wird. Bei der Nachbildung dieses
Vorgangs müsste also zu den Zeitpunkten t_i die Hauptsimulation unterbrochen werden und mit Sekundärsimulationen der beste Signalablauf
für die nächsten Zeitintervalle ermittelt werden, worauf mit diesem
Signalablauf die Hauptsimulation weitergeführt würde. Grundsätzlich
liegt dieses Vorgehen ebenfalls innerhalb der Möglichkeiten der
Simulationsmethode BERSIM.

Im Zusammenhang mit Simulationen stellen sich oft Optimierungsprobleme.
Beispielsweise sind bei einer starren Signalsteuerung die Signalpläne nicht vorgegeben, sondern sollen in bezug auf gewisse Kriterien
optimal gewählt werden. Für einen einzelnen Knotenpunkt soll etwa
die optimale Umlaufzeit und dann auch die beste Aufteilung der
Grünzeiten auf die einzelnen Phasen gefunden werden, für grössere Ver-
kehrsnetze stellt sich zusätzlich das Problem der optimalen gegenseitigen Koordination der einzelnen Knoten. Solange es möglich ist,
diese Optimierungsaufgaben vor der eigentlichen Simulation getrennt
durchzuführen, ist es wohl besser, dies mit einem unabhängigen
Programm zu besorgen, denn mit jedem neuen Programmteil wird BERSIM
für den Benützer etwas komplizierter. Falls aber solcher Optimierungsprobleme im Laufe der Simulation zu lösen sind, ist der Einbau eines
entsprechenden Segmentes bestimmt angebracht.

Zur Lösung der genannten Optimierungsprobleme müssen i.a. viele verschiedenen Signalpläne ausprobiert werden. Die Simulationsmethode
BERSIM könnte dazu theoretisch wohl gute Resultate liefern, praktisch
ist sie aber meist langsam. Für den relativ kleinen Computer Bull
Gamma 30S der Universität Bern ist bei einer stationären Simulation
bis zum Gleichgewichtszustand mit einer Rechenzeit von 1 Minute pro
Haltelinie zu rechnen; auch wenn diese Zeit für einen Grosscomputer
um den Faktor 100 reduziert werden kann, ergeben sich infolge der
sehr grossen Zahl von Möglichkeiten zu hohe Rechenzeiten. Es müssen
deshalb meist einfachere Verfahren verwendet werden (vgl.z.B.
E. Schultze: Berechnung optimaler Signalpläne von Einzelknoten, und
B. Grabner: Optimale Koordination von Signalplänen für Strassennetze,
beide Artikel in der Neuen Zürcher Zeitung vom 16. Februar 1970).

6. ZUR BEHANDLUNG ABHAENGIGER VARIABLEN IN DER DIREKTEN METHODE

Dietrich Fischer, New York

Ein Idealfall für die Anwendung der direkten Methode ist es, wenn alle Zufallsvariablen, die in einem simulierten System auftreten, voneinander stochastisch unabhängig sind. Nicht nur sind die Algorithmen, die angewendet werden können, relativ einfach, sondern auch der Raumbedarf für die Speicherung von Verteilungen ist in diesem Fall am geringsten. Komplizierter wird es, wenn ein System stochastisch abhängige Variablen enthält. In diesem Beitrag sollen einige Methoden untersucht werden, die im letzteren Fall angewendet werden können.

Falls ein System n Zufallsvariablen X_1, X_2, ..., X_n enthält, so werden wir diese als Komponenten eines n-dimensionalen Zufallsvektors $\vec{X} = (X_1, X_2, ..., X_n)$ zusammenfassen.

Die Art der Transformation einer Verteilung hängt davon ab, was für eine entsprechende arithmetische Operation auf eine Stichprobe dieser Verteilung ausgeübt würde, und in welcher Form die Verteilung dargestellt ist. Drei verschiedene Arten, eine Verteilung darzustellen, sind etwa

a) durch Parameter einer theoretischen Verteilung

b) durch Wahrscheinlichkeiten für bestimmte Werte einer diskreten Zufallsvariablen oder für Klassen von Werten einer stetigen Zufallsvariablen

c) durch Momente

Die Transformation von Parametern einer theoretischen Verteilung mag grosse Möglichkeiten in sich schliessen, aber ist hier nicht untersucht.

Bei der Darstellung einer Verteilung durch diskrete Wahrscheinlichkeiten beschränken wir uns hier auf ganzzahlige Zufallsvariablen. (Ein Beispiel für eine Klasseneinteilung einer stetigen Zufallsvariablen befindet sich in Fischer [1]). Die Verteilung einer eindimensionalen ganzzahligen Zufallsvariablen (Fig. 6.1) kann in einem einfach indizierten Vektor gespeichert werden.

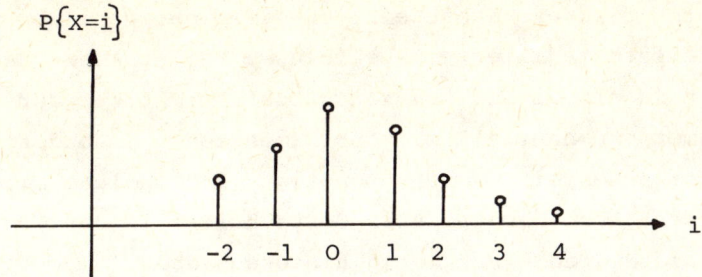

Fig. 6.1   Verteilung einer eindimensionalen ganzzahligen Zu-
            fallsvariablen

Für die Verteilung eines zweidimensionalen Zufallsvektors (Fig.6.2)
benötigt man im allgemeinen Fall eine zweifach indizierte Matrix.

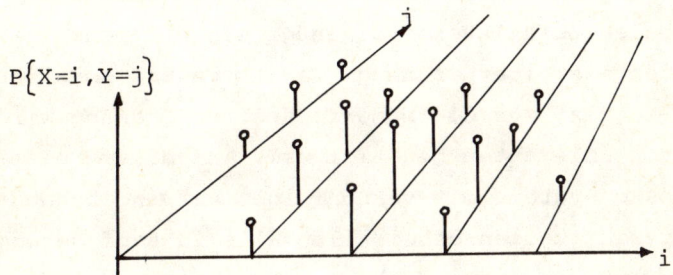

Fig. 6.2   Verteilung eines zweidimensionalen ganzzahligen Zu-
            fallsvektors (X,Y).

Nur wenn die beiden Komponenten X und Y voneinander stochastisch
unabhängig sind, genügt es, die zwei Randverteilungen

$$P_x \{X=i\} = \sum_j P \{X=i, Y=j\}$$

und

$$P_y \{Y=j\} = \sum_i P \{X=i, Y=j\}$$

zu speichern. In diesem Spezialfall erhält man eine beliebige
Wahrscheinlichkeit durch einfache Multiplikation:

$$P \{X=i, Y=j\} = P_x \{X=i\} \cdot P_y \{Y=j\}$$

Im allgemeinen Fall ist dies nicht zulässig.

Um die Verteilung eines dreidimensionalen ganzzahligen Zufallsvektors durch diskrete Wahscheinlichkeiten darzustellen, benötigt man eine dreifach indizierte Tabelle usw. Es ist klar, dass dieses Verfahren bald einmal auf Grenzen stösst. Nicht nur der Speicherbedarf nimmt exponentiell mit der Dimension zu, sondern natürlich auch die Rechenzeit, welche benötigt wird, solche Datenmengen zu bearbeiten. Auch die grössten Fortschritte in der Computertechnik können diese Grenze nur wenig hinausschieben.

Eine andere Methode, mehrdimensionale Zufallsvektoren darzustellen, ist ihre Charakterisierung durch Momente. Diese Methode ist zwar im allgemeinen weniger genau als eine Darstellung durch diskrete Wahrscheinlichkeiten. Aber wenn eine grosse Zahl gegenseitig abhängiger Variablen zu berücksichtigen sind, ist sie viel rationeller. Für die Speicherung der Momente erster Ordnung (die Mittelwerte) eines n-dimensionalen Zufallsvektors genügt ein n-dimensionaler Vektor. Für die Momente zweiter Ordnung (Varianzen und Kovarianzen) genügt eine (n,n)-Matrix. Für die Momente dritter Ordnung wird eine Tabelle mit n^3 Elementen benötigt usw. Auf diese Weise können auch relativ grosse Systeme mit vernünftigem Aufwand behandelt werden. Was für Ungenauigkeiten dabei allenfalls in Kauf genommen werden müssen, wird weiter unten diskutiert werden.

Wir wenden uns zunächst der Transformation mehrdimensionaler diskreter Verteilungen zu und behandeln ein Beispiel dazu. In einem zweiten Unterabschnitt werden wir näher auf die Transformation von Momenten eingehen.

6.1. Transformation mehrdimensionaler diskreter Verteilungen

Wie bereits erwähnt, betrachten wir hier ausschliesslich ganzzahlige Zufallsvektoren. Stetige Zufallsvektoren können mit ähnlichen Verfahren behandelt werden. Der Anschaulichkeit halber beschränken wir uns auf zwei Dimensionen. Analoge Methoden können jedoch durchaus auch auf höherdimensionale Zufallsvektoren angewendet werden.

Im folgenden besprechen wir einige Grundoperationen mit diskreten Verteilungen eines ganzzahligen Zufallsvektors, die anschliessend in einem Beispiel angewendet werden.

Wie andernorts erklärt wurde, entspricht der Addition zweier unabhängiger Zufallsvariablen eine Faltung ihrer Verteilung:

$$P\left\{X + Y = k\right\} = \sum_{\substack{i,j \\ i+j=k}} P\left\{X=i\right\} \; P\left\{Y=j\right\}$$

Der Addition zweier abhängiger Zufallsvariablen entspricht die ganz analoge Formel (Fig. 6.3a)

$$P\left\{X + Y = k\right\} = \sum_{\substack{i,j \\ i+j=k}} P\left\{X=i, \; Y=j\right\}$$

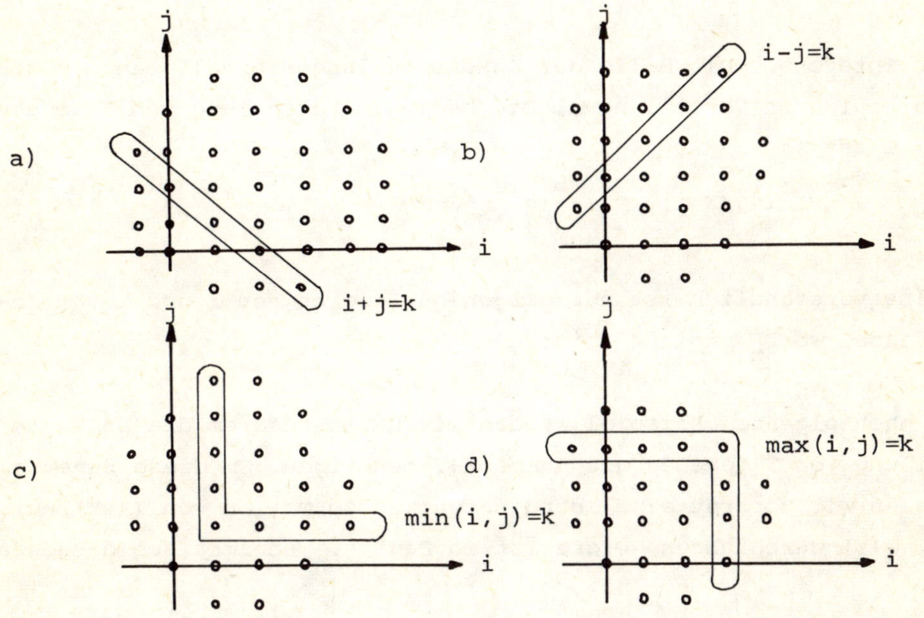

Fig. 6.3   Summe (a), Differenz (b), Minimum (c) und Maximum (d) zweier abhängiger Zufallsvariablen. (Wahrscheinlichkeiten verschieden von Null sind mit Punkten markiert.)

Ebenso gilt für die Differenz (Fig. 6.3b)

$$P\left\{X - Y = k\right\} = \sum_{\substack{i,j \\ i-j=k}} P\left\{X=i, \; Y=j\right\}$$

Für Minimum und Maximum (Fig. 6.3c und d) findet man ebenso leicht

$$P\left\{\max\ (X,Y)=k\right\} = \sum_{\substack{i,j \\ \max(i,j)=k}} P\left\{X=i,\ Y=j\right\},$$

$$P\left\{\min\ (X,Y)=k\right\} = \sum_{\substack{i,j \\ \min(i,j)=k}} P\left\{X=i,\ Y=j\right\}.$$

Oft sind auch die Randverteilungen

$$P_X\left\{X=i\right\} = \sum_j P\left\{X=i,\ Y=j\right\}$$

und

$$P_y\left\{Y=j\right\} = \sum_j P\left\{X=i,\ Y=j\right\}$$

von Interesse. Mit Hilfe der Randverteilungen erhält man unmittelbar die bedingten Verteilungen. Die bedingte Verteilung von Y gegeben X = i ist

$$P\left\{Y=j/X=i\right\} = \frac{P\left\{X=i,Y=j\right\}}{P_X\left\{X=i\right\}}\ .$$

Selbstverständlich ist nur derjenige Bereich von X und Y von Interesse, wo $P_X\left\{X=i\right\} \neq 0$ ist.

Im nachfolgenden Beispiel werden wir unter anderem die bedingte Verteilung von X gegeben die Summe X+Y benötigen. Um diese zu erhalten, müssen wir vorerst eine Koordinatentransformation von (X,Y) auf (X, X+Y) durchführen. Diese ist in Fig. 6.4 schematisch dargestellt.

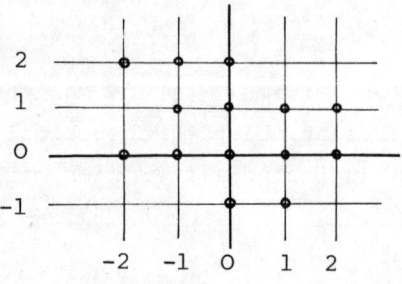
Koordinaten (X,y)

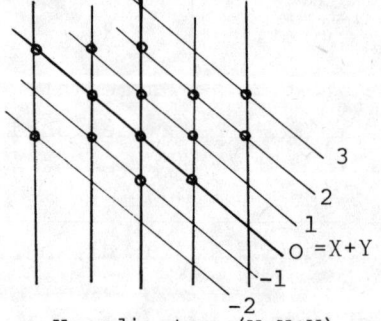
Koordinaten (X,X+Y)

Fig. 6.4   Koordinatentransformation von (X,Y) auf (X,X+Y).
$$P\left\{X=i,\ X+Y=j\right\} = P\left\{X=i,\ Y=j-i\right\}.$$

Anschliessend können wir wie früher die Randverteilung $P_{X+Y}\left\{X+Y=j\right\}$

der neuen Variablen X+Y berechnen und erhalten die bedingte Verteilung

$$P\left\{X=i/X+Y=j\right\} = \frac{P\left\{X=i,\ X+Y=j\right\}}{P_{x+y}\left\{X+Y=j\right\}} .$$

Diese wenigen Operationen genügen bereits, um ein einfaches Beispiel zu behandeln.

Beispiel: ein einfaches Warenhausmodell

Wir betrachten eine vereinfachte Version des Warenhausmodells, das in Gordon [4] auf Seiten 221-227 besprochen ist.

Kunden eines Warenhauses müssen einen Korb nehmen, bevor sie mit ihren Einkäufen beginnen. Die Anzahl Körbe ist beschränkt, und wenn ein Kunde bei seiner Ankunft keinen freien Korb vorfindet, so verlässt er das Geschäft, ohne zu warten. Wenn er einen Korb erhält, so macht er seine Einkäufe und geht darauf zur Kasse. Falls die Kasse besetzt ist, so schliesst er sich einer Warteschlange an. Nachdem er durch die Kasse gegangen ist, gibt er den Korb zurück und verlässt das Warenhaus.

Die Ankunftszeiten der Kunden sind poissonverteilt (d.h. die Zeitlücken zwischen der Ankunft zweier Kunden sind exponentialverteilt). Für die Zeit, welche ein Kunde an der Kasse benötigt, haben wir in Abweichung von Gordons Modell ebenfalls eine Exponentialverteilung gewählt. Dies war nötig, um das Beispiel in einfacher Weise mit der direkten Methode behandeln zu können. In der direkten Methode werden wir die Zeit in gleichmässigen Intervallen vorrücken. Dabei möchten wir, dass die Anzahl Kunden, die in einem Zeitintervall bedient werden können, nicht davon abhängt, wie viele Kunden im vorangehenden Zeitintervall bedient wurden. Einzig bei exponentialverteilten Bedienungszeiten ist diese Bedingung für ein beliebiges Zeitintervall erfüllt. (der Beweis ist der Kürze halber weggelassen.) Aus einem analogen Grund haben wir auch für die Einkaufszeiten eine Exponentialverteilung gewählt. Für andere Verteilungen würde das Modell bedeutend umfangreicher.

Das vorliegende Modell enthält nur eine Kasse. Die Anzahl Einkaufskörbe, nämlich 5, wurde klein gehalten, um bei den Matrizenoperationen in der direkten Methode Rechenzeit zu sparen.

Die mittlere Länge einer Zeitlücke zwischen der Ankunft zweier
Kunden ist 240 Sekunden, die mittlere Einkaufszeit 600 Sekunden und
die mittlere Bedienungszeit an der Kasse 180 Sekunden. Mit diesen
Angaben ist das Modell vollständig beschrieben.

Wir interessieren uns für die Verteilung der Anzahl Kunden beim Einkaufen (SHP für shopping), die Anzahl Kunden an der Kasse (CHK für
checking out) und für die Gesamtzahl der Kunden im Warenhaus (TOTAL).
Die Wahrscheinlichkeit, dass ein ankommender Kunde für das Geschäft
verloren geht, ist gleich der Wahrscheinlichkeit, dass sich bereits
5 Kunden im Geschäft befinden. Wir suchen die stabilen Endverteilun-
gen, nachdem sich allfällige Einschwingvorgänge verflacht haben.

Obwohl die Beziehung TOTAL = SHP + CHK erfüllt ist, ist die Vertei-
lung von TOTAL nicht etwa das Faltungsprodukt der Verteilungen von
SHP und von CHK. SHP und CHK sind stark voneinander abhängig. Ihre
Summe ist durch die Anzahl Einkaufskörbe nach oben beschränkt
(Fig. 6.5).

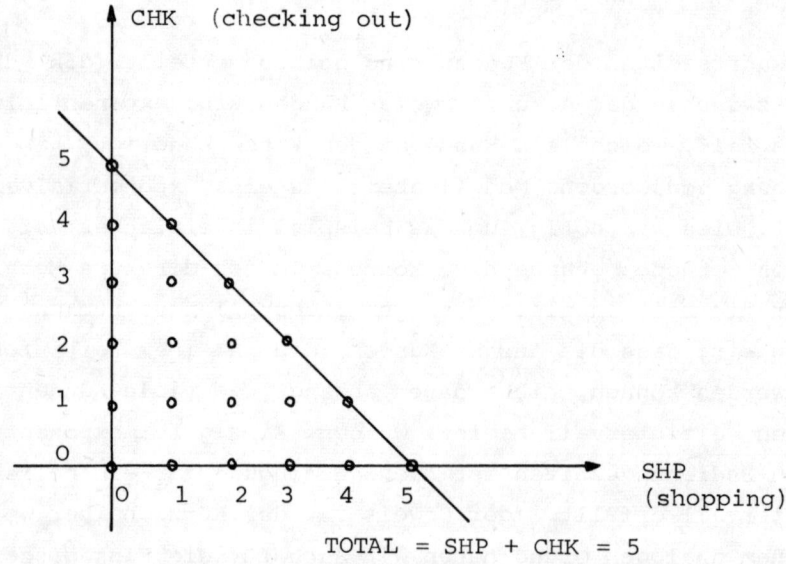

Fig. 6.5   Anzahl Kunden beim Einkaufen (SHP), an der Kasse (CHK)
            und Gesamtzahl (TOTAL). Der Punkt (3.1) z.B. repräsen-
            tiert die Wahrscheinlichkeit, dass 3 Kunden beim Ein-
            kaufen sind und einer an der Kasse bedient wird.

Um die Ergebnisse der direkten Methode mit solchen der Monte Carlo
Methode vergleichen zu können, haben wir dieses Modell auch in GPSS
simuliert. Tabelle 6.1 zeigt das zugehörige GPSS-Programm. Zuerst
wird das Modell so lange simuliert, bis 100 Kunden durch die Kasse
gegangen sind, ohne dass Resultate gedruckt werden. Dadurch wird
das System aus dem anfänglichen Nullzustand in ein statistisches
Gleichgewicht gebracht. Hierauf werden für Laufzeiten von 25, 100,
400 und 1600 Kunden Statistiken gesammelt. Eine Vervierfachung der
Laufzeit lässt bei der Monte Carlo Methode bekanntlich eine Ver-
doppelung der Genauigkeit der Resultate erwarten. Die Ergebnisse
sind in Tabelle 6.2a zusammengestellt. Die Rechenzeit für dieses
Beispiel betrugt 1.96 Minuten auf einer IBM 360/50 der New York
University.

```
*
*
*       SIMULATION OF A SUPERMARKET
*
*
1       FUNCTION    RN3,C24                 EXPONENTIAL DISTRIBUTION
0,0/.1,.104/.2,.222/.3,.355/.4,.509/.5,.69/.6,.915/.7,1.2/.75,1.38/
.8,1.6/.84,1.83/.88,2.12/.9,2.3/.92,2.52/.94,2.81/.95,2.99/.96,3.2/
.97,3.5/.98,3.9/.99,4.6/.995,5.3/.998,6.2/.999,7/.9997,8
*
*
        SIMULATE
        GENERATE    240,FN1                 CREATE SHOPPERS
*
*       TABULATE THE NUMBER OF CUSTOMERS (WEIGHTED BY TIME) WHENEVER
*       IT CAN CHANGE
        TABULATE    SHOP,V$TIME             NUMBER OF CUSTOMERS SHOPPING
        TABULATE    OUT,V$TIME              NUMBER OF CUSTOMERS AT CHECKOUT
        TABULATE    TOTAL,V$TIME            TOTAL NUMBER OF CUSTOMERS IN STORE
        SAVEVALUE   1,C1                    RESET TIME OF LAST CHANGE
*
        TRANSFER    BOTH,,AWAY              CHECK FOR AVAILABLE BASKET
        ENTER       BSKT                    GET A BASKET
        ADVANCE     600,FN1                 SHOP
*
        TABULATE    SHOP,V$TIME
        TABULATE    OUT,V$TIME
        TABULATE    TOTAL,V$TIME
        SAVEVALUE   1,C1
*
        QUEUE       LINE                    LINE UP AT CHECKOUT COUNTER
        SEIZE       CKT                     GET COUNTER SPACE
        ADVANCE     180,FN1                 CHECK-OUT
*
        TABULATE    SHOP,V$TIME
        TABULATE    OUT,V$TIME
        TABULATE    TOTAL,V$TIME
        SAVEVALUE   1,C1
*
        RELEASE     CKT                     FREE COUNTER SPACE
        LEAVE       BSKT                    RETURN BASKET
        DEPART      LINE                    LEAVE QUEUE (NOTE THAT THIS QUEUE
                                            INCLUDES THE CUSTOMER BEING SERVED)
        TERMINATE   1
*
AWAY    TERMINATE                           LOST CUSTOMERS
*
*
BSKT    STORAGE     5                       NUMBER OF BASKETS
*
TIME    VARIABLE    C1-X1                   TIME DIFFERENCE SINCE LAST CHANGE
NSHP    VARIABLE    S$BSKT-Q$LINE           NUMBER OF CUSTOMERS SHOPPING
*
SHOP    TABLE       V$NSHP,0,1,A6           NUMBER OF CUSTOMERS SHOPPING
OUT     TABLE       Q$LINE,0,1,A6           NUMBER OF CUSTOMERS AT CHECKOUT
TOTAL   TABLE       S$BSKT,0,1,A6           TOTAL NUMBER OF CUSTOMERS IN STORE
*
```

```
        START       100,NP              INITIALIZE, SUPRESS PRINT
        RESET                           WIPE OUT STATISTICS
*       RESET TIME OF LAST CHANGE IN THE NUMBER OF CUSTOMERS
        INITIAL X1,0
        START       25                  FIRST RUN
*
*       MAKE SUCCESSIVE RUNS STOCHASTICALLY INDEPENDENT
        START       100,NP
        RESET
        INITIAL     X1,0
        START       100                 SECOND RUN
*
        START       100,NP
        RESET
        INITIAL     X1,0
        START       400                 THIRD RUN
*
        START       100,NP
        RESET
        INITIAL     X1,0
        START       1600                FOURTH RUN
        END
```

Tabelle 6.1.   GPSS-Programm für das Warenhausmodell

Bei der direkten Methode haben wir ein Paar von abhängigen Variablen,
die Anzahl Kunden beim Einkaufen (SHP) und die Anzahl Kunden an der
Kasse (CHK). Ihre Verteilung wird in einer Matrix dargestellt. Zu
Beginn der Simulation hat diese Verteilung die Form

$$P \left\{ SHP=0, \quad CHK=0 \right\} =1$$
$$P \left\{ SHP=i, \quad CHK=j \right\} =0 \quad \text{für } i \neq 0 \text{ oder } j \neq 0.$$

Nach einiger Zeit sind alle Punkte innerhalb des zulässigen Bereichs

$$SHP \geqslant 0$$
$$CHK \geqslant 0$$
$$SHP \quad + \quad CHK \leqslant 5$$

mit positiven Wahrscheinlichkeiten belegt (Fig. 6.5).

Wie bereits erwähnt, wird die Zeit in gleichmässigen Intervallen
vorgerückt. Während jeder Iteration, die einem solchen Zeitintervall
entspricht, sind die folgenden drei Schritte durchzuführen. (Eine
Zusammenstellung der verwendeten Bezeichungen ist in Tabelle 6.3
gegeben.)

1. Addiere die Anzahl neu ankommender Kunden (ARR) zur Anzahl ein-
   kaufender Kunden (SHP). Berücksichtige, dass die Gesamtzahl der
   Kunden die Anzahl Einkaufskörbe (N) nicht übersteigt.

2. Ein gewisser Teil der einkaufenden Kunden geht zur Kasse über.
   Die Gesamtzahl der Kunden bleibt dabei unverändert.

3. Die Anzahl Kunden an der Kasse (CHK) wird vermindert um die Anzahl Kunden (SRV), die im Intervall DT bedient werden, CHK sinkt
   jedoch nie unter null.

Einer möglichen Folge dieser Schritte entspricht z.B. der folgende
Weg in Fig. 6.6:

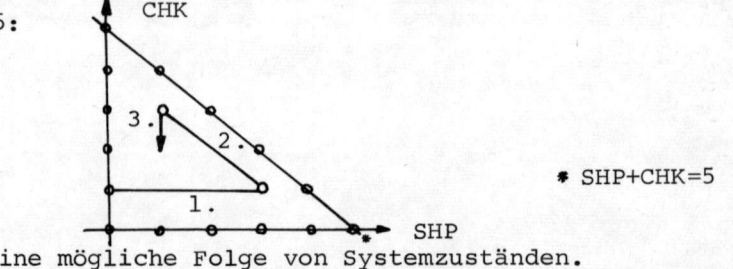

Fig. 6.6   Eine mögliche Folge von Systemzuständen.

Tabelle 6.2   Mittelwerte und Verteilungen der Anzahl Kunden
               beim Einkaufen (SHP), an der Kasse (CHK) und der
               Gesamtzahl (TOTAL).
               (Die Resultate für die direkte Methode werden wei-
               ter unten im Text erklärt.)

Mittelwerte

a) Monte Carlo Methode (GPSS)

Anzahl simulierte Kunden	SHP	CHK	TOTAL
25	2.174	0.756	2.931
100	1.811	1.141	2.952
400	1.965	1.117	3.082
1600	2.030	1.058	3.089

Tabelle 6.2 (1. Fortsetzung) b) direkte Methode

Anzahl Iterationen	DELTA	Zeitintervall (Sekunden)	SHP	CHK	TOTAL
1	.0050	60	.2262	.0171	.2433
2			.4309	.0452	.4761
3			.6160	.0803	.6963
4			.7832	.1199	.9031
			.9339	.1623	1.0962
10			1.4777	.3877	1.8655
15			1.7597	.5955	2.3552
20			1.8859	.7593	2.6452
25			1.9323	.8745	2.8071
30			1.9431	.9493	2.8924
35			1.9405	.9941	2.9346
36			1.9393	1.0004	2.9398
37			1.9382	1.0060	2.9442
38			1.9369	1.0110	2.9480
39	.0010	20	1.9402	1.0136	2.9538
40			1.9431	1.0161	2.9593
41			1.9458	1.0184	2.9643
42			1.9484	1.0207	2.9691
74			1.9764	1.0672	3.0437
75			1.9765	1.0682	3.0447
76			1.9766	1.0690	3.0457
77	.0005	5	1.9770	1.0694	3.0464
78			1.9773	1.0697	3.0471
98			1.9833	1.0755	3.0589
99			1.9836	1.0758	3.0594
100			1.9838	1.0760	3.0599
101	.0001	1	1.9839	1.0761	3.0600
102			1.9839	1.0761	3.0601
176			1.9881	1.0802	3.0683
177			1.9882	1.0802	3.0684
178			1.9882	1.0803	3.0685

Tabelle 6.2 (2. Fortsetzung)

Verteilung der Anzahl Kunden beim Einkaufen (SHP)

a) Monte Carlo Methode

Anzahl simulierte Kunden	Wahrscheinlichkeit für SHP =					
	0	1	2	3	4	5
25	.0734	.2505	.2321	.3290	.1010	.0137
100	.1471	.3373	.2301	.1739	.0648	.0466
400	.1120	.2610	.3270	.1777	.0934	.0285
1600	.1109	.2543	.2894	.2119	.1048	.0284

b) direkte Methode (nach 178 Iterationen)

.1146	.2634	.2927	.2050	.0966	.0276

Verteilung der Anzahl Kunden an der Kasse (CHK)

a) Monte Carlo Methode

Anzahl simulierte Kunden	Wahrscheinlichkeit für CHK =					
	0	1	2	3	4	5
25	.5652	.2348	.1201	.0523	.0129	.0143
100	.4062	.2680	.1619	.1079	.0540	.0018
400	.3897	.2828	.1913	.0996	.0288	.0075
1600	.4246	.2724	.1684	.0946	.0338	.0060

b) direkte Methode

.4130	.2790	.1733	.0915	.0357	.0075

Verteilung der gesamten Anzahl Kunden (TOTAL)

a) Monte Carlo Methode

Anzahl simulierte Kunden	Wahrscheinlichkeit für TOTAL =					
	0	1	2	3	4	5
25	.0250	.1739	.1218	.3324	.2174	.1292
100	.0737	.1041	.2109	.2087	.2116	.1907
400	.0309	.1093	.2138	.2328	.2176	.1952
1600	.0342	.1142	.1987	.2211	.2436	.1878

b) direkte Methode

.0368	.1170	.1959	.2332	.2253	.1918

Tabelle 6.3   Verwendete Bezeichungen und Werte von Parametern

ARR	Anzahl Kunden, die im Zeitintervall DT ankommen
CHK	Anzahl Kunden an der Kasse
DELTA	Konvergenzschranke
EPS	Untere Grenze für Wahrscheinlichkeiten, die in der Rechnung mitgeführt werden (10^{-6})
N	Anzahl Einkaufskoerbe (5)
RMN	Anzahl Kunden, die während DT beim Einkaufen bleiben
SHP	Anzahl Kunden beim Einkaufen
SRV	Anzahl Kunden, die in DT bedient werden können
TARR	Mittlere Zeitlücke zwischen zwei ankommenden Kunden (240 Sekunden)
TOTAL	Gesamte Kundenzahl (=SHP+CHK)
TSHP	Mittlere Einkaufszeit (600 Sekunden)
TSRV	Mittlere Bedienungszeit an der Kasse (180 Sekunden)

Wir beschreiben jetzt, was für Operationen diesen Schritten im
einzelnen entsprechen.

1. <u>Addition neuer Kunden</u>

Die Anzahl Kunden (ARR), die im Intervall DT ankommen, ist Poissonverteilt mit dem Parameter $\lambda =$ DT/TARR. Die Verteilung

$$P\left\{ARR=i\right\} = \frac{\lambda^i}{i!}\, e^{-\lambda} \qquad \text{für } i=0,1,2,\ldots .$$

bleibt unverändert, solange DT konstant ist. Diese Verteilung wird
nur einmal vor Beginn der Iterationen berechnet. Es werden nur
Wahrscheinlichkeiten berücksichtigt, die grösser als EPS sind.

Neue Kunden (ARR) werden zu den einkaufenden Kunden (SHP) addiert.
Die Anzahl Kunden an der Kasse (CHK) bleibt dabei unverändert. Um
dies zu erreichen berechnen wir zuerst die Randverteilung $P\left\{CHK=j\right\}$.
Hierauf berechnen wir die bedingten Verteilungen von SHP gegeben CHK
für CHK = 0,1,..., N. Jede dieser bedingten Verteilungen $P\left\{SHP=i\,/\,CHK=j\right\}$ wird mit der Verteilung $P\left\{ARR=k\right\}$ gefaltet. Das Resultat
dieser Faltung sei die Verteilung von X. Nun haben wir zu berück-
sichtigen, dass die Gesamtzahl der Kunden nicht grösser als N sein
darf. Da CHK=j Kunden an der Kasse sind, ist N-j eine obere Grenze
für die Anzahl Kunden beim Einkaufen. Somit erhalten wir für die
neue bedingte Verteilung

$$P\left\{SHP=i\,/\,CHK=j\right\} = \min (X, N-j).$$

Nachdem diese Faltung und Begrenzung für sämtliche Werte
CHK=0, 1, ..., N durchgeführt worden ist, können wir von den bedingten Verteilungen wieder zur gemeinsamen Verteilung zurückkehren:

$$P\left\{SHP=i,\quad CHK=j\right\} = P\left\{SHP=i\,/\,CHK=j\right\} \cdot P\left\{CHK=j\right\}.$$

Es ist empfohlen, sich diese Operation anhand der Fig. 6.7 bildhaft
vorzustellen. Diesem ersten Schritt entspricht eine horizontale Verschiebung von Wahrscheinlichkeiten nach rechts.

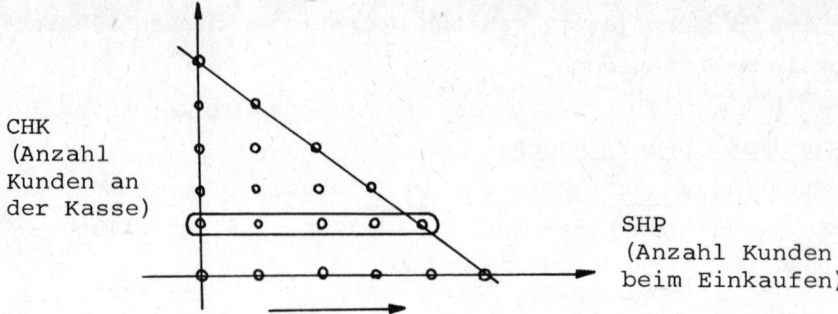

CHK
(Anzahl
Kunden an
der Kasse)

SHP
(Anzahl Kunden
beim Einkaufen)

Fig. 6.7   Der Ankunft von Kunden entspricht eine Verschiebung von
Wahrscheinlichkeiten nach rechts.

2. <u>Uebergang von Kunden vom Einkaufen zur Kasse</u>

Die Einkaufszeit der Kunden ist exponentialverteilt mit dem Mittelwert TSHP. Dies heisst, dass jeder Kunde nach Ablauf der Zeit DT
mit der Wahrscheinlichkeit p = exp(-DT/TSHP) immer noch beim Einkaufen ist und mit der Gegenwahrscheinlichkeit l-p zur Kasse gegangen ist. Falls eine gegebene Zahl SHP=j Kunden beim Einkaufen sind,
so ist die Anzahl Kunden (RMN), die nach Ablauf der Zeit DT immer
noch beim Einkaufen sind, binomialverteilt:

$$P\left\{RMN=i \,/\, SHP=j\right\} = \binom{j}{i} \; p^i \, (1-p)^{j-i}$$

für i=0,1,...,j und j=0,1,...,N.

Diese Binomialverteilungen sind während dem Ablauf der Simulation
mit konstantem DT unverändert.

Die Gesamtzahl der Kunden (TOTAL) bleibt in diesem Schritt konstant.
Zu diesem Zweck führen wir vorerst eine Koordinatentransformation
durch:

$$P\left\{SHP=i,\ TOTAL=j\right\} = P\left\{SHP=i,\ CHK=j-i\right\}.$$

Hierauf berechnen wir die Randverteilungen $P\left\{TOTAL=j\right\}$ und die bedingten Verteilungen $P\left\{SHP=i \,/\, TOTAL=j\right\}$. Die Verteilung der Kunden,
die nach Ablauf der Zeit DT immer noch beim Einkaufen sind, ist eine
gewichtete Ueberlagerung von Binomialverteilung: $P\left\{SHP=i \,/\, TOTAL=j\right\}$
ist zu ersetzen durch die neue Verteilung

$$\sum_{k=i}^{j} P\left\{SHP=k \,/\, TOTAL=j\right\} \cdot P\left\{RMN=i \,/\, SHP=k\right\}.$$

Anschliessend können wir von diesen bedingten Verteilungen durch

Multiplikation mit der Randverteilung von TOTAL wieder zur gemeinsamen Verteilung übergehen:

$$P\{SHP=i, \quad TOTAL=j\} = P\{SHP=i \;/\; TOTAL=j\} \cdot P\{TOTAL=j\}$$

Zum Schluss ist eine Rücktransformation der Koordinaten von (SHP, TOTAL) auf SHP, CHK) notwendig.

Bildhaft entspricht dieser Operation eine Verschiebung von Wahrscheinlichkeiten von rechts unten nach links oben in Fig. 6.8.

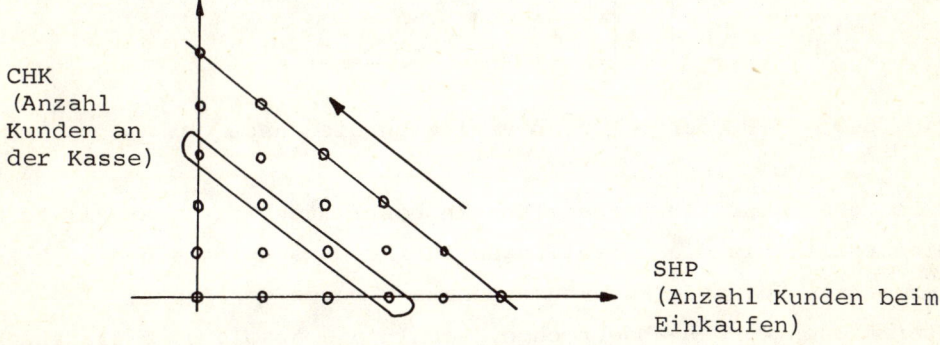

Fig. 6.8   Uebergang von Kunden vom Einkaufen zur Kasse.

3. Subtraktion bedienter Kunden von der Warteschlange an der Kasse

Die Verteilung der Anzahl Kunden (SRV), die im Intervall DT bedient werden können, ist poissonverteilt mit dem Parameter μ = DT/TSRV, wobei TSRV die mittlere Bedienungszeit ist.

$$P\{SRV=i\} = \frac{\mu^i}{i!} e^{-\mu} \qquad \text{für } i=0,1,2,\dots$$

Bediente Kunden werden von der Anzahl Kunden an der Kasse (CHK) subtrahiert. Die Anzahl Kunden beim Einkaufen (SHP) bleibt unverändert. Aehnlich wie im ersten Schritt berechnen wir die Randverteilung $P\{SHP=i\}$ und die bedingten Verteilungen $P\{CHK=j \;/SHP=i\}$. Hierauf subtrahieren wir die bedienten Kunden, indem wir die Verteilung $P\{CHK=j \;/\; SHP=i\}$ mit der Verteilung $P\{SRV=k\}$ mit negativem Vorzeichen falten. Das Resultat sei X. Da die Anzahl Kunden an der Kasse nie negativ wird, haben wir die Verteilung von X von unten durch O zu begrenzen. Die neue bedingte Verteilung von CHK wird somit

$$P\{CHK=j \;/\; SHP=i\} = \max(X,O)$$

Zuletzt erhalten wir wiederum die gemeinsame Verteilung nach der Formel

$$P\{SHP=i, \; CHK=j\} = P\{CHK=j \;/\; SHP=i\} \; P\{SHP=i\}.$$

Diesem dritten Schritt entspricht eine Verschiebung von Wahrscheinlichkeiten von oben nach unten in Fig. 6.9.

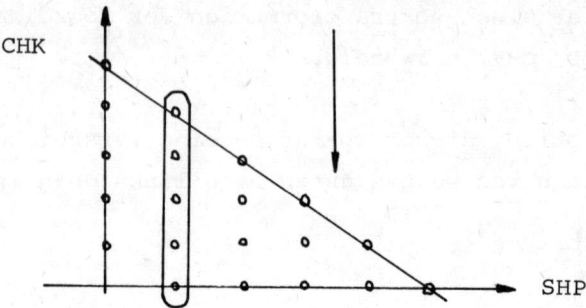

Fig. 6.9   Bediente Kunden verlassen die Kasse

Diese drei Schritte werden für ein bestimmtes Zeitintervall so oft
wiederholt, bis die Verteilungen zu ihrem asymptotischen Wert konvergieren. Der folgende Konvergenztest wurde verwendet: Die
Iterationen werden abgebrochen, sobald die absoluten Differenzen
zweier aufeinanderfolgender Mittelwerte von SHP, CHK und TOTAL entweder eine vorgeschriebene Grenze DELTA nicht mehr überschreiten,
oder nicht mehr abnehmen. Als Sicherheitsmassnahme wurde auch eine
maximal zulässige Anzahl Iterationen vorgeschrieben.

Ein besonderes Problem stellt die Wahl des richtigen Simulations-
zeitintervalls. Obwohl der Zustand des Systems (der Vektor (SHP,
CHK)) eine diskrete Funktion der Zeit ist, ist die zugrunde liegende
Wahrscheinlichkeitsverteilung, die wir hier betrachten, eine stetige
Funktion der Zeit. Wie bei der numerischen Integration von Differentialgleichungen können wir erwarten, dass das Ergebnis umso genauer ist, je kleiner das verwendete Zeitintervall ist. Andererseits
ist die Anzahl Iterationen, die benötigt werden, um das System aus
dem Anfangszustand in den stabilen Gleichgewichtszustand zu bringen,
umso grösser, je kleiner das verwendete Zeitintervall ist. Um
Rechenzeit zu sparen, ohne dabei an Genauigkeit zu verlieren, wurde
der folgende Kompromiss gewählt: Zuerst wurde die Simulation mit
einem grossen Zeitintervall begonnen, um das System in möglichst
wenigen Schritten aus dem Anfangszustand in ein angenähertes Gleichgewicht zu bringen. Dann wurde das Zeitintervall schrittweise ver-
kleinert, um Unebenheiten auszubalancieren. Die verwendeten Zeit-

intervalle und zugehörigen Ergebnisse sind in Tabelle 6.2 (1.Fort-
setzung) zusammengestellt.

Die Rechenzeit für dieses Beispiel betrug auf der Anlage CDC 6600
des Courant Instituts 4.5 Sekunden. Das Programm ist in FORTRAN geschrieben. Es besteht aus einem kurzen Hauptprogramm, welches das
System beschreibt und 26 Unterprogrammen mit insgesamt rund 1000
Instruktionen. Die Unterprogramme beziehen sich nicht auf dieses
spezifische Beispiel, sondern können auch für die Lösung anderer
Probleme verwendet werden.

Die direkte Methode hat einen besonderen Vorteil gegenüber der
Monte Carlo Methode, wenn man sich nicht nur für den stabilen Gleich-
gewichtszustand eines Systems interessiert, sondern auch das Ein-
schwingen aus einem Grundzustand studieren möchte. Bei der Monte
Carlo Methode müssten eine grosse Zahl paralleler Versuche durch-
geführt und gemittelt werden. Die direkte Methode liefert die
Wahrscheinlichkeitsverteilung des Systemzustands als Funktion der
Zeit mit beliebiger Genauigkeit, welche nur vom gewählten Zeit-
intervall und von der Anzahl der in der Rechnung mitgeführten
Dezimalen abhängt.

Das Beispiel, das in diesem Abschnitt behandelt wurde, ist sehr
einfach und kaum von praktischem Wert. Aber aufbauend auf diesen
Grundgedanken können auch wesentlich komplexere Probleme ange-
griffen werden.

6.2 Transformation der Momente

Wir beschränken uns hier der Uebersichtlichkeit halber auf Momente
erster und zweiter Ordnung, die in einem Vektor bzw. in einer zweifach   indizierten Matrix dargestellt werden können. Aehnliche
Methoden können aber auch auf Momente höherer Ordnung angewendet
werden, zu deren Beschreibung Tabellen mit drei oder mehr Indizes
benötigt werden.

Bei einer linearen Abbildung eines Zufallsvektors ändern sich seine
Momente erster und zweiter Ordnung wie folgt:

Satz: Sei
$$\vec{y} = A\vec{x} + \vec{b},$$

wobei $\vec{x}$ und $\vec{y}$ Zufallsvektoren der Dimension nx1 bzw. mx1 sind, $\vec{b}$ ein konstanter mx1-Vektor und A eine konstante mxn-Matrix ist. Die Vektoren $\vec{k}=E[\vec{x}]$ und $\vec{l}=E[\vec{y}]$ bezeichnen die Erwartungswerte. Die nxn-Matrix $K = E[(\vec{x}-\vec{k})(\vec{x}-\vec{k})^T]$ und die mxm-Matrix $L = E[(\vec{y}-\vec{l})(\vec{y}-\vec{l})^T]$ seien die Kovarianzmatrizen[1]. Dann ist

$$\vec{l} = A\vec{k} + \vec{b}$$

und

$$L = AKA^T$$

(Wenn $\vec{x}$ und $\vec{y}$ insbesondere eindimensional sind, d.h. y = ax + b, dann gilt

$$E[y] = aE[x] + b \quad \text{und}$$
$$\text{Var}[y] = a^2 \text{Var}[x]).$$

Beweis: 1.
$$\begin{aligned}
\vec{l} &= E[\vec{y}] \\
&= E[A\vec{x} + \vec{b}] \\
&= E[A\vec{x}] + E[\vec{b}] \\
&= A\,E[\vec{x}] + \vec{b} \\
&= A\,\vec{k} + \vec{b}
\end{aligned}$$

2.
$$\begin{aligned}
L &= E[(\vec{y} - \vec{l})(\vec{y} - \vec{l})^T] \\
&= E[(A\vec{x} + \vec{b} - (A\vec{k} + \vec{b}))(A\vec{x} + \vec{b} - (A\vec{k} + \vec{b}))^T] \\
&= E[A(\vec{x} - \vec{k})(A(\vec{x} - \vec{k}))^T] \\
&= E[A(\vec{x} - \vec{k})(\vec{x} - \vec{k})^T A^T] \\
&= A\,E[(\vec{x} - \vec{k})(\vec{x} - \vec{k})^T]\,A^T \\
&= A\,K\,A^T \quad\quad\quad \text{wzbw.}
\end{aligned}$$

Diese Formeln haben vielseitige Anwendungen, sowohl bei der Simulation diskreter, wie auch stetiger Systeme. Als Beispiel werden wir das Verhalten eines stetigen Systems unter dem Einfluss von zufälligen Störungen betrachten.

Das zeitliche Verhalten stetiger Systeme wird durch Differentialgleichungen beschrieben. Es sind zahlreiche numerische Verfahren bekannt, Systeme von Differentialgleichungen zu integrieren. Alle diese Verfahren beziehen sich aber auf eine einzige deterministische

---

[1] Das Element $K_{ij} = E[(x_i - k_i)(x_j - k_j)]$

Lösung des Systems. Wir möchten dagegen gerne eine ganze Schar von zufällig verteilten Lösungen simultan verfolgen (Fig. 6.10).

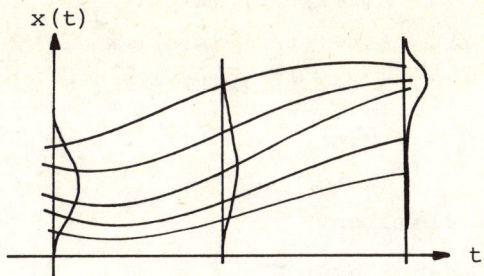

Fig. 6.10   Eine Schar zufällig verteilter Lösungen einer
             Differentialgleichung

Was in diesem Abschnitt besprochen wird, ist nur ein bescheidener Anfang in dieser Richtung. Wir beschreiben einen mehrdimensionalen Zufallsvektor nicht durch seine Verteilungsfunktion, sondern nur durch seine Momente erster und zweiter Ordnung. Ferner beschränken wir uns auf lineare Systeme von Differentialgleichungen.

Betrachten wir zunächst das folgende lineare Differentialgleichungs- system:

(6.1) $\frac{d}{dt} \vec{x}(t) = A(t) \vec{x}(t)$

wobei $\vec{x}(t)$ ein nx1-Vektor ist und A(t) eine nxn-Matrix.

Eine Eulersche Integration ist gegeben durch die Formel

(6.2) $\vec{x}(t+\Delta t) = \vec{x}(t) + \Delta t\ A(t)\vec{x}(t)$
           $= (I + \Delta t\ A(t))\ \vec{x}(t)$

wobei I die Einheitsmatrix ist. Nehmen wir nun an, $\vec{x}(t)$ sei ein Zufallsvektor mit Kovarianzmatrix K(t). Dann ist nach obigem Satz die Kovarianzmatrix von $\vec{x}(t+\Delta t)$ gegeben durch

(6.3) $K(t+\Delta t) = (I+\Delta t\ A(t))\ K(t)\ (I+\Delta t\ A(t))^{T}$

Diese Beziehung erlaubt es, zusätzlich zum Mittelwert der System- variablen auch ihre Varianz und Kovarianz zu verfolgen.

Dies ist auch möglich bei Integrationsverfahren höherer Ordnung. Betrachten wir z.B. eine Runge-Kutta-Integration, die gegeben ist durch die Formeln

$$
\begin{aligned}
\vec{k}_1 &= \Delta t \; A(t) \; \vec{x}(t) \\
\vec{k}_2 &= \Delta t \; A(t+\Delta t/2) \; (\vec{x}(t) + \vec{k}_1/2) \\
\vec{k}_3 &= \Delta t \; A(t+\Delta t/2) \; (\vec{x}(t) + \vec{k}_2/2) \\
\vec{k}_4 &= \Delta t \; A(t+\Delta t) \; (\vec{x}(t) + \vec{k}_3)
\end{aligned}
$$

(6.4)

$$
\vec{x}(t+\Delta t) = \vec{x}(t) + (1/6)(\vec{k}_1 + 2\,\vec{k}_2 + 2\,\vec{k}_3 + \vec{k}_4)
$$

Wir können auch schreiben

(6.5a)
$$
\vec{x}(t+\Delta t) = R(t)\,\vec{x}(t)
$$

wobei die Matrix $R(t)$ wie folgt in Stufen zu berechnen ist:

$$
\begin{aligned}
R_1 &= \Delta t \; A(t) \\
R_2 &= \Delta t \; A(t+\Delta t/2)\,(I + R_1/2) \\
R_3 &= \Delta t \; A(t+\Delta t/2)\,(I + R_2/2) \\
R_4 &= \Delta t \; A(t+\Delta t)\,(I + R_3)
\end{aligned}
$$

(6.5b)

$$
R(t) = I + (1/6)\,R_1 + 2\,R_2 + 2\,R_3 + R_4)
$$

Für die neue Kovarianzmatrix erhalten wir

(6.6)
$$
K(t+\Delta t) = R(t)\,K(t)\,R(t)^T
$$

Wenn wir direkt Formeln (6.4) verwendet hätten, so hätten wir eine grosse Anzahl von Hilfsvariablen eingeführt ($\vec{k}_1$, $\vec{k}_2$, $\vec{k}_3$ und $\vec{k}_4$). Dies hätte die zugehörige Kovarianzmatrix bedeutend vergrössert (um einen Faktor 5^2) und die Rechengeschwindigkeit entsprechend verlangsamt (um einen Faktor 5^3). Falls wir die Formeln (6.5) verwenden, so können wir diesen Zeitverlust vermeiden, ohne dabei wesentliche Information zu verlieren.

Ein wenig umfangreicher werden die Formeln für nichthomogene Systeme von der Form

(6.7)
$$
\frac{d}{dt}\,\vec{x}(t) = A(t)\,\vec{x}(t) + B(t)\,\vec{y}(t)
$$

wobei $\vec{y}(t)$ eine gegebene Vektorfunktion der Zeit ist. Bei Verwendung von Hilfsvariablen können wir schreiben

$$
\vec{x}(t+\Delta t) = \vec{x}(t) + (1/6)(\vec{k}_1 + 2\,\vec{k}_2 + 2\,\vec{k}_3 + \vec{k}_4)
$$

wobei

(6.8)

$$
\begin{aligned}
\vec{k}_1 &= \Delta t \,(A(t)\vec{x}(t) + B(t)\,\vec{y}(t)) \\
\vec{k}_2 &= \Delta t\,[A(t+\Delta t/2)\,(\vec{x}(t)+\vec{k}_1/2) + B(t+\Delta/2)\,\vec{y}(t+\Delta t/2)] \\
\vec{k}_3 &= \Delta t\,[A(t+\Delta t/2)\,(\vec{x}(t)+\vec{k}_2/2) + B(t+\Delta t/2)\,\vec{y}(t\Delta t/2)] \\
\vec{k}_4 &= \Delta t\,[A(t+\Delta t)\,(\vec{x}(t)+\vec{k}_3) + B(t+\Delta t)\,\vec{y}(t+\Delta t)]
\end{aligned}
$$

Wiederum können die Hilfsvariablen k_1, k_2, k_3 und k_4 eliminiert werden, indem wir schreiben

(6.9a) $\quad \vec{x}(t+\triangle t) = R(t)\ \vec{x}(t) + S(t)\ \vec{y}(t) + T(t)\ \vec{y}(t+\triangle t/2) + U(t)\vec{y}(t+\triangle t)$

oder

(6.9b) $\quad \vec{x}(t+\triangle t) = V(t) \begin{pmatrix} \vec{x}(t) \\ \vec{y}(t) \\ \vec{y}(t+\triangle t/2) \\ \vec{y}(t+\triangle t) \end{pmatrix}$ mit $V(t) = (R(t),\ S(t), T(t), U(t))$

Dabei werden die Teilmatrizen R, S, T und U wie folgt berechnet:

$$R(t) = I + (1/6)\ (R_1 + 2\ R_2 + 2\ R_3 + R_4),\ \text{wobei}$$

$$R_1 = \triangle t\ A(t)$$

(6.9c) $\quad R_2 = \triangle t\ A(t+\triangle t/2)\ (I+ R_1/2)$

$$R_3 = \triangle t\ A(t+\triangle t/2)\ (I+ R_2/2)$$

$$R_4 = \triangle t\ A(t+\triangle t)\ (I+R_3)$$

$$S(t) = (1/6)\ (S_1 + 2S_2 + 2\ S_3 + S_4),\ \text{wobei}$$

$$S_1 = \triangle t\ B(t)$$

(6.9d) $\quad S_2 = \triangle t\ A(t+\triangle t/2)\ (S_1/2)$

$$S_3 = \triangle t\ A(t+\triangle t/2)\ (S_2/2)$$

$$S_4 = \triangle t\ A(t+\triangle t)\ S_3$$

$$T(t) = (1/6)\ (2T_2 + 2\ T_3 + T_4),\ \text{wobei}$$

(6.9e) $\quad T_2 = \triangle t\ B(t+\triangle t/2)$

$$T_3 = \triangle t\ A(t+\triangle t/2)\ (T_2/2) + B(t+\triangle t/2)$$

$$T_4 = \triangle t\ A(t+\triangle t)\ T_3$$

$$U(t) = (1/6)\ U_4$$

(6.9f) $\quad U_4 = \triangle t\ B(t+\triangle t)$

Wenn wir mit L(t) die gemeinsame Kovarianzmatrix von $\vec{x}(t)$, $\vec{y}(t)$, $\vec{y}(t+\triangle t/2)$ und $\vec{y}(t+\triangle t)$ bezeichnen,

(d.h. die Kovarianzmatrix des Vektors $\begin{pmatrix} \vec{x}(t) \\ \vec{y}(t) \\ \vec{y}(t+\triangle t/2) \\ \vec{y}(t+\triangle t) \end{pmatrix}$),

so erhalten wir K(t+$\triangle t$), die Kovarianzmatrix von $\vec{x}(t+\triangle t)$, nach der Formel

(6.10) $\quad K(t+\triangle t) = V(t)\ L(t)\ V(t)^T.$

Bevor mit dem nächsten Integrationsschritt weitergefahren werden
kann, müssen $\vec{y}(t+3\Delta t/2)$ und $\vec{y}(t+2\Delta t)$ berechnet werden und entsprechend die Kovarianzmatrix $L(t+\Delta t)$. Die Eingabevariablen $\vec{y}(t)$
müssen anders behandelt werden als die Systemvariablen, da sie nicht
durch Integration berechnet werden, sondern im voraus als Funktionen
der Zeit gegeben sind.

Damit haben wir die nötigen Hilfsmittel bereitgestellt und können
sie nun auf ein Beispiel anwenden.

Beispiel: Ein Lagerhaltungsmodell

Als Beispiel für ein stetiges System haben wir ein Lagerhaltungs-
modell gewählt, das in Forrester [3] beschrieben ist (Kapitel 2,
15 und 16). Es ist auch im DYNAMO-Manual (Pugh, [72]) und in leicht
geänderter Form in Gordon [4] als Beispiel verwendet.

Ein Detailgeschäft erhält Bestellungen von Kunden für einen bestimmten Artikel. Diese Bestellungen werden in einer Kartei aufbe-
wahrt, bis sie aus dem Lager erfüllt werden. Die Sendungen zu den
Kunden sind proportional zur Anzahl bestellter Stücke, falls genug
am Lager ist. Das Geschäft sendet Bestellungen zu einer Fabrik, um
die verkauften Stücke zu ersetzen und den Lagerbestand auf ein ge-
wünschtes Niveau zu korrigieren. Die Stücke, die das Geschäft bestellt, kommen nach einer gewissen Verzögerung an.

Wir verwenden die gleichen Variablennamen wie im DYNAMO-Manual. Es
sind 8 Variablen zu betrachten. Sie sind hier kurz zusammen aufgeführt und ihre genauere Bedeutung wird später erklärt, wenn sie verwendet werden.

IAR	tatsächlicher Lagerbestand	(Stück)
IDR	gewünschter Lagerbestand	(Stück)
UOR	unerfüllte Bestellungen	(Stück)
SSR	Sendungen zu Kunden	(Stück/Woche)
PSR	Bestellungen an die Fabrik	(Stück/Woche)
SRR	Sendungen, die das Geschäft erhält	(Stück/Woche)
RRR	Bestellungen an das Geschäft	(Stück/Woche)
RSR	Geglättete Anzahl Bestellungen an das Geschäft	(Stück/Woche)

Alle diese Variablen sind Funktionen der Zeit. Wir benötigen ferner die folgenden 5 Parameter:

DFR Verzögerung, mit welcher das Geschäft
Bestellungen erfüllt   (Wochen)

DRR Glättungskonstante   (Wochen)

DTR Verzögerung, mit welcher die Fabrik
Bestellungen erfüllt   (Wochen)

DIR Verzögerung, mit welcher der Lagerbestand
auf das gewünschte Niveau korrigiert wird   (Wochen)

AIR Lagerkonstante   (Wochen)

Obwohl mehrere der Systemvariablen ganzzahlig sind, werden sie
approximativ als reelle Grössen betrachtet und als stetige
Funktionen der Zeit behandelt.

Wir verwenden nicht die DYNAMO-Schreibweise, um Systemgleichungen
auszudrücken, sondern die gebräuchlichere Form von Differenzen-
gleichungen.

Der Lagerbestand (IAR) zurzeit $t+\Delta t$ ist gleich dem Lagerbestand
zurzeit t, vermehrt um die Anzahl Stücke, welche im Zeitintervall
Δt (mit der Geschwindigkeit SRR pro Zeiteinheit) eingetroffen sind
und vermindert um die Anzahl Stücke, die im Intervall Δt versandt
wurden. Dies liefert die Gleichung

(6.11) $IAR(t +\Delta t) = IAR(t) +\Delta t (SRR(t) - SSR(t))$.

Aehnlich werden die unerfüllten Bestellungen (UOR) vermehrt um neu
eingetroffene Bestellungen (RRR) und vermindert um Sendungen (SSR)

(6.12) $UOR(t+\Delta t) = UOR(t) +\Delta t (RRR(t) - SSR(t))$.

Sendungen werden ausgeführt mit der wöchentlichen Rate

(6.13) $SSR(t) = UOR(t) / DFR$,

vorausgesetzt, dass genug am Lager ist. Falls die Sendungen
$(SSR(t) \cdot \Delta t)$ den Lagerbestand $(IAR(t))$ übersteigen, so würde mehr
versandt, als gegenwärtig am Lager ist. Deshalb muss diese Gleichung
wie folgt korrigiert werden:

(6.13') $SSR(t) = min (UOR(t) / DFR, IAR(t) /\Delta t)$.

Das Geschäft macht Bestellungen, um die verkauften Stücke zu ersetzen und den Lagerbestand auf das gewünschte Niveau zu korrigieren.

1/DIR ist der Bruchteil der Differenz zwischen tatsächlichem und gewünschtem Lagerbestand, der pro Woche bestellt wird.

$$(6.14) \qquad PSR(t) = RRR(t) + (1/DIR)(IDR(t) - IAR(t)).$$

Der gewünschte Lagerbestand (IDR) ist eine gewisse Anzahl (AIR) Wochen geglätteter Verkaufsziffern:

$$(6.15) \qquad IDR(t) = AIR \cdot RSR(t).$$

Durch Einsetzen dieser Beziehungen in (6.14) erhalten wir

$$(6.14') \qquad PSR(t) = RRR(t) + (1/DIR)(AIR \circ RSR(t) - IAR(t)).$$

Die geglätteten Verkaufsziffern (RSR) sind die exponentielle Glättung der eintreffenden Bestellungen (RRR) mit der Glättungskonstanten DRR (Forrester [3], Seiten 406-411).

$$(6.16) \qquad RSR(t+\Delta t) = RSR(t) + (\Delta t / DRR)(RRR(t) - RSR(t)).$$

Die Stücke, welche das Geschäft bestellt (PSR), treffen nach einer Verzögerung DTR ein

$$(6.17) \qquad SRR(t) = PSR(t-DTR).$$

Diese Formel legt die Verwendung eines Schieberegisters nahe. Wenn allerdings das Zeitintervall t klein ist im Vergleich zur Verzögerungszeit (DTR), so würde dies die Speicherung einer grossen Anzahl von Zwischenwerten nötig machen. Aus diesem Grund verwenden wir ein exponentielles Verzögerungselement dritter Ordnung, gleich wie im erwähnten DYNAMO-Programm, welches durch folgende drei Gleichungen beschrieben wird (Forrester [3], Seiten 86-92):

$$\begin{aligned} SRR(t+\Delta t) &= SRR(t) + (3\Delta t/DTR)(SRR1(t) - SRR(t)) \\ (6.17') \quad SRR1(t+\Delta t) &= SRR1(t) + (3\Delta t/DTR)(SRR2(t) - SRR1(t)) \\ SRR2(t+\Delta t) &= SRR2(t) + (3\Delta t/DTR)(PSR(t) - SRR2(t)). \end{aligned}$$

SRR1 und SRR2 sind Zwischenwerte von SRR (eintreffende Sendungen).

Die Anzahl eintreffender Bestellungen (RRR) ist ein Eingabevariable. Sie hat die Form einer Treppenfunktion

$$(6.18) \qquad RRR(t) = \begin{cases} 1000 & \text{für } t < 5 \\ 1100 & \text{für } t > 5 \end{cases}$$

Im DYNAMO-Manual ist dieses Beispiel als ein deterministisches Problem behandelt. Wir möchten nun zufällige Schwankungen miteinbeziehen.

Das System enthält 10 Variablen (unter Einschluss der zwei Hilfsvariablen bei der Verzögerung dritter Ordnung). Um ihre Verteilung
durch Häufigkeiten für verschiedene Intervalle zu beschreiben,
würden wir eine Tabelle mit 10 Indizes benötigen, da wir keinen
Grund haben, anzunehmen, die Variablen seien voneinander unabhängig.
Auch wenn wir den Wertebereich einer jeden Variablen nur in 10
Unterabschnitte einteilen würden, so hätten wir 10^{10} Wahrschein-
keiten zu speichern. Dies ist offensichtlich nicht möglich. Statt-
dessen werden wir diese Zufallsvariablen durch ihre Momente erster
und zweiter Ordnung beschreiben.

Wir addieren eine zufällige Störung zur einzigen Eingabevariablen
des Systems, zu den eintreffenden Bestellungen (RRR). Die Versuchung
liegt nahe, in jedem ZeitintervallΔt eine unabhängige Zufallsabweichung zu RRR zu addieren. Doch dies würde bewirken, dass die
mittlere Dauer dieser Abweichungen von der GrössenordnungΔt wäre.
Es spielt nicht nur eine Rolle, wie gross die Abweichungen sind,
sondern auch, wie lange sie dauern, wenn sie auftreten (Fishman und
Kiviat [2]). Je kleiner wir die SchrittweiteΔt wählen, desto höher
ist die mittlere Frequenz der Störung und desto kleiner ihr Einfluss
auf das System.

Ein Weg, diese Schwierigkeit zu umgehen, ist es, die Abweichungen
über eine gewisse Zeitspanne (z.B. eine Woche) konstant zu belassen,
bis wieder eine neue unabhängige Zufallsabweichung gewählt wird.
(Diese Methode ist in Forrester [3], Seiten 177-180 beschrieben).

Wir haben hier eine andere Methode gewählt. Wir überlagern die
Treppenfunktion (6.18) mit einem normalverteilten stochastischen
Prozess N(t) mit der Autokorrelationsfunktion (Fig. 6.11a)

(6.19) $\qquad R(v) = \text{cov}[N(t), N(t+v)] = \sigma^2 e^{-\alpha |v|}$

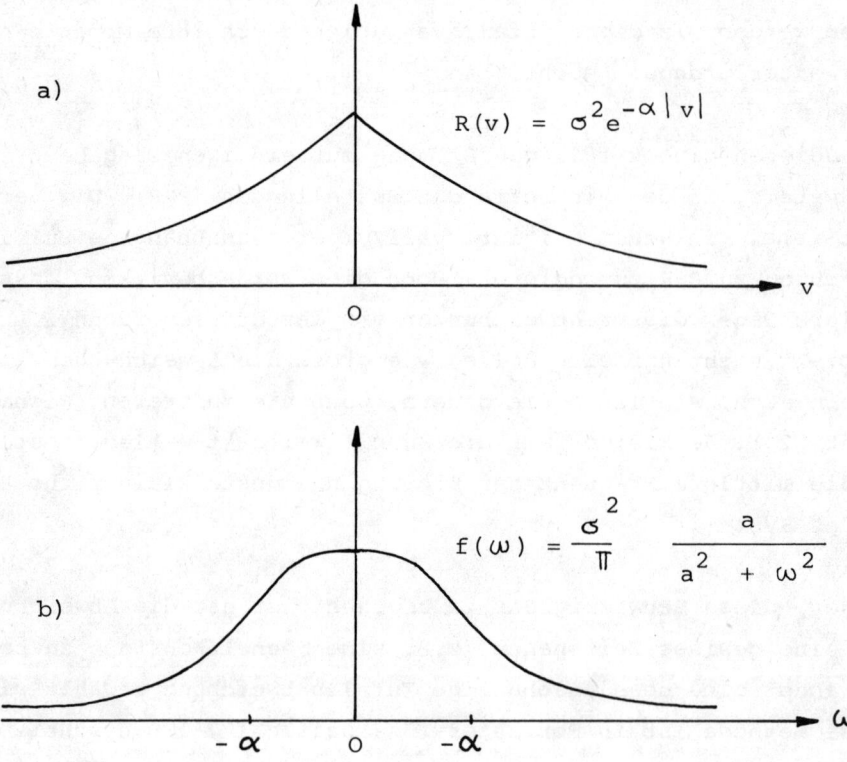

Fig. 6.11 Autokorrelationsfunktion R(v) und spektrale Dichtefunktion f(w) der Störfunktion N(t).

(Parzen ⌊6⌋, Seite 113). Die zugehörige spektrale Dichtefunktion hat die Form (Fig. 6.11b)

$$(6.20) \qquad f(\omega) = \frac{\sigma^2}{\pi} \; \frac{\alpha}{\alpha^2 + \omega^2}$$

R(v) und f(ω) sind Fouriertransformationen voneinander. Durch Integration der spektralen Dichtefunktion f(ω) kann man zeigen, dass 50 % aller Frequenzen dieses Prozesses im Intervall (-α, α) liegen.

Aus Formel (6.19) ist ersichtlich, dass zwei Werte N(t) und N(t+Δt), die von einem solchen Prozess gewählt werden, die Kovarianz $\sigma^2 e^{-\alpha|\Delta t|}$ haben. Jeder Wert hat die Varianz σ^2. Ihr Korrelationskoeffizient ist $\varrho = e^{-\alpha|\Delta t|}$. Eine Folge von Werten, die von einem solchen Prozess in Abständen Δt gewählt werden, kann durch die folgende Prozedur erzeugt werden: RND(t) sei eine unabhängige[1] normalverteilte Zufallsvariable mit Durchschnitt null und Varianz σ^2. Dann ist

$$(6.21) \qquad N(t+\Delta t) = \varrho N(t) + \sqrt{1- \varrho^2} \; RND(t).$$

Der Beweis ist im Anhang gegeben.

Wenn wir weiter definieren

$$(6.22) \qquad STEP(t) = \begin{cases} 1000 \text{ für } t < 5 \\ 1100 \text{ für } t \geqslant 5 \end{cases}$$

so können wir die folgenden zwei Gleichungen zum System hinzufügen:

$$(6.23) \qquad RRR(t) = STEP(t) + N(t)$$
$$(6.24) \qquad N(t+\Delta t) = \varrho N(t) + \sqrt{1- \varrho^2} \; RND(t).$$

---

[1] In der direkten Methode kann RND(t) als unabhängige Zufallsvariable konstruiert werden, indem in der Kovarianzmatrix alle Glieder, welche die Kovarianz zwischen RND(t) und andern Zufallsvariablen beschreiben, gleich null gesetzt werden.

Sei z.B. K die Kovarianzmatrix von $\vec{x} = \begin{pmatrix} x_1 \\ \vdots \\ x_n \end{pmatrix}$

und y unabhängig von $\vec{x}$ mit Varianz σ^2

Dann hat die Kovarianzmatrix von $\begin{pmatrix} \vec{x} \\ y \end{pmatrix}$ die Form $\begin{pmatrix} & & & \vdots & 0 \\ & K & & \vdots & \\ & & & \vdots & 0 \\ 0 & \cdots & 0 & \vdots & \sigma^2 \end{pmatrix}$

Man beachte, dass RND(t) und STEP(t) Eingabevariablen sind. Sie erscheinen nicht auf der linken Seite irgend einer Systemgleichung, sondern werden als Funktionen der Zeit berechnet.

Das vollständige Gleichungssystem hat nun die folgende Form (in einer neuen Reihenfolge):

$$SSR(t) = \min \ (UOR(t)/DFR, \ IAR(t)/\triangle t)$$

$$PSR(t) = RRR(t) + (1/DIR)(AIR \cdot RSR(t) - IAR(t))$$

$$IAR(t+\triangle t) = IAR(t) + \triangle t(SRR(t) - SSR(t))$$

(6,25) $$UOR(t+\triangle t) = UOR(t) + \triangle t(RRR(t) - SSR(t))$$

$$RSR(t+\triangle t) = RSR(t) + (\triangle t/DRR)(RRR(t) - RSR(t))$$

$$SRR(t+\triangle t) = SRR(t) + (3\triangle t/DTR)(SRR1(t) - SRR(t))$$

$$SRR1(t+\triangle t) = SRR1(t) + (3\triangle t/DTR)(SRR2(t) - SRR1(t))$$

$$SRR2(t+\triangle t) = SRR2(t) + (3\triangle t/DTR)(PSR(t) - SRR2(t))$$

Die ersten beiden Gleichungen beschreiben Hilfsvariablen, welche durch Einsetzen in die übrigen Gleichungen eliminiert werden können.

Die Betrachtungen, die nun folgen, werden wesentlich einfacher, wenn wir Matrizenschreibweise einführen. Es sei $\vec{z}(t)$ ein 2x1-Vektor mit den Komponenten

(6.26)
$$z_1(t) = SSR(t) \quad \text{(Sendungen zu Kunden)}$$
$$z_2(t) = PSR(t) \quad \text{(Bestellungen an die Fabrik)}$$

Und $\vec{x}(t)$ ein 6x1-Vektor mit den Komponenten

$$x_1(t) = IAR(t) \quad \text{(tatsächlicher Lagerbestand)}$$
$$x_2(t) = UOR(t) \quad \text{(unerfüllte Bestellungen)}$$
(6.27) $$x_3(t) = RSR(t) \quad \text{(Geglättete Anzahl Bestellungen an das Geschäft)}$$
$$x_4(t) = SRR(t) \quad \text{(Sendungen, die das Geschäft erhält)}$$
$$x_5(t) = SRR1(t)$$
$$x_6(t) = SRR2(t)$$

Ferner definieren wir einen Vektor $\vec{y}(t)$ von externen oder Eingabevariablen. Im hier betrachteten Fall hat er nur eine einzige Komponente

(6.28) $$y_1(t) = RRR(t) \quad \text{(Bestellungen an das Geschäft)}.$$

Dann können wir schreiben

(6.29) $$\vec{z}(t) = C(t) \ \vec{x}(t) + D(t) \ \vec{y}(t)$$

(6.30) $$\vec{x}(t+\triangle t) = \vec{x}(t) + \triangle t(E(t) \ \vec{x}(t) + F(t) \ \vec{z}(t) + G(t) \ \vec{y}(t))$$

oder

$$(6.30')\qquad \frac{d}{dt}\,\vec{x}(t) = E(t)\,\vec{x}(t) + F(t)\,\vec{z}(t) + G(t)\vec{y}(t),$$

wobei die Matrizen $C(t)$, $D(t)$, $E(t)$, $F(t)$ und $G(t)$ gegeben sind durch

$$(6.31)\qquad C(t) = \begin{pmatrix} (1-\delta(t))/\Delta t & \delta(t)/DRF & O & O & O & O \\ -1/DIR & O & AIR/RSR & O & O & O \end{pmatrix}$$

$$\text{mit } \delta(t) = \begin{cases} 1 & \text{falls } UOR/DFR < IAR(t)/\Delta t \\ O & \text{sonst}^{1} \end{cases}$$

$$(6.32)\qquad D(t) = \begin{pmatrix} O \\ 1 \end{pmatrix}$$

$$(6.33)\qquad E(t) = \begin{pmatrix} O & O & O & 1 & O & O \\ O & O & O & O & O & O \\ O & O & -1/DRR & O & O & O \\ O & O & O & -3/DTR & 3/DTR & O \\ O & O & O & O & -3/DTR & 3/DTR \\ O & O & O & O & O & -3/DTR \end{pmatrix}$$

$$(6.34)\qquad F(t) = \begin{pmatrix} -1 & O \\ -1 & O \\ O & O \\ O & O \\ O & O \\ O & 3/DTR \end{pmatrix}$$

$$(6.35)\qquad G(t) = \begin{pmatrix} O \\ 1 \\ 1/DRR \\ O \\ O \\ O \end{pmatrix}$$

In typischen Fällen bestehen alle diese Matrizen hauptsächlich aus Nullen. Spezielle Algorithmen für "sparse matrices" werden sich als nützlich erweisen. (In einer sparse matrix werden nur von null verschiedene Elemente gespeichert, zusammen mit ihren Indizes.)

---

[1] Auf diese Weise können wir das Minimum zweier Werte darstellen, wenn wir annehmen, dass der Erwartungswert ihres Minimums gleich dem Minimum ihrer beiden Erwartungswerte ist. Wenn die beiden Werte nahe beieinander liegen, so ist der Erwartungswert ihres Minimums in Wirklichkeit etwas kleiner, aber wir beschränken uns hier auf diese Näherung.

Wir können nun formell die Hilfsvariablen eliminieren durch Einsetzen von (6.29) in (6.30')

(6.36) $\quad \dfrac{d}{dt} \vec{x}(t) = E(t) \vec{x}(t) + F(t) C(t) \vec{x}(t) + F(t)D(t)\vec{y}(t)+G(t)\vec{y}(t)$

oder

(6.36') $\quad \dfrac{d}{dt} \vec{x}(t) = A(t) \vec{x}(t) + B(t) \vec{y}(t)$

wobei $A(t) = E(t) + F(t)C(t)$ und $B(t) = F(t)D(t) + G(t)$. Auf diese
Weise haben wir das System in die Form von Gleichung (6.7) gebracht.

Integration nach der Eulerschen Methode ergibt die Formel

(6.37) $\quad \vec{x}(t+\triangle t) = \vec{x}(t) +\triangle t(A(t) \vec{x}(t) + B(t) \vec{y}(t))$

oder

(6.37') $\quad \vec{x}(t+\triangle t) = (I+\triangle t \; A(t),\triangle t \; B(t)) \begin{pmatrix} \vec{x}(t) \\ \vec{y}(t) \end{pmatrix} = H(t) \begin{pmatrix} \vec{x}(t) \\ \vec{y}(t), \end{pmatrix}$

wobei die Matrix $H(t)$ in der angegebenen Weise zusammengesetzt ist.

Diese Schreibweise bedeutet, dass die Komponenten von $\vec{x}(t)$ nicht
nacheinander berechnet werden, sondern alle gleichzeitig. Sie
könnten nacheinander berechnet werden, wie in DYNAMO, durch ein
ähnliches Verfahren. Aber der resultierende Gewinn an Genauigkeit
hat sich als gering erwiesen.

Wenn wir die gemeinsame Kovarianzmatrix von $\vec{x}(t)$ und $\vec{y}(t)$ als $L(t)$
bezeichnen, so ist die Kovarianzmatrix von $\vec{x}(t+\triangle t)$ gegeben durch

(6.38) $\quad K(t+\triangle t) = H(t) \; L(t) \; H(t)^{T}$.

Nach den Formeln (6.9) kann das System auch nach der Runge-Kutta-
Methode berechnet werden. Die Runge-Kutta-Methode ergab bessere
Resultate in kürzerer Rechenzeit als die Euler-Methode. Dies be-
stätigt Resultate anderer Autoren (z.B. Martens [5]). Wir wollen
hier jedoch nicht einen solchen Vergleich verschiedener Integrationsmethoden wiederholen, sondern möchten lieber Resultate einer
Simulation nach der Monte-Carlo-Methode mit Resultaten nach der hier
beschriebenen Transformation der Momente vergleichen.

In beiden Fällen wurde Runge-Kutta-Integration verwendet. Eine Zeitspanne von 25 Wochen wurde mit einer Schrittweite $\triangle t$ = 0.25 Wochen
simuliert. Die folgenden 5 Parameter hatten den gleichen Wert wie im

DYNAMO-Manual:

AIR = 8 Wochen (Lagerhaltungskonstante)

DFR = 1 Woche (Verzögerung, mit welcher das Geschäft Bestellungen erfüllt)

DIR = 4 Wochen (Verzögerung, mit welcher der Lagerbestand
auf das gewünschte Niveau korrigiert wird)

DRR = 8 Wochen (Glättungskonstante)

DTR = 2 Wochen (Verzögerung, mit welcher die Fabrik Bestellungen erfüllt)

Der Parameter α für die Erzeugung einer Störfunktion war 0.5, d.h.
50 % aller Frequenzen liegen unterhalb 0.5 pro Woche oder die
Hälfte der Schwingungen haben eine Periode von mehr als $2\pi/\alpha \approx$
12 Wochen.

Der Parameter σ, die Standard-Abweichung der Bestellungen von
Kunden (RRR), war gleich 50 Einheiten. Am Anfang der Simulation
wurde angenommen, dass alle andern Variablen die Standard-Abweichung
null haben und sich im Gleichgewichtszustand befinden.

Für die Monte-Carlo-Methode wurden 10 unabhängige Abläufe parallel
durchgerechnet. Bezeichnen wir ihre Resultate als $\vec{x}_1(t)$, $\vec{x}_2(t)$,...,
$\vec{x}_n(t)$, so sind Mittelwert und Kovarianzmatrix einer Stichprobe gegeben durch

$$(6.39) \quad E\left[\vec{x}(t)\right] = \frac{1}{n} \sum_{i=1}^{n} \vec{x}_i(t)$$

$$(6.40) \quad Cov\left[\vec{x}(t), \vec{x}(t)\right] = \frac{1}{n} \sum_{i=1}^{n} (\vec{x}_i(t) - E[\vec{x}(t)])(\vec{x}_i(t) - E[\vec{x}_i(t)])^T.$$

Die Werte von Hilfsvariablen (wie z.B. IDR, der gewünschte Lagerbestand) können jederzeit als lineare Kombinationen der Komponenten
von x(t) berechnet werden.

Resultate nach der Monte-Carlo-Methode am Ende der 25. Woche sind
in Tabelle 6.4 dargestellt. Sie zeigt die einzelnen Werte, den
Durchschnitt und die Kovarianzmatrix von

IAR tatsächlicher Lagerbestand

IDR gewünschter Lagerbestand

UOR unerfüllte Bestellungen

   PSR Bestellungen an die Fabrik

   SRR Sendungen, die das Geschäft erhält

   RRR Bestellungen an das Geschäft

Tabelle 6.5 zeigt die gleichen Resultate nach der direkten Methode.

Es ist interessant, zu beobachten, dass die Korrelation zwischen
IAR, dem tatsächlichen Lagerbestand, und RRR, den Bestellungen von
Kunden, negativ ist. Dies bedeutet, dass im Durchschnitt der Lagerbestand auf seinem höchsten Niveau ist, wenn wenig Bestellungen
eintreffen und auf seinem tiefsten Niveau, wenn die Nachfrage am
grössten ist. Verzögerungen in Lagerhaltungsstrategien haben oft
solche unerwünschte Effekte (vgl. Forrester [3], Seite 206).

Figur 6.12 zeigt den Lagerbestand (IAR), plus oder minus eine
Standard-Abweichung, als Funktion der Zeit. Die Kurven, die nach
der Monte-Carlo-Methode als Durchschnitt von 10 Stichprobendurch-
läufen erhalten wurden, zeigen immer noch merkliche Schwankungen.

Die Rechenzeit war 2.40 Minuten für die direkte Methode und 3.05
Minuten für die Monte-Carlo-Methode (auf einer IBM 360/50). In der
Praxis würde man die Anzahl Durchläufe bedeutend grösser als 10
wählen, um mit der Monte-Carlo-Methode genügend zuverlässige
Resultate zu erhalten.

Tabelle 6.4   Resultate nach der Monte-Carlo-Methode: System-
               variablen zurzeit t=25 Wochen für das Lagerhaltungs-
               modell.

a) Stichprobendurchschnitte

IAR	IDR	UOR	PSR	SRR	RRR
8664.9	8754.7	1112.4	1146.9	1132.4	1124.5

b) Stichproben-Kovarianzmatrix

	IAR	IDR	UOR	PSR	SRR	RRR
IAR	32454.7	18409.5	-127.9	-4568.8	-1664.5	-1057.5
IDR	18409.5	36923.3	7506.4	10443.5	11657.9	5815.0
UOR	-127.9	7506.4	2420.2	4182.4	3191.3	2273.8
PSR	-4568.8	10443.5	4182.4	8523.3	5636.0	4770.2
SRR	-1664.5	11657.9	3191.3	5636.0	6889.9	2305.4
RRR	-1057.5	5815.0	2273.8	4770.2	2305.4	3052.1

c) Einzelne Werte

IAR	IDR	UOR	PSR	SRR	RRR
8726.4	8569.6	1069.8	1030.4	988.4	1069.6
8446.4	8560.0	1062.4	1096.0	1149.1	1067.6
9031.7	9093.8	1139.8	1147.7	1187.5	1132.2
8406.2	8612.0	1133.4	1231.4	1122.0	1179.9
8650.8	8656.6	1070.4	1047.6	1134.1	1046.2
8670.2	9057.6	1203.1	1294.0	1271.1	1197.1
8630.6	8798.5	1143.8	1223.5	1124.0	1181.5
8544.5	8848.5	1157.2	1222.2	1224.0	1146.2
8752.0	8677.9	1075.7	1130.0	1072.1	1148.5
8789.9	8672.3	1068.3	1046.4	1051.6	1075.8

Tabelle 6.5   Resultate nach der direkten Methode (gleich wie in
               Tabelle 6.4)

a) Erwartungswerte

	IAR	IDR	UOR	PSR	SRR	RRR
	8693.8	8734.2	1100.0	1110.1	1112.9	1100.0

b) Kovarianzmatrix

	IAR	IDR	UOR	PSR	SRR	RRR
IAR	36830.5	23367.7	117.4	-3679.7	151.0	-314.0
IDR	23367.8	31913.1	5040.8	6136.3	8317.4	4000.0
UOR	117.4	5040.8	1668.8	2897.5	2100.2	1666.7
PSR	-3679.7	6136.3	2897.5	6032.5	3551.3	3578.5
SRR	151.0	8317.4	2100.2	3551.3	4480.5	1509.7
RRR	-314.0	4000.0	1666.7	3578.5	1509.7	2500.0

Diskussion

Wir haben uns hier auf stochastische lineare Differentialgleichungs-
systeme von der Form

(6.41) $\vec{x}(t) = A(t)\,\vec{x}(t) + \vec{b}(t)$

beschränkt und das Verhalten der Momente zweiter Ordnung untersucht. Es besteht weiter die Frage abzuklären, wie sich die Momente
zweiter und höherer Ordnung verhalten, wenn das Differential-
gleichungssystem die Form

(6.42) $\vec{x}(t) = P(t)\,\vec{x}(t)$

hat, wobei P(t) ein beliebiger (nicht linearer) Operator ist. In
diesem Fall wird die Transformation der Momente nur eine lineare
Approximation darstellen und nicht exakt sein, wie im hier betrachteten Fall.

Wir haben hier die Transformation von Momenten verwendet, um die

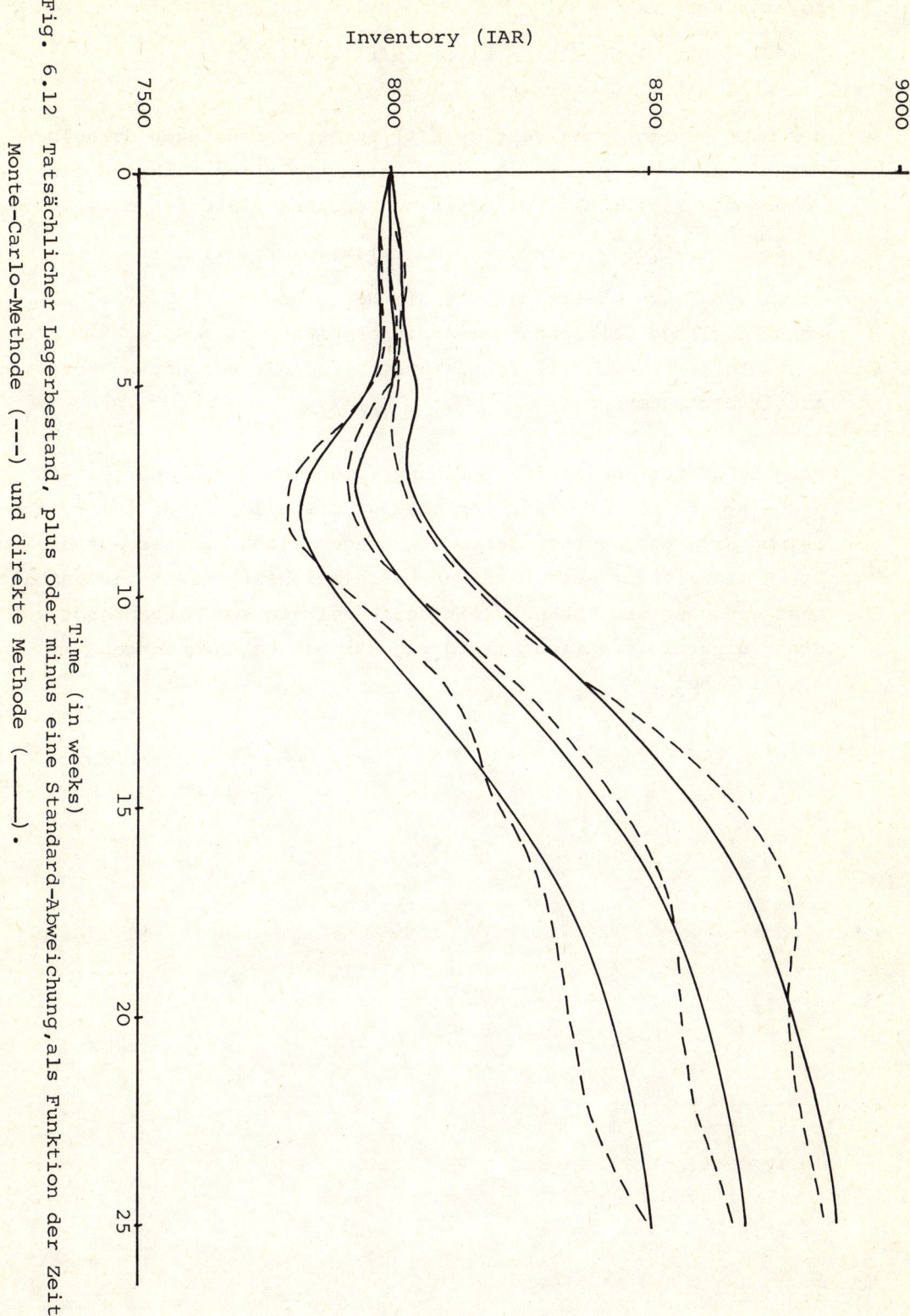

Fig. 6.12 Tatsächlicher Lagerbestand, plus oder minus eine Standard-Abweichung, als Funktion der Zeit. Monte-Carlo-Methode (– – –) und direkte Methode (————).

Kovarianzmatrix

(6.43) $K(t) = E[(\vec{x}(t) - \vec{k}(t))(\vec{x}(t) - \vec{k}(t))^T]$

   mit $\vec{k}(t) = E[\vec{x}(t)]$

der Komponenten eines Vektors $\vec{x}(t)$ zu berechnen. Nach derselben
Methode könnte man z.B. auch die Autokorrelationsfunktion einer
Komponente $x_1(t)$ des Vektors $\vec{x}(t)$ berechnen. Sie ist definiert als

(6.44) $R_1(t,u) = E[(x_1(t) - k_1(t))(x_1(u) - k_1(u))]$

Zu diesem Zweck müsste man nur die Werte von $x_1(t)$ über eine
genügend lange Zeitspanne im Speicher bewahren, z.B. $x_1(t)$,
$x_1(t-\Delta t)$, $x_1(t-2\Delta t)$,..., $x_1(t-n\Delta t)$, und die zugehörige Kovarianzmatrix berechnen.

Momente erster und zweiter Ordnung mögen in manchen Fällen eine
grobe Approximation einer Verteilung darstellen. Aber zusätzlich zu
reinen Erwartungswerten geben Streuungen einen Hinweis auf die Zuverlässigkeit der Resultate und Korrelationskoeffizienten enthalten
Aussagen über die Abhängigkeit der Resultate von Eingabegrössen.
Schon diese Information allein mag für manche Anwendungen
nützlich sein.

Anhang

Wir haben zu zeigen, dass ein normaler stochastischer Prozess N(t) mit Autokorrelationsfunktion $R(v) = \sigma^2 e^{-\alpha|v|}$ durch die Rekursionsformel

(6.21) $N(t+\Delta t) = \varrho\, N(t) + \sqrt{1 - \varrho^2}\; RND(t)$

beschrieben werden kann, wobei $\varrho = e^{-\alpha|\Delta t|}$ und RND(t) normalverteilt ist mit Mittelwert null und Varianz σ^2 und von N(t) unabhängig ist. Wir nehmen an, N(0) sei normalverteilt mit Mittelwert null und Varianz σ^2.

Der Beweis wird in zwei Schritten gegeben. Zuerst zeigen wir, dass N(t) normalverteilt ist mit Mittelwert null und Varianz σ^2 für beliebiges t. In einem zweiten Schritt zeigen wir, dass

(6.19) $R(v) = Cov[N(t), N(t+v)], = \sigma^2 e^{-\alpha|v|}.$

1. Wir zeigen: Wenn N(t) die verlangten Eigenschaften hat, dann auch N(t+Δt).

$E[N(t+\Delta t)] = \varrho\, E[N(t)] + \sqrt{1-\varrho^2}\; E[RND(t)] = 0.$
$Var[N(t+\Delta t)] = \varrho^2 Var[N(t)] + (1-\varrho^2)\, Var[RND(t)]$
$\qquad\qquad + 2\varrho\sqrt{1-\varrho^2}\; Cov[N(t), RND(t)]$
$\qquad = \varrho^2 \sigma^2 + (1-\varrho^2)\sigma^2 + 0 = \sigma^2.$

Da eine lineare Kombination von normalverteilten Zufallsvariablen immer normalverteilt ist, hat N(t+ t) eine Normalverteilung mit Mittelwert null und Varianz σ^2.

Durch vollständige Induktion kann gezeigt werden, dass dies für beliebiges t gilt (wenn wir auch $\Delta t < 0$ zulassen).

2. Wir benützen wiederum Induktion und nehmen an, dass

$Cov[N(t), N(t+(k-1)\Delta t)] = \sigma^2 e^{-\alpha|(k-1)\Delta t|}$

dann ist

$Cov[N(t), N(t+ k\Delta t)] =$
$= E[N(t) \cdot N(t+ k\Delta t)] \qquad\qquad wegen\ E[N(t)] \equiv 0$
$= E[N(t)\{\varrho\, N(t+(k-1)\Delta t) + \sqrt{1-\varrho^2}\; RND\,(t+(k-1)\Delta t)\}]$
$= E[N(t)\varrho\, N(t+(k-1)\Delta t)] + E[N(t)\sqrt{1-\varrho^2}\, RND\,(t+(k-1)\Delta t)]$
$= \varrho\, E[N(t)\, N(t+(k-1)\Delta t)] + 0$

$$= g \sigma^2 e^{-\alpha |(k-1)\Delta t|} \quad \text{mit } g = e^{-\alpha |\Delta t|}$$
$$= \sigma^2 e^{-\alpha |k \Delta t|} \quad \text{wzbw.}$$

Sogar wenn RND(t) nicht normalverteilt ist, sondern eine beliebige
Verteilung mit Mittelwert null und Varianz σ^2 hat, ist N(t) immer
noch asymptotisch normalverteilt wenn $\Delta t \to 0$, gemäss dem zentralen
Grenzwertsatz. Für die Transformation der Momente legen wir die
Verteilung von RND(t) nicht genauer fest, sondern nur Mittelwert
und Varianz.

Literaturverzeichnis

[1]   Fischer, D. Die Methode der Transformation von Verteilungen
       in der Simulation - eine Alternative zur Monte-Carlo-
       Methode. Lizentiatsarbeit, Bern, 1968 (unver-
       öffentlicht).

[2]   Fishman, G.S. und Kiviat, P.J. The Statistics of Discrete-Event
       Simulation.

[3]   Forrester, J.W. Industrial Dynamics. The M.I.T. Press,
       Cambridge, Massachusetts, 1961.

[4]   Gordon, G. System Simulation. Prentice-Hall, Englewood Cliffs,
       New Yersey, 1969.

[5]   Martens, H.R. A Comparative Study of Digital Integration
       Methods. Simulation, vol. 12 (February 1969), 87-94.

[6]   Parzen, E. Stochastic Processes. Holden-Day, San Francisco,
       1962.

[7]   Pugh, A.L. DYNAMO Users Manual. The M.I.T. Press, Cambridge,
       Massachusetts, 1963.

7. PROGRAMMIERSPRACHEN FUER SIMULATIONEN AUF RECHENAUTOMATEN

K. Bauknecht, Zürich

7.1. Einleitung

Die Entwicklung der Programmiersprachen zur Steuerung der Arbeits-
weise der elektronischen Rechenautomaten nahm in den letzten 10
Jahren einen sehr stürmischen Verlauf. Ausgehend von der an-
fänglich einzig möglichen Programmierung in der Computermaschinen-
sprache entstanden im Laufe der Zeit unzählige Programmiersprachen - teils sehr allgemein einsetzbar, teils zur Bearbeitung
ganz spezifischer Probleme bestimmt -, so dass heute beinahe
von babylonischen Zuständen auf dem Gebiete der Computer-
Programmierung gesprochen werden muss. Die Tatsache, dass ein
Computer schliesslich nur seine eigene Maschinensprache inter-
pretieren und die in ihr vorliegenden Programme ausführen kann,
hat sich zwar inzwischen nicht geändert, aber die Verfügbarkeit
von Uebersetzertechniken und -programmen gestattet es nun, unabhängig von einem speziellen Computer allgemein gültige Programmiersprachen, welche auf der Theorie der formalen Sprachen beruhen,
anzuwenden. Eine vom Benützer aus gesehene Hierarchie der
Programmiersprachen lässt sich wie in Abb. 1 dargestellt aufbauen,
wobei bei der Einordnung der einzelnen Sprachen in die verschiedenen Stufen oft Grenzfälle auftreten.

7.2. Anforderungen an Programmiersprachen

Die Anforderungen, die an eine allgemein verwendbare Programmier-
sprache gestellt werden müssen, können - auf einige Hauptpunkte
konzentriert - wie folgt zusammengefasst werden [1]:

- Allgemeingültigkeit, so dass die gleiche Sprache für verschiedene Aufgabenstellungen verwendet werden kann.
- Einfachheit, so dass die Sprache einen durchdachten, einfachen
  Aufbau hat und dass sie über wenige leicht erlernbare Konzepte
  verfügt, die aber sehr wirksam sind.
- Ausbaubarkeit, so dass ausgehend von einer Basissprache Erweiterungen im Hinblick auf spezifische Anwendungen möglich
  sind (Bsp. Simula 67). Die Forderungen nach Ausbaumöglichkei-

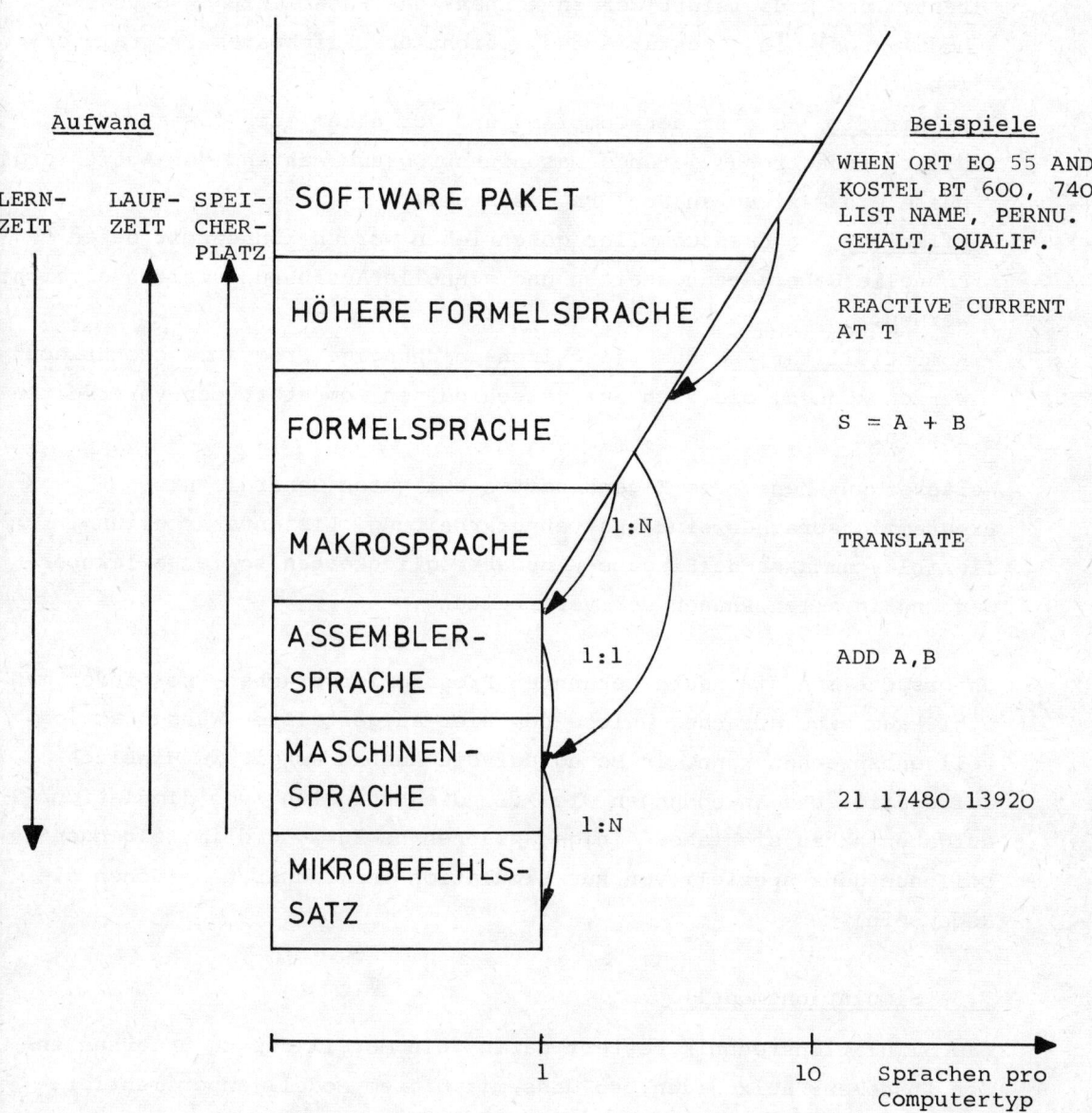

Abb.1 Hierarchie der Programmiersprachen

ten zieht aber sehr oft schwerwiegende Schwierigkeiten bei der
effizienten Implementierung der Sprache nach sich.

- <u>Programmstruktur</u>, so dass ein Programm in modulare Blöcke aufgeteilt werden kann. Diese Module sollen unabhängig erstellt, ausge-
  testet und modifiziert werden können; das Zusammenfügen dieser
  Module soll ein strukturiertes, leicht überblickbares Programm ergeben.

- <u>Sicherheit</u>, so dass der Compiler und vor allem auch das aus der
  Uebersetzung resultierende Maschinenprogramm während der Ausführungs-
  phase ein Maximum an Fehlern feststellen.

- <u>Effizienz</u>, so dass Compiler geschrieben werden können mit denen
  schnelle Uebersetzungszeiten und schnelle Ausführungszeiten erreicht
  werden.

- <u>Kompatibilität</u>, so dass maschinen-unabhängige Programme geschrieben
  werden können, die sich auf verschiedenen Computertypen verarbeiten
  lassen.

Weitere wünschenswerte Eigenschaften bei guten General Purpose
Programmiersprachen sind: Kettenverarbeitung, Listenverarbeitung,
flexible, umfassende Eingabe-/Ausgabemöglichkeiten sowie Fehlerüber-
wachung in allen Phasen der Verarbeitung.

Untersucht man die heute bekannten Programmiersprachen, so findet man
wohl kaum eine Sprache, welche dem hier aufgestellten Wunschkatalog
voll entsprechen kann. In Bezug auf die Ausbaubarkeit im Hinblick
auf spezifische Anwendungen wie z.B. die Behandlung von Simulationsaufgaben haben sich aber einige Sprachen bewährt, und im folgenden
soll nun ganz speziell von zur Simulation verwendbaren Sprachen die
Rede sein.

7.3. Simulationsmodelle

Die Simulationstechnik besteht darin, ein Modell des zu untersuchenden Phänomens aufzubauen, so dass mit diesem Modell experimentiert
werden kann. Die dabei anfallenden Resultate und die gemachten
Beobachtungen sollen Rückschlüsse auf die Eigenschaften und das Verhalten des zu untersuchenden Systems gestatten. Seit der Verfügbarkeit von leistungsfähigen Computern werden die Modelle immer häufiger
so formuliert, dass die Untersuchungen auf dem Rechenautomaten durchgeführt werden können; Voraussetzung für die Anwendung der Simulations

technik ist die Verfügbarkeit eines Computers aber zweifellos nicht.

Entsprechend dem Aufbau und dem Verhalten der zu untersuchenden
Phänomene kann man grundsätzlich zwei Anwendungskreise der Simulationsmethoden unterscheiden.

      a. Simulation kontinuierlicher Systeme
      b. Simulation diskreter Systeme

Kontinuierliche Systeme lassen sich im allgemeinen durch Differential-
gleichungssysteme (z.B. Bewegungsprobleme der Mechanik, Verhalten
elektrischer Netzwerke, Rückkopplungsprobleme) beschreiben, und man
greift meistens dann zum Hilfsmittel Simulation, wenn die direkte
Integration mit grossen Schwierigkeiten verbunden oder numerisch
nicht möglich ist.

Von einem diskreten System spricht man dann, wenn das untersuchte
System diskontinuierliche Aenderungen erfährt. In diesem Fall
simuliert man das Verhalten der einzelnen diskreten Elemente, deren
Eigenschaften sich im Laufe der Zeit ändern. Sehr oft werden bei den
zu untersuchenden Systemen irgendwelche Elemente (Menschen, Werkstücke) durch verschiedene Stationen geschleust. Jede Station übt
eine Wirkung auf diese Elemente aus, und es dauert eine gewisse Zeit
bis ein Element in einer Station abgefertigt ist und die Station verlassen kann. Bedeutsam ist hier, dass die Stationen nur eine beschränkte Verarbeitungskapazität haben, so dass sich Warteschlangen
bilden. Die Fragestellung bei diskreten Systemen ist deshalb oft, wie
gross der Durchsatz (Elemente pro Zeiteinheit) in Abhängigkeit von
der Systemstruktur ist, und wie er vergrössert werden kann.
Typische Anwendungen sind Massenvorgänge wie Verkehrssteuerung, Verhalten von Fernsprechsystemen, Versorgung von Gemeinschaften mit
Gütern, Steuerung des Produktionsablaufes und anderes mehr.

7.4. Maschinelle Hilfsmittel für die Durchführung von Simulationen

Zur Lösung von für einen Computereinsatz geeigneten Aufgabenstellungen stehen heute zwei Rechenmaschinentypen zur Verfügung:
Analog-Rechner und Digital-Rechner. In diesen beiden Rechnertypen
kommen zwei völlig verschiedene Rechentechniken zur Anwendung. Aus

diesem Grund unterscheiden sich auch ihre Einsatzgebiete. Kontinuierliche Systeme werden vorwiegend auf dem Analog-Rechner verarbeitet, welcher dazu durch sein Arbeitsprinzip (exakte Integration)
und auch durch seine, für den Nichtcomputer-Spezialisten leicht zu
erlernende Bedienung und Programmierung sehr geeignet ist. Diskrete
Systeme werden hingegen hauptsächlich auf dem Digital-Rechner verarbeitet. Weil verschiedene Aufgabenstellungen von keinem der beiden Rechnertypen allein befriedigend gelöst werden konnten, wurde
der Hybridrechner entwickelt. Ein Hybridrechner besteht aus einem
vollständig ausgerüsteten Analog-Rechner und einem kompletten Digital-Rechner, der über Kopplungselemente mit dem Analog-Rechner verbunden ist. Während der Behandlung von Problemen mit der hybriden
Rechentechnik sind Analog- und Digital-Rechner eine untrennbare
Einheit. Die beiden Rechner können aber ohne weiteres getrennt
werden für die Lösung von herkömmlichen Aufgabenstellungen.

7.4.1. Analog-Rechner

Auf diesem Rechner löst man ein mathematisches Problem dadurch, dass
aus einer grösseren Anzahl verschiedener elektronischer Rechenelemente ein physikalisches Modell des Problems aufgebaut wird in
welchem alle Rechengrössen des Problems als elektrische Spannungen
dargestellt sind. In diesem elektrischen Modell verhalten sich nun
alle Rechenspannungen zueinander in der genau gleichen Weise, wie
dies für die Variablen des zu untersuchenden mathematischen Problems
der Fall ist. Problemgrössen und Rechenspannungen lassen sich exakt
ineinander umrechnen. In einem Analog-Rechner laufen alle Rechenoperationen parallel, also gleichzeitig ab, und jede Rechenoperation
wird von einem eigenen Rechenelement ausgeführt. Die zur Lösung
eines Problems erforderliche Rechenzeit ist nicht abhängig vom Umfang des Problems, sondern sie ist nur von der Rechengeschwindigkeit
der einzelnen Rechenelemente bestimmt. Dagegen ist der Umfang der
Rechenschaltung der Grösse des Problems direkt proportional.

7.4.2. Vorteile und Grenzen des Analog-Rechners

Da ein Analog-Rechner zur Ausführung fast aller Rechenoperationen
eigene Rechenelemente besitzt, lässt er sich einfach und schnell
programmieren (Schalttafel).

Die Rechenschaltungen und Problemparameter können leicht verändert
werden, und der Rechenablauf ist anhand der Schalttafel leicht zu
verfolgen und zu überwachen. Sollen physikalische Systeme auf dem
Analog-Rechner simuliert werden, so ist der Aufbau eines gültigen
Systemmodells sogar ohne Aufstellung und Lösung der das Gesamtsystem
beschreibenden Beziehung möglich. Man zerlegt in diesem Fall das
System in eine Anzahl einfacher Teilsysteme, deren Gleichungen
bekannt sind, baut die Modelle der Teilsysteme für sich auf dem
Analog-Rechner auf und setzt dann die Teilsysteme zu einem Gesamtsystem zusammen.

Die Ergebnisse können beim Analog-Rechner leicht in graphischer Form
unmittelbar dargestellt werden.

Auch die modernsten Analog-Rechner sind aber - verglichen mit Digital-
Rechnern - sehr ungenau, so dass man mit einem Analog-Rechner nicht
genauer als auf etwa vier Stellen rechnen kann.

Der Variationsbereich der Variablen ist auf dem Analog-Rechner
beschränkt.

Analoge Rechengrössen können nur schlecht und unter grossem Aufwand
gespeichert werden.

Die Funktionsgeber der Analog-Rechner erlauben nur eine sehr rohe
Nachbildung der gewünschten Funktionen.

7.4.3. Der Digital-Rechner

Der Digital-Rechner verarbeitet alle Rechengrössen in Ziffernform,
losgelöst von jeder physikalischen Gestalt. Alle zur Lösung eines
Problems notwendigen Operationen werden nacheinander, d.h. sequen-
tiell, in einem einzigen Rechenwerk durchgeführt. Die Art und die
Reihenfolge der einzelnen Operationen wird durch das im Digital-
Rechner gespeicherte Programm festgelegt. Alle Operationen müssen
auf die vier Grundrechenoperationen zurückgeführt werden. Dadurch
ist die Durchführung einer einzigen Rechenoperation oft mit sehr
vielen Rechenschritten verbunden. Da der Digital-Rechner von heute
seriell arbeitet, lässt sich die Rechengeschwindigkeit trotz

kleinster interner Operationszeiten, nicht beliebig steigern. Die
zur Lösung eines Problems erforderliche Rechenzeit ist der Grösse
des Problems proportional. Der Umfang und die lange Durchführungs-
zeit eines digitalen Programmes beeinträchtigt die Zuverlässigkeit
der Ergebnisse nicht.

7.4.4. Eignung der beiden Rechnertypen für die Simulation

Wenn man die Beschaffenheit von zu simulierenden Systemen mit dem
Aufbau der Rechner in Verbindung bringt, so erscheinen die folgenden
Punkte als wichtig:

- Bei den zu simulierenden Systemen laufen oft verschiedene
  Prozesse gleichzeitig ab.
- Abgesehen davon, dass kontinuierliche Systeme sich einfach
  nicht auf einem Digital-Rechner exakt darstellen lassen,
  können sich bei der Simulation von parallel ablaufenden
  Prozessen auf dem sequentiellen Digital-Rechner Schwierigkeiten ergeben.
- Grosse Systeme können nicht auf dem Analog-Rechner simuliert
  werden.
- Auf dem Analog-Rechner können nicht einfach beliebig Zufalls-
  verteilungen nachgebildet werden.
- Simulationszeiten sind auf dem Analog-Rechner kürzer. Auf
  dem Analog-Rechner kann besser Eingriff in den Simulationsablauf genommen werden.

Zum Abschluss der Gegenüberstellung der beiden Rechnertypen und
deren Eignung zur Durchführung von Simulationsaufgaben sei noch
darauf hingewiesen, dass heute für Digital-Rechner verschiedene
Simulationssprachen zur Simulation kontinuierlicher Systeme
existieren (CSMP, MIMIC etc.). Diese Sprachen bilden die Funktionen
des Analog-Rechners auf dem Digital-Rechner ab, und sie gestatten
damit die Behandlung kontinuierlicher Systeme auf dem Digital-
Computer.

7.5. Aufbau und Ablauf einer Simulationsuntersuchung auf dem Digital-Rechner.

Der Ablauf einer Simulation wird charakterisiert durch Ereignisse,
die zu verschiedenen Zeitpunkten eintreffen. Für die Bearbeitung

dieser Ereignisse muss die chronologische Reihenfolge beachtet werden. Dies ist die Aufgabe einer Zeitbasis und Zeitfortschaltung. Die Behandlung des zeitlichen Ablaufes geschieht im allgemeinen nach einer der drei folgenden Methoden:

7.5.1. Feste Zeitschrittlogik (fixed time step logic)

Bei der Zeitschrittlogik werden die den Zustand des Modells charakterisierenden Einheiten nach jedem festen Zeitschritt aufgrund der im verflossenen Intervall eingetretenen Ereignisse modifiziert und auf den neuesten Stand gebracht. Die Zeitschrittlogik vereinfacht sehr oft die Programmierung; es muss aber mit langen Ausführungszeiten gerechnet werden, und die Einschleppung systematischer Fehler lässt sich nur schwer verhindern.

7.5.2. Nächste Ereigniszeitlogik (next event logic)

Bei Verwendung der Ereigniszeitlogik wird der ablaufende Simulationsprozess in eine Anzahl Ereignisse aufgeteilt. Ein Ereignis tritt zu einem bestimmten Zeitpunkt ein, und es hat keine Dauer. Ein Ereignis in einem Simulationsablauf markiert den Anfang, die Aenderung oder das Ende einer Aktivität, wobei das Ereignis den Zustand von Einheiten des Modells und damit den Zustand des Modells selbst ändert. Ein Ereignis kann auch weitere Ereignisse auslösen und schon vorgesehene Ereignisse hinfällig machen; ebenso kann es Entscheidungen verlangen. Die Ereignisse werden in vorgegebener, meist aufsteigender zeitlicher Folge behandelt, und neu generierte Ereignisse verlangen häufig eine Neuordnung der zeitlichen Ereignisfolge.

7.5.3. Quasi parallele Verarbeitung (quasi parallel sequencing logic)

Quasi parallele Verarbeitung heisst, dass jedes im Simulationsablauf auftretende physische Objekt durch ein eigenes Programm, oft Prozess genannt, beschrieben wird. Die Programme für die verschiedenen im Modell auftretenden Einheiten werden nun quasi parallel behandelt, indem der Computer jeweils abwechslungsweise eine gewisse Zeit für einen bestimmten Prozess arbeitet. Quasi parallele Verarbeitung ist also im Prinzip eine Verallgemeinerung der Zeitschritt- und der Ereigniszeitlogik, wobei jeder Prozess mehr als ein Ereignis umfasst.

Nach der Behandlung der zeitlichen Abläufe in einem Simulations-

prozess sollen nun am Ausschnitt aus einem graphischen Fahrplan für
Untergrundbahnen (Abb. 2), welcher als Simulation des Untergrund-
bahnsystems betrachtet werden kann, weitere für Simulationsabläufe
typische Konzepte und Begriffe erläutert werden.

Das Weg-Zeit-Diagramm eines U-Bahn Zuges ist durch die Ereignisse
"Anfahren" und "Anhalten" sowie durch die von A nach B benötigte
Fahrzeit gegeben; diese Grössen charakterisieren den Prozess "Fahrt
der U-Bahn von einer Haltestelle zur nächsten". Allgemein ist ein
Prozess durch seine Datenstruktur und Operationsregel bestimmt. Die
Operationsregel beschreibt die aktive und die passive Phase des
Prozesses, wobei eine aktive Phase Ereignis genannt wird. Die System-
zeit ist während einem Ereignis konstant, d.h. ein Ereignis ist un-
mittelbar, und es hat keine zeitliche Ausdehnung. Die einzelnen
Prozesse werden durch Aktionen im System hervorgerufen, und sie
treten in dasselbe ein und verlassen es auch wieder. Die in einem
Modell auftretenden Prozesse befinden sich während der Simulation
abwechselnd in einer aktiven und passiven Phase, wobei zur gleichen
Zeit jedoch nur ein Prozess aktiv sein kann, während alle andern
passiv sind. Während seiner Präsenz im System muss ein Prozess als
individuelle Einheit, d.h. als von andern Prozessen verschieden ange-
sehen werden. Er besitzt seine eigenen lokalen Daten und seine eigene
Wirkungsweise, welche durch die Operationsregel bestimmt ist. Ein
System kann jedoch mehrere Prozesse mit einer ähnlichen Datenstruktur
und der gleichen Wirkungsweise besitzen; derartige Prozesse gehören
derselben Aktivität an [2].

7.6. Programmiersprachen zur Durchführung von Simulationsaufgaben

Der Hinweis auf einige für Simulationsmodelle typische Eigenschaften
zeigt schon, dass an die bei der Realisierung von Simulationsaufgaben verwendeten Programmiersprachen Ansprüche gestellt werden,
welchen die bekannten Formelsprachen nicht oder nur mit grossem
Aufwand genügen können. Deshalb wurden verschiedene, für die Simulation speziell geeignete Konzepte und Sprachen entwickelt, welche sich
auszeichnen durch:

a. Möglichkeiten zur präzisen und standardisierten Formulierung
   des Modells, so dass ein bestmögliches Abbild der Wirklichkeit entsteht.

b. Programm- und Datenstrukturen, welche eine einfache und
effiziente Programmierung der bei Simulationsaufgaben
typischen Operationen (zeitliche Ablaufsteuerung, Daten-
manipulation, Verkettung, Gruppenzugehörigkeit, dynamische
Behandlung von Objekten, Darstellung beliebiger Wahrscheinlichkeitsverteilungen und Erzeugung von Zufallszahlen,
Gewinnung von Statistiken etc.)gestatten.

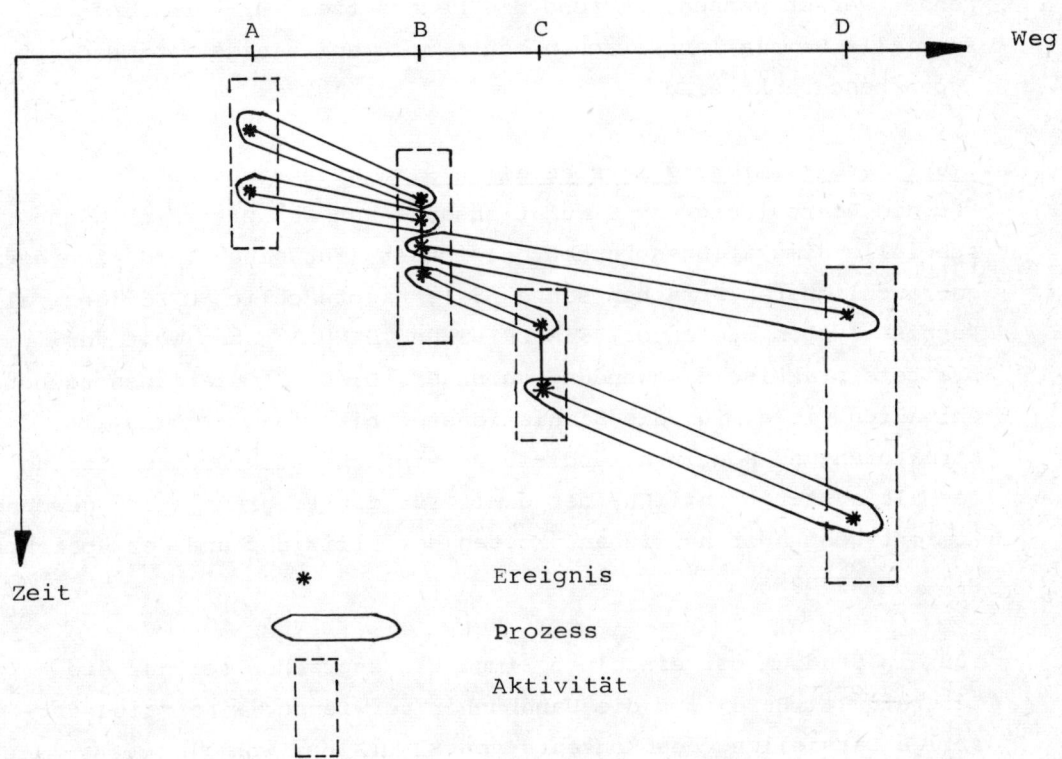

Abb. 2 Ausschnitt aus einem graphischen Fahrplan

Drei Arten der Formulierung von Simulationsmodellen für eine Verarbeitung auf dem Computer sind heute in der Praxis anzutreffen:

7.6.1. Programmierung in Formelsprachen
Die am meisten verbreiteten Formelsprachen ALGOL, FORTRAN und COBOL
sind nicht auf Simulationsaufgaben zugeschnitten, so dass diese deshalb sehr umständlich und durch volle Ausprogrammierung der für

Simulation spezifischen Konzepte auf den Computer gebracht werden
müssen. Auch die Programmiersprache PL/1, welche über die Mechanismen
zur Kettenbehandlung und Listenverarbeitung verfügt, eignet sich dafür nicht speziell gut. Der Beitrag 8 dieses Bandes von R. Rytz zeigt
aber, wie PL/1 sich im Rahmen des Konzeptes der Simulationssprache
SIM ausgezeichnet zur Programmierung der einzelnen bei Simulationsaufgaben typischen Module verwenden lässt. Der von Rytz vorgeschla-
gene Ansatz ist für diejenigen, welche Simulationen durchzuführen
haben, vor allem auch deshalb bedeutungsvoll, weil die normalen, für
praktisch alle Computer verfügbaren Compiler für Formelsprachen verwendet werden können, während die Uebersetzer für verschiedene
spezielle Simulationssprachen heute noch auf einige wenige Computertypen beschränkt sind.

7.6.2. Programmierung in speziellen Simulationssprachen

Für die Bearbeitung von Simulationsaufgaben wurden verschiedene
spezielle Simulationssprachen entwickelt (für einen Vergleich der
gebräuchlichsten Sprachen siehe [3]); hauptsächlich GPSS (General
Purpose System Simulator) SIMSCRIPT und SIMULA haben weit ver-
breitete praktische Anwendung gefunden. Diese Simulationssprachen
enthalten viele, für die Simulationstechnik charakteristischen
Strukturen und Routinen, und sie vereinfachen die Programmierung
deshalb ausserordentlich; der damit für die Programmierung gewonnene
Komfort geht aber häufig auf Kosten der Effizienz und der Speicherplatzbelegung.

Für ein Studium der einzelnen Simulationssprachen sei auf die
Literatur [z.B. 4] und die Handbücher verwiesen. Eine stichwort-
artige Darstellung des Konzepts von SIMULA, der wohl bestechendsten
Simulationssprache, soll hier aber zeigen, welche typischen Eigenschaften für die Formulierung und Lösung von Simulationsaufgaben in
der Sprache realisiert sind.

*SIMULA wurde mit zwei Hauptzielsetzungen entwickelt:

a. Aufbau einer Sprache für die präzise und standardisierte
   Beschreibung von "discrete-event-systems".
b. Entwicklung einer Programmiersprache, um auf einfache
   Weise Simulationsprogramme für "discrete-event-systems"
   schreiben zu können.

*SIMULA ist auf ALGOL 60 aufgebaut, und es enthält diese
Sprache als subset. SIMULA sieht zusätzlich zu dem ALGOL
Sprachbestandteil fünf grundsätzliche Sprachkomponenten
vor:

- Activity (Aktivität)
- Process (Prozess)
- Element (Element)
- Set (Gruppe)
- Sequencing-Set (Ablaufsteuerung)

*Basis von SIMULA ist der Prozess, wobei jede Einheit (entity),
welche Aktionen durchführt oder welche ein Datenträger ist,
als Prozess bezeichnet wird.

*Ein Prozess wird charakterisiert durch eine Datenstruktur
und durch seine Operations- oder Spielregeln.

*Die einzelnen Einheiten der einen Prozess charakterisierenden
Datenstruktur heissen Attribute.

*Ein Prozess ist während seiner Präsenz im System zeitweise
aktiv und zeitweise passiv; sein Zustand hängt von seinen
Operationsregeln und anderen Prozessen ab.

*Die aktive Phase eines Prozesses wird Ereignis genannt;
dieses ist unmittelbar und hat keine zeitliche Dauer.

*Die Ereigniszeiten und der Hinweis auf den entsprechenden
Prozess werden in einer Ablaufsteuerung geführt; die richtige
Reihenfolge der Ereignisse und die Zahl der zugehörenden
Verknüpfungen werden automatisch nachgeführt.

*Die Anzahl Prozesse im System ist variabel, und die Prozesse
können zur gleichen oder zu verschiedenen Klassen, genannt
Aktivitäten, gehören. Prozesse mit gleicher Datenstruktur und
gleichen Operationsregeln gehören zur gleichen Aktivität.

*Alle Referenzen auf Prozesse werden indirekt durch Elemente
durchgeführt.

*Mit der Gruppenbildungskomponente "Set" können Elemente und
damit Prozesse in Warteschlangen und Listen aufgenommen werden.

Die hier kurz und unvollständig zusammengestellten typischen und
speziellen Mechanismen von SIMULA findet man mindestens teilweise
und in ähnlicher Form auch in anderen Simulationssprachen realisiert;
sie gestatten die einfache und elegante Formulierung und Programmie-

rung von Simulationsmodellen.

7.6.3. Spezielle, problemorientierte Simulatoren

Verschiedene Simulationssprachen und Simulatoren (z.B. Job-Shop-Simulator) sind auf die Behandlung ganz spezieller Problemstellungen ausgerichtet. Ihr Aufbau und die in der Sprache vorgesehenen Funktionen sind daher stark problemorientiert, so dass eine universelle Verwendung nicht sinnvoll oder sogar nicht möglich ist.

7.7. Zusammenfassung

Für die Formulierung und Programmierung von Simulationsaufgaben können verschiedenste Programmiersprachen verwendet werden. Bei den Formelsprachen fehlen aber eingebaute, den Simulationsproblemen angepasste Strukturen und Mechanismen; sie müssen jeweils durch umständliche und aufwendige Programmierung realisiert werden. Spezielle Simulationssprachen gehen hingegen auf die für Simulationsaufgaben typischen Eigenschaften ein. Mit ihnen wird die Durchführung von Simulationen auf dem Computer erleichtert, wobei dies aber oft auf Kosten der Effizienz und der Speicherplatzbelegung geschieht. Dort wo Compiler für geeignete Simulationssprachen zur Verfügung stehen, wird man diese zweifellos mit Gewinn einsetzen; kann man hingegen nicht auf Simulationssprachen zurückgreifen, so empfiehlt sich die Anwendung von Konzepten, wie sie im folgenden Beitrag von R. Rytz beschrieben werden.

Literaturverzeichnis

[1] Palme J.: SIMULA 67, An advanced programming and simulation
          language, SIMULA Information, Norwegian Computing
          Center, 1970.

[2] Niederreichholz J.: Einführung in die Simulationssprache SIMULA,
          Elektronische Datenverarbeitung 5/70, 1970.

[3] Teichroew D., Lubin J.F.: Computer Simulation-Discussion of
          the Technique and Comparison of Languages,
          Communications of ACM, Vol. 9 No 10, 1966.

[4] Gordon G.: System Simulation, Prentice Hall Series in
          Automatic Information, 1969.

8. SIM - EIN NEUES SIMULATIONSKONZEPT

R. Rytz, Zürich

8.1. Einleitung

In der Industrie wie auf dem militärischen Sektor greift man für
die Lösung komplexer Probleme immer häufiger zur Simulation. Auf
die Vorteile oder auf die Schwierigkeiten und Gefahren der
Methode als solche im Vergleich mit analytischen Methoden soll
hier nicht eingegangen werden. Dem System-Analytiker, der sich
für eine Simulation entschlossen hat, stellen sich aber sofort
zwei Hauptprobleme: Die Datenbeschaffung und die Programmierung
des Modells.

Der folgende Beitrag befasst sich nur mit der praktischen
Programmierung eines diskreten, ereignisorientierten Simulations-
modells. Zuerst werden kurz die Gründe gestreift, weshalb der
Simulation in einer Sprache wie Fortran, Algol oder PL/I der
Vorzug zu geben ist vor der Verwendung von speziellen Simula-
tionssprachen. Anschliessend werden die Begriffe der diskreten
Simulation im Rahmen des Prozesskonzeptes erläutert. Systematisch
wird das Programm aufgebaut, die Bausteine der Sprache in ihrer
Funktion erklärt und programmiert vorgegeben.

Ein Einführungsbeispiel veranschaulicht das ganze Konzept.

8.2. Die Wahl der Simulationssprache

Mit dem Aufkommen verschiedener spezieller Simulationssprachen
wurde die Frage nach der geeignetsten Sprache für ein bestimmtes
Problem gestellt - und von verschiedenen Autoren anhand von
Untersuchungen zu beantworten versucht. Ziemlich ausführlich und
übersichtlich geschieht das in (1), aber auch die Bücher, die
sich allgemein mit Computer-Simulation befassen, versuchen dem
Leser hierin beizustehen ((13), (14)).

Der Nutzen solcher Untersuchungen ist für den Leser jedoch oft
nicht allzu gross, und zwar aus folgenden Gründen:

- Höchstens 3-4 Simulationssprachen sind für den einzelnen
  jeweils überhaupt in Reichweite.

- Gebunden an einen bestimmten Computer stehen im besten
  Fall 1-2 Compiler für Simulationssprachen zur Verfügung.

- Die Aussagekraft der Bewertung ist für den Leser sehr be-
  grenzt:
  Einesteils kennt er sein System aus dem Blickpunkt des
  Programms ja eigentlich gar nicht, und er kann also auch
  nicht entscheiden, welche Kriterien für ihn ausschlaggebend
  sind. Andernteils sind aus der Fülle von Informationen für
  den Einzelnen oft nur wenige Angaben überhaupt relevant.

Dem an Simulation tiefer interessierten Leser sei das Studium dieser
Vergleiche trotzdem empfohlen, vor allem im weiteren Verlauf seiner
Simulations-Arbeiten: Er wird damit auf die Möglichkeiten aufmerksam,
die er in die eigene Konzeption einbauen kann.

Die drei wichtigsten und zugänglichen Simulationssprachen, die bereits
vielfache Verwendung finden, sind GPSS/360 (IBM), Simscript (RAND-
Corp.) und Simula (Norwegian Computing Center, Oslo). (Unterlagen
über diese Sprachen erhält der Leser direkt von IBM oder vom Norwegian
Computing Center (siehe auch (4), (6)), für Simscript siehe z.B. (5),
(12)).

Als Beispiel einer allgemeinen höheren Programmier-Sprache wählen wir
PL/I zum Vergleich mit den Simulationssprachen. (Genausogut aber kann
der Leser Algol oder Fortran zum Simulieren verwenden, wobei die
Unterschiede einfach dieselben bleiben, die auch sonst zwischen diesen
drei Sprachen bestehen).

8.2.1. Beurteilung der verfügbaren Simulationssprachen

Für unser Problem, die Simulation eines komplexen Warteschlangen-
Systems mit stochastisch anfallenden Ereignissen, gelten für alle drei
speziellen Simulationssprachen folgende Vorbehalte:

1. Ein Compiler ist notwendig: Meist stehen für einen gegebenen
   Computer nur eine,eventuell zwei Simulationssprachen zur Verfügung, eine freie Wahlmöglichkeit besteht nicht. Das Ueber-
   tragen des Programms auf eine andere Maschine ist deswegen

oft nicht möglich.

2. <u>Die Anpassungsfähigkeit an das Problem</u> und die Beweglichkeit
   einer speziellen Simulationssprache <u>ist immer kleiner</u> als
   die einer höheren Programmier-Sprache (PL/I): Ihrer Natur
   nach liegen sie auf einer höheren, spezialisierteren Ebene.

3. <u>Die Durchsichtigkeit</u> der Sprache <u>fehlt:</u> Das Verständnis für
   die Vorgänge im Compiler muss intensiv erarbeitet werden, was
   nicht zuletzt an den schwer lesbaren Manuals liegt. Trotzdem
   bleiben dem Benützer die tatsächlichen Abläufe meist verbor-
   gen - eine optimale Ausnützung der Möglichkeiten des Konzeptes
   ist unmöglich.

4. <u>Der Lernaufwand:</u> Es muss nicht nur ein neues Konzept (dasjenige der Simulation) erlernt werden, sondern auch eine
   neue Programmiersprache.

Aus diesen Gründen musste auch für unsere Aufgabe die Anwendung einer
der drei genannten Simulationssprachen verworfen werden.

Die drei Programmiersprachen GPSS, SIMSCRIPT und SIMULA gehören alle
zur Klasse der ereignisorientierten Simulationssprachen und es gelten
für alle drei die oben genannten generellen Vorbehalte; aufgrund ihres
Aufbaus weisen die Sprachen aber grosse Unterschiede auf. Eine grobe
Uebersicht zeigt folgendes Bild:

GPSS/360

<u>Vorteile:</u> Nimmt dem Programmierer viel Arbeit ab, wenn er die Sprache
einmal beherrscht. Probleme, die genau dem Konzept von GPSS/360 entsprechen, können leicht und einfach programmiert werden. Der Output
ist relativ umfangreich.

<u>Nachteile:</u> Absolut eigenständige Sprache mit sehr viel Regeln, die
nicht leicht überblickbar sind. Viel oft nicht gewünschter Komfort:
zeitaufwendig und starr. Variablenzahl beschränkt, Variablen-Namen
vorgeschrieben: schwerfällig. Grösstenteils nur ganzzahlige Arithmetik.
Komplizierte arithmetische Berechnungen sind nicht möglich. Das ganze
Programm muss in GPSS/360 geschrieben werden, die gebotene Ausweich-

möglichkeiten auf Fortran ist beschränkt und schwerfällig: fehlende
Flexibilität. Zwischenoutputs nur für speziell bezeichnete Variable
in völlig unübersichtlicher Form.

Simscript

Vorteile: Stützt sich auf Fortran-Statements. Kann in Fortran-Programm
eingebaut werden. Flexibel.

Nachteile: Noch nicht so flexibel wie Simula: Simula profitiert von
den Simscript-Erfahrungen. Simscript-Subroutinen sind noch ziemlich
kompliziert aufgebaut, was sich dann im Aufwand für Computerzeit aus-
wirkt. (Diese Bemerkungen beziehen sich auf Simscript: Die neuen
"Simscript 1.5" und "Simscript 2" standen dem Autor noch nicht zur
Verfügung!) Vorbehalte 1.-4..

Simula

Vorteile: Jüngste und wohl deshalb eleganteste Simulationssprache.
Beliebig mit Algol-Programm kombinierbar und deshalb sehr flexibel.

Nachteil: Die allgemein erwähnten Punkte 1.-4.

8.2.2. Die Alternative

Wenn wir unabhängig von den technischen Gegebenheiten Forderungen an
eine Simulationssprache stellen wollen, so kommen wir zu folgenden
Punkten:

1. Grösstmögliche Unabhängigkeit vom zur Verfügung stehenden
   Computer.

2. Anpassungsfähigkeit bezüglich der Problemgebiete als auch des
   Problems an sich.

3. Möglichst grosse Flexibilität im Programmaufbau und im Gestalten des Outputs. Dazu gehört der freie Zugang mit einer
   höheren Programmier-Sprache: nur so ist die Möglichkeit gegeben, Einzelprobleme (wie jenes der Pseudo-Zufallszahlen oder
   des statistischen Outputs) problemgerecht zu lösen und auch
   neueren wissenschaftlichen Erkenntnissen anzupassen.

4. Möglichst grosse Durchsichtigkeit der Sprache: sie erlaubt
effiziente Programme, vermindert den Lernaufwand und setzt den
Aufwand für den analytischen Teil der Programmierung (Block-
diagramm) stark herab.

5. Möglichst einfache Anwendung

Diese Forderungen führten zu folgender Lösung:

> Nach einem modernen Simulationskonzept programmieren wir die grund-
> legenden Bausteine einer Simulationssprache in einer allgemeinen
> höheren Programmiersprache (Fortran, Algol, PL/I).

Dazu verwenden wir das "process concept" (siehe z.B. (2), (10)),
welches einen modularen Aufbau aus möglichst einfachen, vielseitig
verwendbaren Bausteinen gestattet.

Damit geben wir dem Benützer einige wenige, einfache Subroutinen in
die Hand, die für sämtliche spezifischen diskreten Simulationsprobleme verwendet werden können. Da diese Bausteine (Moduln) völlig
durchsichtig sind (sie werden ja in einer uns bekannten Sprache geschrieben), können wir sie unserem Problem anpassen! Insbesondere
werden unnötige Verzweigungen in den Bausteinen weggelassen, möglichst
wenige "Compound"-Subroutinen verwendet, die "Mädchen für alles" sein
müssen und deshalb zeitraubend arbeiten.

Inwiefern erfüllt nun diese Lösung unsere Forderungen?

Zu 1: Wir sind so maschinenunabhängig wie die entsprechende Sprache:
mit Fortran also vorläufig noch unabhängiger als mit PL/I
oder Algol. Auch lässt sich beispielsweise ein Fortran-
Programm relativ leicht in Algol oder PL/I übersetzen. Ein
Simscript-Programm aber lässt sich nicht in Simula oder
GPSS/360 übersetzen: es müsste vollständig neu programmiert
werden.

Zu 2: Wir haben die maximale Anpassungsfähigkeit der gewählten
Sprache zu r Verfügung.

Zu 3: Die ganze Flexibilität und Programmfreiheit der gewählten
Sprache kommt uns zugute. Der freie Zugang zu einer höheren
Programmier-Sprache ergibt sich von selbst.

Zu 4: Unser Simulationsprogramm wird so durchsichtig wie jedes
andere in der verwendeten höheren Programmiersprache. Vor-
handene Kenntnisse und Erfahrungen kommen voll zur Geltung.

Zu 5: Unser Programmieraufwand ist dort grösser, wo die verwendeten Moduln jeweils in die Maschine eingegeben werden müssen.
Gegenüber den übrigen Einsparungen aber ist das Absolut ver-
nachlässigbar. Auch können diese Moduln in einer "User's
Library" gespeichert werden, wenn erwünscht.

Ein tatsächlicher Mehraufwand liegt dort vor, wo wir unsere
eigenen Routinen für Zufallszahlen, Output und Statistik
programmieren müssen. Es wäre kein Problem gewesen, z.B. die
für spezifische Anwendungen programmierten Unterprogramme in
einer allgemeinen Form in unser Konzept aufzunehmen. Folgende Ueberlegungen sprachen dagegen:
- Der Systemanalytiker ist meist vom Problem her gezwungen,
  solche Standardroutinen abzuändern, sofern sie nicht Allgemeingültigkeit haben. Allgemein gültige Unterprogramme
  findet er aber sowieso in der Software-Bibliothek des
  Computers.
- Das Vorgehen bei der Zufallszahlenerzeugung sollte ganz
  besonders auf die Aufgabe zugeschnitten werden; ebenso
  ist es wünschbar, den Output individuell gestalten zu
  können.

Akzeptieren wir die oben aufgestellten Forderungen als Beurteilungs-
kriterien für eine Simulationssprache, so erweist sich das zu be-
schreibende Konzept als effimienteste Art, ein Simulationsmodell zu
programmieren.

8.3. Die Simulationssprache SIM

Im folgenden wir die Programmierung eines Simulationsmodells nach
dem Prozesskonzept entworfen. Der Systemanalytiker soll damit ein
praktisches Instrument erhalten, das ihm die sonst mühsam zu

lösenden, simulationsspezifischen Probleme abnimmt. Obwohl
sämtliche Simulations-Bausteine fertig programmiert vorgegeben werden, möchte die vorliegende Anleitung kein Rezept sein. Sie lässt
alle Variationsmöglichkeiten offen und erlaubt es, jederzeit eigene
Ideen einzubauen und die Grundidee abzuwandeln.

Als Simulationssprache kann jede höhere Programmier-Sprache verwendet werden, also vorab Fortran, Algol oder PL/I*). Dabei hängt die
Wahl meist von technischen Gegebenheiten ab. Bei mehreren Möglichkeiten erhalten wohl Algol und PL/I wegen ihrer Blockstruktur den
Vorzug, die der Modularbauweise unserer Konzeption und der Simulation
im speziellen entgegenkommt. Die Subroutinen im Anhang wurden als
PL/I-Prozeduren geschrieben. Sie können aber jederzeit mit Leichtig-
keit in Fortran oder Algol übersetzt werden.

Die Beschreibung von Konzept und Struktur der Sprache sind möglichst
durchsichtig und einfach gestaltet. Der Leser soll damit imstande
sein, viele verschiedene Simulationsprobleme nach gleichbleibenden
Grundlegeln zu bearbeiten: die einzelnen Aspekte der Simulation
bleiben sich erfahrungsgemäss immer gleich.

8.3.1. Begriffe der diskreten Simulation

8.3.1.1. Das diskrete, ereignisorientierte System

Das diskrete System simuliert Vorgänge, die in der Wirklichkeit durch
endlich viele diskrete Zustandsänderungen charakterisiert sind (im
Gegensatz zu kontinuierlichen Systemen, die im allgemeinen mit
Differentialgleichungen dargestellt werden können).

Ereignisorientiert nennen wir unseren Systemaufbau dann, wenn die
ganze Regelung und Kontrolle des Aufbaus sich nach den Zustandsänderungen, also den Ereignissen ausrichtet, und nicht nach den
Tätigkeiten, welche dazwischen liegen. Diese Ereignisse sind es, die
in ihrer zeitlichen Folge geordnet werden, Zustandsänderungen bewirken und andere Ereignisse auslösen oder planen.

---

*Selbstverständlich ist auch die Programmierung in Assembler möglich,
wo dies aus computertechnischen Gründen angezeigt, oder wenn diese
Sprache vorgezogen wird.

In einer Werkstatt wird das Ereignis "Arbeitsbeginn" die Zahl der
vorhandenen Arbeiter von Null auf den aktuellen Tagesbestand setzen,
und dies wiederum wird Ereignisse wie "Werkstück kommt zur Bearbeitung" usw. auslösen.

8.3.1.2. Das Element und seine Datenstruktur. Der Prozess. Geordnete Gruppen.

In unserem System treten zwei Arten von Elementen auf: aktive Elemente, die auf andere Elemente einwirken (z.B. die Maschinen, die ein
Werkstück bearbeiten), und passive Elemente, die als Informations-
träger oder Datenträger im System verschoben werden (z.B. Werkstücke
mit verschiedenen Eigenschaften wie Material, Grösse, Kategorie,
Zustand der Bearbeitung).

Diese an sich einleuchtende Betrachtungsweise ist aber in vielen
Systemen mit Unklarheiten behaftet: Ist z.B. am Bankschalter der
Kunde "aktives Element", weil er einen Auftrag erteilt, oder ist
es der Bankbeamte, der den Auftrag ausführt? Im weitern kann ein
Element über seine Lebensdauer teilweise aktiv und teilweise passiv
sein, und auch das aktive ist oft Datenträger.

Man kam deshalb von dieser Unterscheidung ab und legte den modernen
Simulationssprachen ein neues Konzept zugrunde: das Prozess-Konzept.
(Die Gründe für diese neue Betrachtungsweise werden in (2) sehr
sauber dargelegt. Der Leser wird das folgende aber auch ohne Zugang
zu diesem Aufsatz verstehen können).

Im Prozess-Konzept unterscheiden wir nicht mehr zwischen aktiven und
passiven Elementen, sondern sprechen von Elementen schlechthin*).

Ich möchte im folgenden die verschiedenen Begriffe nicht einfach
definieren, sondern gleichzeitig an einem Beispiel illustrieren.
Wir betrachten das Modell eines Postschalters:

Kunde X: OOOOO EINZAHLUNGEN
        Kunde   5 1 2 3 6 4

---

*Der Leser englischsprachiger Literatur sei darauf hingewiesen, dass
die hier verwendeten deutschen Bezeichnungen "Element, Prozess,
Aktivität" etc. nicht genau den englischen "element, process,

Die Elemente, die wir hier betrachten, sind die wartenden Kunden.
Diese Elemente haben statische Eigenschaften und dynamische Eigen-
schaften. Diese Eigenschaften werden in der Datenstruktur jedes
Elementes beschrieben. Greifen wir wahllos ein Element X heraus:

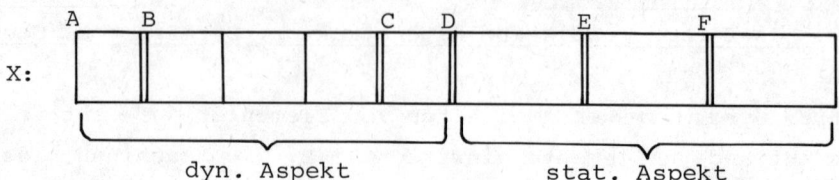

Datenstruktur eines Elementes X

Der dynamische Aspekt beschreibt die Aktivität des Elementes während
seines Aufenthaltes im System:

A: Der Aktivitätsname bezeichnet die Aktivität des Elementes. Diese
   legt für ein Element fest, welche Prozesse es zu durchlaufen hat
   während des Aufenthaltes im System. Im Beispiel für den Kunden X
   besteht die Aktivität nur aus dem einzigen Prozess "EINZAHLEN",
   und der Aktivitätsname ist "EINZAHLUNG". Allgemein wählt das Programm durch logische Entscheide je nach dem Aktivitätscode des
   Elementes den nächsten anzuspringenden Prozess.

   Eine komplexere Aktivität zeigt etwa folgendes Bild:

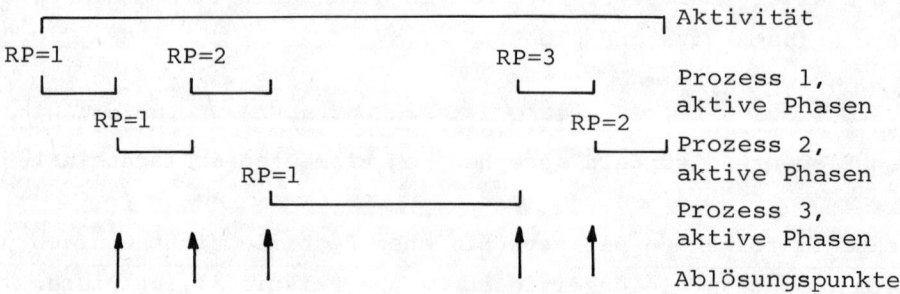

Die Aktivität führt - durch logische Entscheide im Programm - das
Element in richtiger Folge den Prozessen 1-3 zu, wobei diese
Prozesse sich gegenseitig in den aktiven Phasen ablösen. Beispiels-

activity" entsprechen: es wurde versucht, die Uebersetzungsprobleme
durch eineeigenständige deutsche Nomenklatur zu lösen.

weise habe der Prozess 1 drei verschiedene aktive Phasen, die von
anderen Arbeiten abgelöst werden.

In der Computer-Simulation treten diese aktiven Phasen allerdings als
zeitverzugslose Ereignisse auf: die eigentliche Arbeitszeit wird
dadurch festgehalten, dass der Ablösungspunkt für die nächste aktive
Phase um die Arbeitszeit hinausgeschoben wird.

Der Prozess beschreibt einen in sich geschlossenen Vorgang im System,
der Zustandsänderungen bewirkt und seinerseits andere Prozesse auslösen kann. Wir unterscheiden Tätigkeiten und System-Prozesse.

Tätigkeiten werden durch das Element ausgelöst, das an diesem Prozess
unmittelbar beteiligt ist. Im Beispiel wird der Prozess "EINZAHLEN"
durch das Element "Kunde" ausgelöst. Ein Element, das einen Prozess
beginnt, wird ihn auch beenden. Hat der Prozess (die Tätigkeit)
mehrere aktive Phasen, so wird das Element in den passiven Phasen
des Prozesses etwas anderes tun (warten oder einen anderen Prozess
durchlaufen), es wird aber wieder auf diesen Prozess zurückspringen,
und zwar auf den nächsten Reaktivierungspunkt (RP). Im Programm tritt
der Prozess als eigenständiger Block (Subroutine, Prozedur) auf. Die
Aktivität aber legt für das betreffende Element nur die Namen der
anzuspringenden Prozesse fest.

System-Prozesse werden durch System-Elemente ausgelöst. Diese kommen
in der Wirklichkeit als Elemente gar nicht vor und haben auch im
Modell nur die eine Aufgabe der Auslösung eines Systemprozesses. Im
Beispiel des Postschalters wäre die Schalteröffnung am Morgen ein
Systemprozess, der den Personalbestand auf einen aktuellen Tagesbe-
stand setzt und den Kundenzustrom einsetzen lässt.

B. Die drei Ereignis-Attribute bestimmen:

- den Prozess des nächsten Ereignisses für dieses Element

- die zugehörige Ereigniszeit und

- den Reaktivierungspunkt, d.h. die Stelle, an welcher im genannten
  Prozess eingesetzt wird.

Im Beispiel ist der Prozess die Tätigkeit "EINZAHLEN", der Ereigniszeitpunkt, wo der Prozess beginnt, sei 08.30, und der Reaktivierungs-

punkt ist 1 - denn wir beginnen ja den Prozess erst.

Das Ereignis ist für das betroffene Element eine (zeitverzugslose)
Zustandsänderung, oft die "aktive" Phase eines Prozesses, nämlich
das Einleiten einer Tätigkeit. Während der Dauer der Tätigkeit
selbst läuft die "passive" Phase des Prozesses, das Element selbst
ist inaktiv, bis durch das Auftreten eines neuen Ereignisses eine
neue aktive Phase beginnt.

C. Der Anschluss an die Ereigniswarteschlange (EWS):
In der Ereigniswarteschlange werden die Ereignisse in ihrer zeitlichen Reihenfolge gespeichert, indem das am Ereignis beteiligte
Element in die Ereigniswarteschlange eingeordnet wird. Der EWS-
Anschluss gibt an, welche Elemente in der EWS vor und hinter dem
betrachteten Element stehen. (Zum Aufbau der EWS siehe Abschnitt
8.3.1.4.) Damit erhalten wir vorläufig:

(Element X)	A	B		C	D
	Einzah-lung	Ein-zahlen	08.30 1	Nach-folger in der EWS	Vor-gänger EWS

Der statische Aspekt beschreibt das Element aufgrund von drei verschiedenen Arten von Eigenschaften.

D. Elementattribute beschreiben feststehende Eigenschaften des
Elementes, die sich im Laufe der Zeit nicht ändern.

Für unsere Postschalterkunden nehmen wir nur ein einziges solches
Attribut, nämlich die Einzahlungen, die sie zu tätigen haben
(Anzahl).

E. Zustandsattribute beschreiben den Zustand des Elementes bezüglich
eines Attributes. Wir können beispielsweise die Zustände "ankom-
mend" (=0), "wartend" (=1) und "zahlend" (=2) unterscheiden.

F. Der Gruppenanschluss zu einer geordneten Gruppe (GG) z.B. zu einer

Warteschlange:

In unserem Beispiel steht der neu ankommende Kunde X noch nicht in
der Schlange, er gehört noch zu keiner Gruppe: das Feld F bleibt
frei.

	D	E	F
(Element X)	3 (Einzahlungen)	O (wartend)	(kein GG-Anschluss

Element- und Zustandsattribute beschreiben das Element bezüglich
seiner bleibenden und seiner veränderlichen Eigenschaften. Damit
ist es möglich, Elemente mit einem oder mehreren gleichen Attributen
in Gruppen zusammenzufassen.

Kunden mit mehr als 5 Einzahlungen (=Elementattribut) können beispielsweise einer Gruppe zugeordnet werden, welche am Schluss der
Simulation statistisch untersucht werden kann. In diesem Fall
würden uns nur die Häufigkeiten bestimmter anderer Eigenschaften
in der so gebildeten Gruppe interessieren.

Aehnliche Ueberlegungen können zu Gruppierungen nach Zustands-
attributen führen.

Meistens wird aber die Zugehörigkeit zu einer Gruppe direkt und
allein durch den Gruppen-Anschluss (=GG-Anschluss) ausgedrückt.
Dabei ist es unwesentlich, ob die Gruppierung nach bestimmten
Regeln geordnet erfolgen soll (in unserem Beispiel der Warteschlange
vor dem Schalter: "first in - first out"), oder ob die Gruppe nur
als "Speicher" für gewisse Elemente verwendet wird.

Mit der geschilderten Datenstruktur ist das Element vollständig beschrieben. Da jedes Element strukturell genau gleich aufgebaut
ist, können die Elemente alle nach gleichen Regeln behandelt werden.

Dadurch wird erst eine effiziente Programmierung ermöglicht.

Zum Begriff des Elementes, der nicht einfach zu definieren ist,
noch einige Erweiterungen: Der am leichtesten verständliche Typ
des Elementes ist der eben besprochene: mit Element wird hier ein

Objekt bezeichnet, das auch in der Wirklichkeit existiert, und
dessen Eigenschaften in der Datenstruktur des Elementes festgehalten werden können. Das ist aber auch alles, was über das "Objekt-
Element" allgemeingültig gesagt werden kann.

Bei der Besprechung des Prozesses stiessen wir auf den Begriff des
Systemprozesses. Definitionsgemäss wird dieser durch das System
selber ausgelöst, also nicht durch ein Objekt. Es ist deshalb auch
kein Objekt-Element vorhanden, das ihn im Laufe der Simulation
auslöst. Da sämtliche Prozesse im Prozesskonzept durch Elemente
ausgelöst werden, müssen "System-Elemente" geschaffen werden. Ihre
Struktur ist grundsätzlich die gleiche wie jene eines Objekt-
Elementes. Sie besitzen aber nur Daten in den Feldern des dynamischen Aspektes. Dort wird festgehalten, zu welcher Zeit der zugehörige Systemprozess ausgelöst werden muss.

Die dritte Art von Elementen lernen wir im Abschnitt 8.3.1.3.
näher kennen: der "GG-Name" ist der Repräsentant einer geordneten
Gruppe und existiert als (Hilfs-) Element während der ganzen Dauer
der Simulation. In seinem Datenfeld befindet sich meist nur der GG-
Anschluss vermerkt, eventuell noch Daten bezüglich der Gruppe als
solcher. Seine Struktur aber ist wiederum die gleiche wie jene
eines Objekt-Elementes.

8.3.1.3. Der Aufbau einer geordneten Gruppe (GG)
Der wesentliche Vorteil einer einheitlichen Darstellung aller Elemente liegt in der Möglichkeit, beliebige Elemente in einer geordneten
Gruppe zusammenzufassen. Geordnete Gruppen sind z.B. Warteschlangen,
Zwischenlager, etc., vor allem aber auch die Ereigniswarteschlange,
von welcher in Abschnitt 8.3.1.4. noch die Rede sein wird. Im allgemeinen werden wir pro Objekt-Element nur einen Gruppenanschluss vor-
sehen (siehe dazu 8.3.2.2.), ein Element kann also gleichzeitig nur
zu einer einzigen Gruppe gehören. Selbstverständlich kann es seine
Gruppenzugehörigkeit jederzeit wechseln. (Die gleichzeitige Zugehörigkeit zu mehreren GG könnte zwar vorgesehen werden, würde aber
einigen zusätzlichen Aufwand bringen. Eine Ausweichmöglichkeit
bietet die später zu besprechende Ordnungsgruppe (siehe 8.3.2.6.),
in welcher beispielsweise nur der Name eines Objekt-Elementes oder
ein Kennzeichen als "Ordnungs-Element" gespeichert wird).

Die GG ist aufgebaut als eine <u>Folge von Elementen</u>, welche nach gewünschten Regeln eingeordnet wurden. Jede GG hat einen Namen, den
<u>GG-Namen</u>, welcher an der Spitze seiner Gruppe steht. Der Platz eines
Elementes in der GG wird dadurch festgelegt, dass in seinem Datenfeld unter "F: Gruppenanschluss" sein Nachfolger und sein Vorgänger
in der Gruppe notiert wird. (Der Gruppenanschluss zur Ereignis-
Warteschlange wird im Datenfeld im dynamischen Aspekt unter "C: Anschluss an EWS" notiert).

Damit mit der GG programmtechnisch rasch und einfach gearbeitet werden kann, wird die Folge der Elemente zyklisch aufgebaut (einer der
grossen Fortschritte von Simula!), d.h. die Warteschlange "beisst
sich in den Schwanz".

Eine GG mit 9 Elementen ist dann logisch so aufgebaut:

Index der Elemente		Nachfolger	Vorgänger (in der GG)
Element 9		GG-Name	8
GG-Name		1	9
Element 1		2	GG-Name
Element 2		3	1
Element 3		4	2

Dabei dient der GG-Name als Hilfselement, welches <u>immer</u> in der GG
vorhanden ist, solange diese besteht. Der GG-Name hat dieselbe Datenstruktur wie ein anderes Element, damit er genau gleich behandelt
werden kann. Er unterscheidet sich von anderen Elementen dadurch,
dass er in seinen Datenfeldern keine Element-Eigenschaften trägt:
hier können Informationen über die GG gespeichert werden, wie Anzahl der Elemente in der GG, Art der Elemente etc. Nur in seinem
Datenfeld "F: Gruppenanschluss" steht wie bei andern Elementen einer
Gruppe sein Vorgänger und sein Nachfolger. Der Vorgänger des GG-
Namens ist also das rangletzte Element in der GG, sein Nachfolger
das rangerste. Die GG kann kein, ein oder mehrere Elemente enthalten:

<u>Kein Element</u> in der GG: nur der GG-Name ist vorhanden, und er ist sein eigener Vorgänger und Nachfolger.

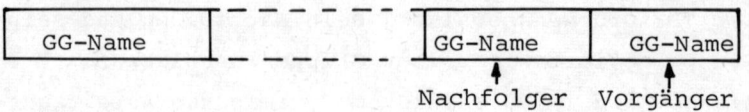

<u>Ein Element</u> in der GG: dieses ist Nachfolger und Vorgänger des GG-Namens zugleich.

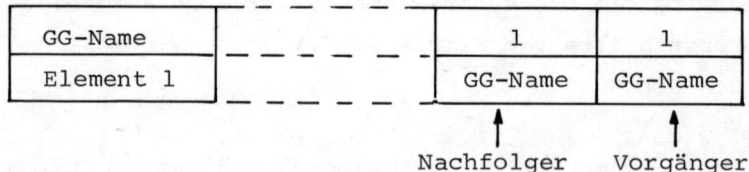

<u>Zwei uns mehr Elemente</u> in der GG: siehe erstes Beispiel.

Die Zahl der Elemente in einer Gruppe ist beliebig. Eine Gruppe von 4 Objekt-Elementen und dem (Hilfs-) Element 199 als GG-Namen wäre etwa wie folgt aufgebaut:

Index I:		F:		
199*)		124	98	(Hilfselement, GG-Nam
124		17	199	(erstes Element der G
17		110	124	
110		98	17	
98		199	110	(letztes Element der

*)199 ist der Index des GG-Namens

Informationen über die geordnete Gruppe als solche können im Datenfeld des GG-Namens gespeichert werden. Solche Daten wären: aktueller Bestand der Gruppe, grösster/kleinster je erreichter Bestand, Angaben über Verweilzeit in der Gruppe etc. (Da der GG-Name keine eigentlichen Element-Daten trägt ausser dem GG-Anschluss, ist meist

---

*199 ist der Index des GG-Namens

genügend Platz für solche Informationen vorhanden).

8.3.1.4. Die Ereigniswarteschlange (EWS)

Die Aktivitäten der einzelnen Elemente verlaufen teilweise parallel oder überlappen sich. Dabei können sie sich durch die Prozesse direkt oder indirekt beeinflusssen: direkt, indem ein Prozess einen anderen aufruft, indirekt, indem ein Prozess die Zustandsänderung eines Elementes herbeiführt, welche ihrerseits einen weiteren Prozess auslöst.

Die aktiven Phasen des Prozesses nannten wir die Ereignisse. Diese Ereignisse müssen in ihrer zeitlich richtigen Reihenfolge stattfinden. Zu diesem Zweck führen wir die Ereignis-Warteschlange (EWS) und die Systemzeit (TIME) ein.

In der Ereignis-Warteschlange werden die Ereignisse in ihrer zeitlichen Reihenfolge gespeichert, indem das am Ereignis beteiligte Element in die EWS gesetzt wird. Der Aufbau der EWS ist analog jenem einer geordneten Gruppe. Auch die EWS besitzt ihren GG-Namen als Hilfselement. Ueber die Rangfolge entscheiden die Ereigniszeitpunkte der Elemente und eventuelle Prioritäten.

Das Element selbst löst also durch die drei Ereignis-Attribute das Ereignis (und damit den nächsten Prozess) aus. Hat ein Ereignis stattgefunden, wird das Element aus der EWS genommen, und das nächste Element löst das nächste Ereignis aus. Gleichzeitig wird die Systemzeit gleich der neuen Ereigniszeit gesetzt: die Systemzeit springt also zeitlich von einem Ereignis zum nächsten. Ihre kleinste Einheit kann beliebig gewählt werden und richtet sich nach dem vorliegenden Problem und der erforderlichen Feinheit, sowie nach dem resultierenden Aufwand. *)

Ein Element wird normalerweise hinter die Elemente mit gleichem Ereigniszeitpunkt in der EWS eingereiht. Es können aber ebensogut

---

*Wie aus dem Gesagten hervorgeht, gibt es also keine "Systemzeitachse" im Programm, nach welcher die Elemente eingereiht werden und welche die Ereignisse abruft. Vielmehr wird die aktuelle Systemzeit TIME durch den für das aktive Element errechneten Ereignispunkt be-

- 184 -

Prioritäten oder ganz bestimmte Rangfolgen festgelegt werden. Ein
Element kann auch vor das gegenwärtig aktive Element in die EWS ge-
setzt werden: dadurch wird dessen Prozess unterbrochen, und die
Kontrolle geht an das neu eingereihte Element, resp. dessen Prozess.

Ein Element kann somit folgende Zustände annehmen:

a) Es ist aktiv: Das Element wurde eben aus der EWS abgerufen. Der
   Prozess, dessen Prozessname in seinen Ereignis-Attributen notiert
   ist, läuft ab. Die Systemzeit entspricht der Ereigniszeit des
   Elementes. Das Element ist Gegenstand des Prozesses, welcher eben
   seine aktive Phase durchläuft. (Werkstück kommt zur Bearbeitung
   auf Maschine).

b) Es ist inaktiv: Das Element ist in der EWS eingereiht und wartet
   ein geplantes Ereignis ab: inaktive Phase des Prozesses. (Werkstück wartet das Ende der Bearbeitung ab).

c) Es ist passiv: Es wartet irgendwo im System. Zeitlich ist noch
   kein Ereignis festgelegt. In seinem Datenfeld ist der Ereigniszeitpunkt T=0. Aber der nächste Reaktivierungspunkt im Prozess
   ist vorhanden: passive Phase des Prozesses. (Werkstück in einer
   WS vor Bearbeitung).

d) Es existiert nicht mehr im System: Es wurde nach dem letzten Prozess aus dem System genommen, indem seine Ereignis-Attribute Null
   gesetzt wurden (Werkstück nach Verlassen der Spedition).

8.3.2. Das Simulationsprogramm

Nachdem im Abschnitt 8.3.1. die theoretischen Begriffe der Simulation
und des Prozesskonzeptes dargelegt wurden, wird in diesem Abschnitt
das praktische Vorgehen bei der Programmierung erläutert. Nach einer
Programmübersicht in der Form eines Blockschemas wird die Darstellung
der Elemente behandelt. Mit der Besprechung von Steuermoduln und
Grundmoduln werden die nötigen Programmteile zur Verfügung gestellt.
An der Programmierung des in Abschnitt 8.3.1. benutzten Postschalter-
Beispiels werden die Zusammenhänge erläutert. Zuletzt werden Möglich-

stimmt. Die Elemente in der EWS werden unter sich nach aufsteigenden
Ereignis-Zeiten geordnet.

keiten für Abwandlungen und Erweiterungen aufgezeigt.

8.3.2.1. Das Blockschema

Die Simulationssprache SIM ist modular aufgebaut. Die einzelnen Bausteine sind möglichst einfach, so dass jeder nur für eine in sich geschlossene Aufgabe verwendet wird. Das erlaubt uns, unser spezielles Programm nur mit den effektiv benötigten Grundmoduln auszustatten. Nicht benötigte Bausteine lassen wir einfach weg.

Das Blockschema des ganzen Simulationsprogrammes sieht dann so aus:

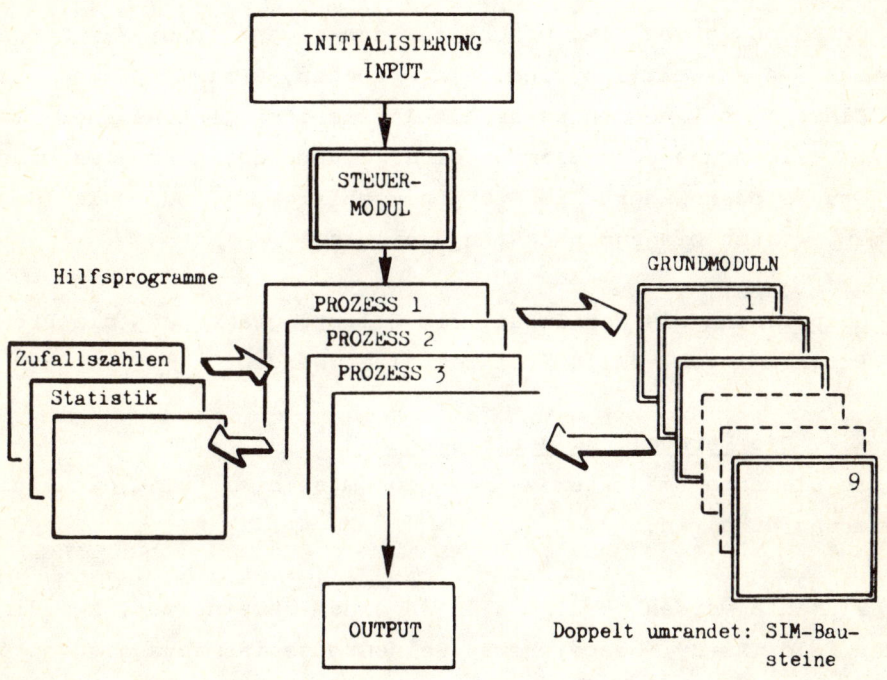

Initialisierung, Input: Anfangswerte (Variablen, Parameter, Hilfsgrössen) werden wie üblich eingelesen oder initialisiert. Im speziellen gehören dazu auch die GG-Namen, deren Index bereits hier festgelegt wird, damit später die Elemente den Gruppen zugeordnet werden können. Sind gewisse Elemente von Anfang an im System, so werden sie ebenfalls schon jetzt initialisiert und eventuell aktiviert: ist bereits ein Ereignis geplant, wird das zugehörige Element in die Ereigniswarteschlange eingereiht. (Einzelheiten siehe 8.3.2.2.)

Steuermodul: Er ist ein Bestandteil von SIM und liegt in PL/I programmiert vor (Beilage 8323.1.). Der Steuermodul ist die Steuereinheit des Simulations-Systems. Er löst Ereignisse aus, und an ihn
geht nach Ablauf einer aktiven Prozess-Phase die Kontrolle zurück.

Die Prozesse (Tätigkeiten und System-Prozesse) stellen das Geschehen
im Systemablauf dar. Dazu stehen ihnen zur Verfügung:

Die Hilfsprogramme (wie Zufallszahlengeneratoren, Statistikprogramme,
etc.), welche zu gewissen sich immer wiederholenden Berechnungen aufgerufen werden.

Die Grundmoduln von SIM, welche für das eigentliche "Management" der
Elemente verantwortlich sind. Sie erzeugen, aktivieren und passivieren
ein Element, sie nehmen es nach Ablauf seiner "Lebensdauer" aus dem
System. Sie ordnen das Element einer Gruppe zu, nehmen es wieder aus
der Gruppe oder ändern die Gruppenzugehörigkeit, oder sie lassen das
Element warten bis zum nächsten Ereignis.

Der Output kann wie der Input, die Hilfsprogramme und die Prozesse
vom Programmieren völlig frei gestaltet werden.

8.3.2.2. Die Darstellung der Elemente

Um die Elemente im System zu bewegen, müssen sie eine einheitliche
Codierung erhalten.

Die Elemente werden deshlab alle in einem gemeinsamen, zweidimensionalen Feld (Array) gespeichert. SeineGrösse ist abhängig von der ge-
schätzten Zahl gleichzeitig im System vorkommender Elemente und der
Zahl der Informationen, die ein einzelnes Element zu tragen hat.

Wir nennen den Array S1 (I,J) und verstehen darunter das folgende
Feld:

Datenfelder (Datenstruktur)

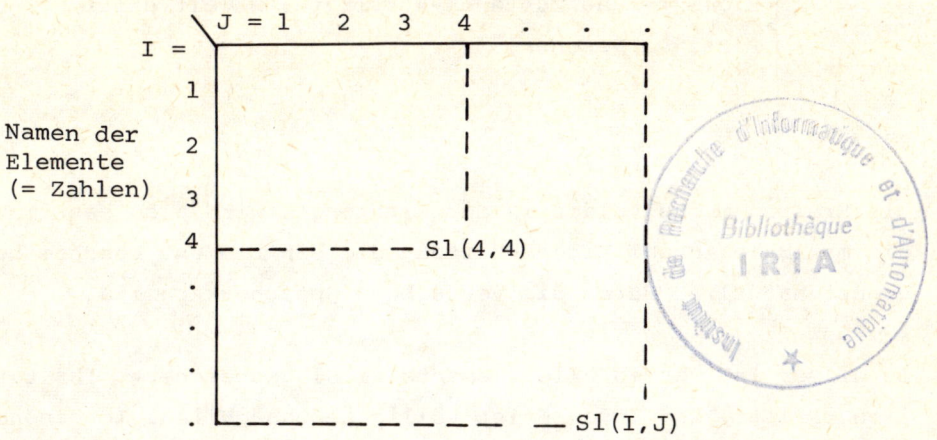

Wenn wir mit total 200 Elementen rechnen, die gleichzeitig im System
sind, und im ganzen 20 Attribute pro Element verlangen, so ergibt sich
ein Feld Sl (200,20).

Dabei ist der Index I der Name des Elementes, mit welchem es aufgerufen werden kann. J ist die Nummer der Eigenschaften, welche beliebig
geordnet werden können. Die folgende Konvention scheint uns günstig,
kann aber beliebig abgeändert werden:

Sl (I,1) = Aktivitätsname   (= Zahlencode, nach welchem wir im
                                         Programmablauf unser Element leiten)

Sl (I,2) = Prozessname   (= Zahlencode für den nächsten anzu-
                                         springenden Prozess)

Sl (I,3) = Ereigniszeitpunkt   (= Zeit, zu welcher Sl (I,2) eine
                                         aktive Phase hat)

Sl (I,4) = Reaktivierungspunkt   (= Label in Sl (I,2) auf welchen
                                         gesprungen werden soll)

Sl (I,5) = Nachfolger in der EWS   (= Index I des Nachfolger-Elementes)

Sl (I,6) = Vorgänger in der EWS   (= Index I des Vorgängers)

Sl (I,7) = Nachfolger in der GG

Sl (I,8) = Vorgänger in der GG

S1 (I,9)
.
.   Element- und Zustands-Attribute, soweit dafür
.   Platz vorgesehen.
.
S1 (I,M)

Die "Breite" M des Feldes in der Richtung J wird also bestimmt durch
die maximale Anzahl Eigenschaften, die ein Element beschreiben, be-
grenzt natürlich durch die verfügbare Speicherkapazität.

In dieser Art werden alle Elemente in S1 gespeichert. Ihr tatsächlicher Platz, ihr Index I ist völlig nebensächlich. Im besonderen
sind auch der EWS-Name und die GG-Namen als Elemente in S1 gespeichert.

Wichtig: Die Elemente einer GG müssen im Speicher nicht so hinterein-
ander gesetzt werden, wie dies in der Figur zur Veranschaulichung ge-
macht wurde. Die einzelnen Elemente können theoretisch irgendwo gespeichert werden, die Ordnung wird allein durch die Information über
Nachfolger und Vorgänger hergestellt. Der Index I eines Elementes
bleibt sich während seiner Lebensdauer gleich.

Die Darstellung der GG-Namen, der System-Elemente und ihre Initialisierung soll nun noch erläutert werden.

Ein GG-Name erhält bei der Initialisierung des Programms einen festen
Index, den wir frei bestimmen und der uns deshalb immer bekannt ist.

Eine Warteschlange "WARTE" erhält den Index 1:
    WARTE = 1;
    S1(WARTE,7) = WARTE;
    S1(WARTE,8) = WARTE;   *)
Damit - geben wir dem GG-Namen "WARTE" den Index 1,
        - setzen wir im Feld für den Gruppenanschluss des GG-Namens
          den eigenen Index: der GG-Name ist vorläufig allein in der
          Gruppe, er ist sein eigener Nachfolger und Vorgänger.

Der GG-Name und damit dieDaten in seinem Datenfeld können unter
diesem Index aufgerufen werden. Das erste Element in der GG, also
der Nachfolger des GG-Namens wäre:

```
    X = Sl(WARTE,7);
```

Zur Prüfung, ob die GG leer ist:

```
    1 X = Sl(WARTE,7);
    2 IX X = WARTE THEN RETURN;
    3 ELSE.... ;
```

Die Zeile 2 schickt die Kontrolle zurück, falls kein Element in der
Gruppe ausser dem GG-Namen. Ebenso gilt für den Nachfolger von X:

```
    Y = Sl(X,7);
```

Gleich wie ein GG-Name wird ein System-Element initialisiert. Trägt
der System-Prozess für die Schalteröffnung am Morgen den Prozedur-
Namen "SCHALTER", so schaffen wir ein zugehöriges System-Element
"SCHALT":

```
    1 SCHALT = 10;
    2 Sl(SCHALT,2) = 1;
    3 Sl(SCHALT,3) = 8.0;
    4 Sl(SCHALT,4) = 1;
```

Damit - geben wir dem System-Element "SCHALT" den Index 10,
       - setzen in sein Feld 2 den Code für den auszulösenden Prozess
         (hier Code 1 für Prozess "SCHALTER"),
       - setzen die Zeit fest, zu welcher das nächste Ereignis statt-
         finden soll,
       - und geben an, dass innerhalb des Prozesses beim Reaktivierungs-
         punkt 1 begonnen werden soll.

---

*Die Variable "WARTE" als GG-Name hat nur mnemotechnischen Zweck:
da sie durch das ganze Programm den Wert 1 behält, könnte genausogut
dieser verwendet werden!

Da für dieses Systemelement bereits ein Ereignis geplant ist, muss es
in die Ereigniswarteschlange gesetzt werden. Die EWS wird zu diesem
Zweck schon vorher genau wie ein GG-Name initialisiert. Durch Auf-
rufen des Grundmoduls "ACTIV" wird das Systemelement nun aktiviert
(zu "ACTIV" siehe 8.3.2.4.).

Meist werden die Elemente im System durch Zufallsprozesse im Laufe
der Simulation erzeugt. Elemente, die schon zu Beginn im System
existieren, können mit "NEW" erzeugt und mit "ACTIV" aktiviert werden (siehe 8.3.2.4.).

8.3.2.3. Der Steuermodul

Diese Steuereinheit lenkt den Ablauf im System: ein Ereignis nach
dem andern muss in der richtigen Zeitenfolge ausgelöst werden. Da
durch die Grundmoduln (siehe 8.3.2.4.) die ereignisauslösenden Elemente bereits in der richtigen Reihenfolge in die geordnete Gruppe
"Ereigniswarteschlange" (EWS) eingeordnet werden, führt der Steuermodul nun die folgenden Aufgaben aus:

- Bestimmung des ersten Elementes in der EWS: X
- Bestimmung von Aktivität, Prozess, Ereigniszeitpunkt und Reakti-
  vierungspunkt aus dem Datenfeld von X
- Nachführen der Systemzeit TIME auf die Zeit des Ereignisses
- Aufruf des auszulösenden Prozesses
- Nach Ausführung des Prozesses Sprung zurück zum Anfang der Steuer-
  einheit.

Zusätzlich wird eine Kontrolle eingebaut, ob das Element in der EWS
richtig eingereiht war: wenn die aktuelle Systemzeit "TIME" einen
grösseren Wert aufweist als der Ereigniszeitpunkt des aktiven Elementes
so wird eine Fehlermeldung ausgedruckt (siehe Beilage 8323.1.).

8.3.2.4. Die Grundmoduln

Diese Unterprogramme bilden mit dem Steuermoduln die eigentliche
Simulationssprache. Sie übernehmen die Bewegung der Elemente im
System und in der Zeit.

In der Beilage 8324.1. sind sie als Procedures in PL/I geschrieben.
Mit der PL/I-Regel für den Geltungsbereich von Variablen können

Procedures ins Hauptprogramm eingebettet werden und kommen ohne
Aktual-Parameter-Liste aus. In der anschliessenden Beschreibung sind
aber zur Betonung der jeweils wichtigen Parameter diese in einer
Parameterliste angegeben. *)

ACTIV (X, RUF, T, RP)

X   = Element, das in die EWS eingereiht wird.

RUF   = Gegenwärtig aktives Element.

T   = Zeitspanne bis zur Aktivierung von X.

RP   = (ev.) neuer Reaktivierungspunkt für RUF.

ACTIV setzt ein passives Element in die EWS. Der Ereigniszeitpunkt
wird zu TIME + T (TIME = Systemzeit). Ist T = O, so muss entschieden
werden, ob das Element vor das aufrufende Element RUF in die EWS gesetzt werden muss. Dies wird so gesteuert, dass RP vor dem Aufruf
von ACTIV einen Wert ungleich Null erhält. ACTIV prüft RP, und wenn
RP ≠ O, wird der Wert als Reaktivierungspunkt für RUF in dessen
Datenfeld geschrieben. RUF wird inaktiv und kommt gerade hinter X in die
die EWS. Ist RP = O, wird X mit T = O hinter alle andern mit der
Ereigniszeit TIME gesetzt; mit T > O wird X entsprechend seiner Ereigniszeit TIME + T eingereiht.

PASSIV (RP,X)

RP = neuer Reaktivierungspunkt für X.
Passiv kann nur während der aktiven Phase eines Prozesses von
Element X aufgerufen werden. Das Element X wird passiviert, d.h. es
wird aus der EWS herausgenommen, indem sein EWS-Anschluss Null gesetzt wird, sein Ereigniszeitpunkt wird ebenfalls Null, und es erhält
den neuen Reaktivierungspunkt RP. In der EWS rückt das nächste
Element nach.

HOLD (T, RP, X)

Kann nur während der aktiven Phase eines Prozesses von X aufgerufen
werden. Das Element X wird für die Zeitdauer T inaktiv, nach welcher
wieder ein Ereignis in der EWS geplant ist. Neuer Reaktivierungs-

---

*Die Namen der Grund-Moduln sind jenen von Simula sehr ähnlich. Das
Englische erlaubt eher eine kurze, prägnante Namensgebung als das
Deutsche.

punkt im Prozess wird RP sein. Neuer Ereigniszeitpunkt wird TIME + T.

NEW (PRO, IX1)

PRO = nächster Prozess für Element IX1

IX1 = Index des neu zu schaffenden Elementes.

Wird im Laufe der Simulation ein neues Element erzeugt, so sucht NEW im S1 - Feld nach einem freien Platz für dieses Element. Sollte entgegen der Erwartung das ganze Feld voll sein (wir haben also mehr Elemente gleichzeitig im System als erwartet), so wird eine Fehlermeldung ausgedruckt. IX1 ist der gesuchte freie Platz in S1. Mit der Variablen PRO erhält das neue Element ausser dem Platz in S1 auch noch seinen nächsten Prozess in das Datenfeld geschrieben.

REMOVE (X)

Entfernt das Element X aus seiner GG; sein GG-Anschluss wird Null gesetzt.

INCLUDE (X, GG)

Reiht das Element X zuhinterst in die Gruppe mit dem GG-Namen "GG" ein.

PRECEDE (X, VOR)

Setzt X in die (geordnete) Gruppe des Elementes "VOR", und zwar unmittelbar hinter dieses Element.

CHANGE (ALT, NEU)

Gibt sämtlichen Elementen einer GG "ALT" einen neuen Gruppenanschluss an die GG "NEU". Nach diesem Tausch des Gruppenanschlusses ist die GG "ALT" leer. Die GG "NEU" muss vor dem Tausch nicht leer sein.

Dieser Modul spart gegenüber dem einzeln vorgenommenen Wechsel mit REMOVE und INCLUDE sehr viel Zeit: für die ganze Gruppe (mit beliebig vielen Elementen) wird eine einzige Subroutine aufgerufen, wo sonst pro Element zwei Aufrufe nötig sind.

TERMIN (X)

Das Element X, das sich gerade in einer aktiven Phase befindet, wird aus der EWS genommen. Reaktivierungspunkt und Ereigniszeitpunkt wer-

den Null gesetzt. Das Element wird damit gleichsam aus dem System
genommen.

8.3.2.5. Programmierung eines Prozesses

Wir kommen auf unser Beispiel der Warteschlange vor dem Postschalter
zurück und programmieren den Prozess "EINZAHLEN". Steuermodul und
Grundmoduln seien schon vorhanden.

Der Ablauf des Prozesses "EINZAHLEN":

RP = 1 ▶ | KUNDE X kommt an und wird in die Warteschlange einge-
gliedert. Für die Zeit des Wartens wird er passiviert.

PR = 2 ▶ | KUNDE X ist erstes Element in der Warteschlange und kann
Zahlung vornehmen. Bis zum Ende der Zahlung bleibt er
inaktiv.

RP = 3 ▶ | Der nächste Kunde wird bestimmt. Der KUNDE X verlässt die
Warteschlange und gleichzeitig das System. Für den
nächsten Kunden beginnt der Zahlungsvorgang.

Kunden in der Warteschlange weisen also alle den RP = 2 auf: dies
ist der Reaktivierungspunkt im Prozess, bei dem sie weiterfahren, sobald sie zuvorderst in der Schlange stehen.

Programmieren wir nun den Prozess "EINZAHLEN":

```
       EINZAHLEN:      PROCEDURE:           /* TITEL                  */
  1: GOTO EIN (RP)
  2: EIN(1):      GG=WARTE;                 /* X SOLL IN DIE GG/WARTE */
                                            /* EINGEGLIEDERT WERDEN   */
  3:              CALL INCLUDE              /* DIE PROZEDUR INCLUDE   */
                  (X,GG);                   /* FUEGT X EIN            */
  4:              RP=2;                     /* X WIRD PASSIVIERT BIS ES*/
                                            /* AM SCHALTER AN DIE REIHE*/
                                            /* KOMMT                  */
  5:              CALL PASSIV(X,RP);        /* DANN SOLL ES BEIM RP=2 */
                                            /* FORTFAHREN             */
  6: EIN(2):      T=S1(X,9)*0.02;           /* 72 SEKUNDEN PRO EINZAH- */
                                            /* LUNG                   */
```

```
      EINZAHLEN:        PROCEDURE;              /* TITEL                 */
  7:                    RP=3;                   /* NAECHSTER RP          */
  8:                    CALL HOLD(X,T,RP);      /* DAS ELEMENT X WIRD IN */
                                                /* DER EREIGNISWARTE-    */
                                                /* SCHLANGE NACH HINTEN  */
                                                /* VERSCHOBEN            */
  9: EIN(3):            NEXT=S1(X,7);           /* DER NACHFOLGER VON X  */
                                                /* KOMMT ALS NAECHSTER   */
                                                /* DRAN                  */
  lo:                   CALL REMOVE(X);         /* X HAT BEZAHLT UND VER-*/
                                                /* LAESST DEN SCHALTER   */
                                                /* UND DAMIT DIE WARTE-  */
                                                /* SCHLANGE              */
  11:                   CALL TERMIN(X);         /* X WIRD AUS DEM SYSTEM */
                                                /* GENOMMEN              */
  12:                   T=O; RP=2;              /* DER NAECHSTE          */
  13:                   X=NEXT;                 /* KUNDE WIRD            */
  14:                   CALL ACTIV(X,T,RP);     /* AKTIVIERT            */
  15: END;
```

Zeile 1: zeigt uns, wie wir entsprechend dem gegebenen Reaktivierungspunkt des Elementes die verschiedenen Stationen (Labels) im Prozess
anspringen.

Ein ankommender Kunde X wird zurzeit T (=Ankunftszeit) den Prozess
"EINZAHLEN" beim Label EIN(1) beginnen. Mit der Subroutine INCLUDE
wird er in die Warteschlange eingegliedert. Da er aber bis auf weiteres warten muss, und weil der Zeitpunkt des nächsten für ihn relevan-
ten Ereignisses noch unbestimmt ist, muss er mit PASSIV passiviert
werden. INCLUDE wird das Element X zuhinterst in die geordnete
Gruppe WARTE eingegliedert, indem das Element in seiner Datenstruktur
an der Stelle 7 und 8 seinen Nachfolger und seinen Vorgänger hinein-
geschrieben erhält. Sonst wird an seinen Attributen nichts verändert.
PASSIV seinerseits passiviert das Element, indem es dessen Anschluss
an die EWS in den Feldern 5 und 6 Null setzt, das Element X also aus
der Ereignis-Warteschlange herausnimmt: für X ist vorläufig kein
weiteres Ereignis geplant. Gleichzeitig aber wird noch für eine
nächste aktive Phase der neue Reaktivierungspunkt ins Feld 4 der
Datenstruktur geschrieben.

Ein Kunde X, der zuvorderst in der Schlange steht, wird den Prozess
bei EIN(2) anspringen. Aus Feld S1(X,9) wird eine seiner Eigenschaften herausgeholt, nämlich, wie viele Einzahlungen er zu tätigen
hat. Nehmen wir an, dass die Zeit für eine Einzahlung 72 Sekunden
oder 0,02 Stunden dauert, erhalten wir in Zeile 6 für T die Dauer
des ganzen Vorganges. Um diese Zeitdauer T aber soll der Kunde X in
der Ereigniswarteschlange nach hinten verschoben werden, d.h. sein
neuer Ereignispunkt ist nun TIME + T, und nach dieser Zeit wird er
bei RP=3 im Prozess weiterfahren.

Ist der Einzahlungsvorgang abgeschlossen, wird (in Zeile 9) der
nächste Kunde in der Warteschlange bestimmt: das ist ganz einfach
jenes Element, welches in Feld 7 von X eingetragen ist, der Nachfolger von X in der gemeinsamen Gruppe.

Nachdem aber NEXT bestimmt ist, kann X mit REMOVE aus der GG/WARTE
herausgenommen und schliesslich mit TERMIN aus dem System entfernt
werden. Das Element NEXT wird nun zum neuen X und mit ACTIV aktiviert.
Mit T=TIME bestimmen wir seinen Ereigniszeitpunkt auf die unmittel-
bare Gegenwart, und da dieses X jetzt zum "EINZAHLEN" kommt, wird
sein RP=2.

Damit ist der Prozess im wesentlichen programmiert.

8.3.2.6. Erweiterungen, Anwendungen, Variationsmöglichkeiten
Das verwendete Prozess-Konzept und die besprochenen Simulations-
Unterprogramme geben uns vielfältige Möglichkeiten der Erweiterung.
Dazu seien hier nun einige Vorschläge für ein weiteres Vorgehen ge-
macht.

Der Gruppenanschluss
Folgende Möglichkeiten gehen direkt aus dem Konzept hervor:
a) Das erste Element einer Gruppe: X = S1(GG-Name,7);
b) Das letzte Element einer Gruppe: X = S1(GG-Name,8);
c) Das N-te Element nach X wird gesucht, der GG-Name sei WARTE:
```
   1  Y = X;
   2  DO I = 1 TO N;
   3  Y = S1(Y,7);
   4  IF Y = WARTE THEN DO;
```

```
5   Y = S1(Y,8);
6   I = N; END;
7   END;
```

In 4 wird geprüft, ob man mit dem Absuchen etwa schon beim GG-Namen angelangt sei: in diesem Fall wird das letzte Element gewählt, im andern Fall wird Y das N-te Element nach X.

d) Aehnlich kann der Rang eines Elementes X in der GG festgestellt werden.

e) Mit REMOVE, PRECEDE und INCLUDE können Elemente aus ihrer GG herausgeholt und an beliebiger Stelle in einer andern GG eingereiht werden.

Bool'sche Prozeduren

Für logische Entscheide können nach eigenem Ermessen kleine Prozeduren oder Compound-Statements gebildet werden: für den Entscheid, ob eine GG leer/nicht leer genügt es beispielsweise, den Nachfolger des GG-Namens zu prüfen. Da die Elemente alle dieselbe Datenstruktur aufweisen, können logische Entscheide bezüglich ihrer Eigenschaften ebenso leicht geschaffen werden.

Element-Eigenschaften

Aufgrund des einheitlichen Aufbaus der Datenstruktur aller Elemente können Informationen über die Elemente leicht erhalten werden. Insbesondere werden für den dynamischen Aspekt interessieren:

- Der Ereigniszeitpunkt aus $S1(X,3)$;
- Das nach X aktiv werdende Element aus $S1(X,5)$;
- Der Zustand von X (aktiv, inaktiv, passiv oder nicht existent) aus den Ereignis-Attributen:

aktiv, wenn:	$X = NEXT$
inaktiv, wenn:	$X \neq NEXT$, $S1(X,5)$, $S1(X,6) \neq 0$ (EWS-Anschluss)
passiv, wenn:	$S1(X,5)$, $S1(X,6) = 0$; $S1(X,4) \neq 0$ (EWS-Anschluss; Reaktivierungspunkt).
nicht existent, wenn:	Ereignis-Attribute und EWS-Anschluss alle Null.

Erzeugung neuer Elemente

Anstelle des in "NEW" gewählten Verfahrens zur Bestimmung des Index eines neu zu schaffenden Elementes schliessen wir alle "freien" Indizes von $S1(I,J)$ in einer geordneten Gruppe zusammen. Jede unbe-

nützte Elementzeile in S1 erhält also in den Feldern 7 und 8 einen
GG-Anschluss an diese Gruppe.Durch Herausnehmen des ersten Elementes
aus der Gruppe haben wir sofort einen neuen Index. Scheidet ein
Element mit TERMIN aus, so wird seine Elementzeile (sein INDEX) der
Gruppe wieder angeschlossen. Welches Verfahren rascher arbeitet,
hängt auch vom Problem selber ab.

Ordnungs-Elemente
In Abschnitt 8.3.1.2. wurde betont, dass wir alle Elemente gleich
darstellen wollen, und z.B. nicht unterscheiden zwischen aktiven und
passiven Elementen.

Vor allem aus didaktischen Gründen wurde das nun noch einzuführende
"Ordnungs-Element" damals gar nicht erwähnt.

Seine Hauptaufgabe ist die Bildung von geordneten Gruppen ausserhalb
jener unter 8.3.1.2. erwähnten: da jedes normale Element nur einen
GG-Anschluss aufweist, ergibt sich oft die Notwendigkeit, Elemente
noch nach anderen Gesichtspunkten zu gruppieren. Aber auch Grössen,
die gar keine eigentlichen Elemente sind, können als Ordnungs-Elemente
dargestellt und gruppiert werden.

Ein Beispiel: in einer Bank mit Schaltern für Sparhefte, Wertschrif-
ten, Coupons-Auszahlungen, Change usw. sind die Kunden-Elemente in
die jeweiligen Warteschlangen eingereiht, ihr GG-Anschluss ist also
bereits belegt. Möchte man aber aus irgendwelchen - z.B. statistischen-
Gründen wissen, welche und wie viele aller in der Schalterhalle
wartenden Kunden noch ein Wertschriften-Geschäft abschliessen werden,
so kann das aus dem Inhalt der Warteschlange vor dem Wertschriften-
schalter nicht herausgelesen werden; denn vielleicht steht ein solcher Kunde gegenwärtig noch gerade in der Schlange für Coupons-Auszahlungen. Um ihn zu erfassen, muss eine allen Warteschlangen über-
geordnete Ordnungsgruppe "Wertschriften-Kunden" geschaffen werden.

Da die Bildung von Ordnungs-Elementen nur diesen ordnenden Zweck verfolgt, ist ein Ordnungs-Element viel einfacher strukturiert:

X :

AO:		BO:
Nachfolger	Vorgänger	Ordnungs-Element-
in der OG		Attribute

AO: Das Ordnungselement besitzt einen <u>OG-Anschluss</u> an eine Ordnungs-Gruppe. Aufgebaut wird eine OG genau gleich wie eine GG, sie besitzt auch einen OG-Namen. Die Zugehörigkeit zu einer OG (z.B. zur OG "Wertschriften-Kunden") ist die wichtigste Eigenschaft des Ordnungs-Elementes.

BO: Weitere <u>Ordnungs-Element-Attribute</u> können angeschlossen werden. In Anbetracht des reinen Ordnungs-Charakters tragen diese Elemente aber kaum mehr als 2 weitere wichtige Eigenschaften.

Wir kommen für ihre Darstellung deshalb meist mit einem Feld $SO(I,J)$ aus, dessen Länge I von der Anzahl gleichzeitig im System vorkommender Ordnungs-Elemente abhängt, dessen Breite J mit 4 Feldern wohl genügen wird:

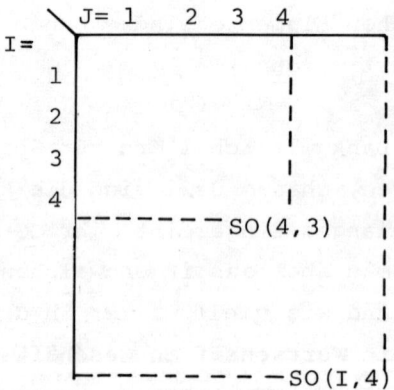

Die Behandlung von Ordnungs-Elementen im System ist grundsätzlich die gleiche wie jene von normalen Elementen. Für ihre Funktionen müssen aber eigene Grundmoduln bereitgestellt werden, da ja ihre Struktur und auch ihr Feld $SO(I,J)$ anders aufgebaut sind.

Allerdings sind viel weniger Grundmoduln dieser Art notwendig, da ja nur Ordnungsfunktionen ausgeführt werden müssen. In der Beilage 8326.1 sind die folgenden Grundmoduln als PL/I-Prozeduren programmiert:

NEWO(IXO)

IXO = Index des neu zu schaffenden Elementes.
NEWO sucht im SO-Feld nach einem freien Platz für ein neues
Ordnungs-Element. Ist das SO-Feld voll, so wird eine Fehlermeldung
ausgedruckt.

REMOVEO(X)

Entfernt das Ordnungs-Element X aus seiner OG; sein OG-Anschluss
wird Null gesetzt.

INCLUDEO(X,OG)

Reiht das Ordnungs-Element X zuhinterst in die Ordnungs-Gruppe mit
dem OG-Namen "OG".

PRECEDEO(X,VOR)

Setzt X in die OG des Elementes "VOR", und zwar unmittelbar hinter
dieses Element.

CHANGEO(ALT,NEU)

Gibt sämtlichen Ordnungs-Elementen einer OG "ALT" einen neuen OG-
Anschluss an die OG "NEU". Nach diesem Tausch des OG-Anschlusses ist
die OG "ALT" leer. Die OG "NEU" muss vor dem Tausch nicht leer sein.

Zufallszahlenerzeugung, Statistik

Die Erzeugung von Pseudozufallszahlen und von Zufallsvariablen aus
Wahrscheinlichkeitsverteilungen kann dem Problem angepasst gelöst
werden: bei kleineren Problemen genügt vielleicht eine Standard-
subroutine aus der Software-Bibliothek. Wird das gleiche Element von
mehreren Zufallsvariablen mit verschiedenen Verteilungsfunktionen
beeinflusst, so sollten folgende Fragen geklärt werden:
- sind die eingebauten Standardsubroutinen statistisch genügend
  (Bias-Freiheit, Korrelation)?
- sind sie zu zeitaufwendig oder zu ungenau?
Hier - wie auch für Probleme der Statistik und der varianzreduzieren-
den Verfahren - sei nochmals nachdrücklich auf die Literatur verwiesen. (Ueber statistische Probleme gibt (15) einen sehr guten Ueberblick und führt wesentliche Literatur an).

Literatur-Verzeichnis

Simulationssprachen im Vergleich:

[1] Teichroew, D. and Lubin, John F.: "Computer Simulation:
     Discussion of Techniques and Comparison of Languages"
     Communications of the ACM, IX (Oct., 1966), 723-741.

Simulationssprachen:

[2] Blunden, G.P., and Krasnow, Howard S.: "The Process Concept as
     a Basis for Simulation Modeling" Simulation, IX
     (August, 1967), 89-94

[3] Conway, R.W.: "Some Tactical Problems in Simulation Method"
     RAND Corporation, Santa Monica 1962, RM-3244-PR.

[4] Dahl, O.J., and Nygaard, K.: "SIMULA - An ALGOL-Based Simulation
     Language" Communications of the ACM, IX (Sept., 1966)
     671.

[5] Dimsdale, B., and Markowitz, H.M.: "A Description of the
     SIMSCRIPT Language" IBM System Journal, III (1964)
     57-67.

[6] Herscovitch, H., and Schneider, T.: "GPSS III - An Expanded
     General Purpose Simulator" IBM Systems Journal, IV
     (1965), 174-183.

[7] International Federation for Information Processing (IFIP):
     "Simulation Programming Languages" Proceedings of
     the IFIP Working Conferences J.N. Buxton (Editor),
     North-Holland Publishing Company, Amsterdam 1968.

[8] Kiviat, Philip J.: "GASP - A General Activity Simulation Program"
     Project No. 90.17-019(2), Applied Research Laboratory,
     United States Steel, Monroeville, Pa., July 9, 1963.

[9] Kiviat, Philip J.: "Development of Discrete Digital Simulation
     Languages" Simulation, (Feb., 1966).

[10] Kiviat, Philip J.: "Digital Computer Simulation: Modeling
     Concepts" The RAND-Corp. RM-5378-PR, Aug. 1967.

[11] Krasnow, H.S.: "Computer Languages for System Simulation"
     Digital Computer User's Handbook. Edited by Melvin
     Klerer and Granino Korn. New York: McGraw-Hill Book
     Co., 1967.

[12] Markowitz, Harry M., Hausner, B., and Karr, H.W.: "SIMSCRIPT -
     A Simulation Language" Englewood Cliffs., N.J.:
     Prentice-Hall, Inc. 1963.

Allgemeine Bücher über Simulation:

[13] Evans, G.W., Wallace, G.F., and Sutherland, G.L.: "Simulation
            Using Digital Computers" Englewood Cliffs., N.J.:
            Prentice-Hall, 1967.

[14] Martin, Francis F.: "Computer Modeling and Simulation"
            New York: John Wiley, 1968.

Simulation und Statistik (mit Lit.-Hinweisen):

[15] Fishman, G.S., and Kiviat, Philip J.: "The Statistics of
            Discrete-Event-Simulation"Simulation, X (Apr., 1968),
            185-196.

[16] Hammersley, J.M., Handscomb, D.C.: "Monte Carlo Methods"
            Methuen + Co. Ltd., London 1964.

[17] Wilks, Samuel S.: "Mathematical Statistics" New York: John
            Wiley, 1962.

Zufallszahlenerzeugung:

[18] Riedwyl, Hans:"Erzeugung von Zufallsvariablen mit elektronischen
            Rechengeräten", Universität Bern, 1968.

Allgemeine Bibliographie über Simulation:

[19] "Bibliography on Simulation", IBM Corporation, 112 East Post
            Road, White Plains, New York, 1966.

BEILAGE 8324.1

DIE GRUNDMODULN VON 'SIM'
****

ALS PL-I-PROZEDUREN PROGRAMMIERT

```
ACTIV: PROCEDURE;
       IF RP ¬= 0 THEN S1(RUF,4) = RP;          /* X SOLL VOR ELEMENT RUF*/
                                                /* IN DIE EWS:RUF ERHAELT*/
                                                /* NEUEN RP              */
       IF S1(X,3) = 0 THEN DO;                  /* TEST OB X SCHON AKTIV */
          I = S1(EWS,5);                         /* ERSTES EL IN DER EWS  */
/* ACHTUNG: DIE VARIABLE 'EWS' IST DER GG-NAME DER EREIGNIS-WS: IM.      */
/* KOMMENTAR WIRD DIE VARIABLE ZUR UNTERSCHEIDUNG VON DER ABKUERZUNG     */
/* FUER DIE EREIGNISWARTESCHLANGE MIT EINEM * BEZEICHNET: EWS*           */
          S1(X,3) = TIME + T;                    /* EREIGNISZEITPUNKT (X) */
          IF RP = 0 THEN GOTO ACT1;              /* RP=0: X ENTSPRECHEND  */
                                                /* T IN EWS EINREIHEN    */
          S1(I,6) = X;                           /* BEI PRIORITAET VON X  */
          S1(X,5) = I;                           /* WIRD X VOR RUF IN DIE */
          S1(EWS,5) = X;                         /* EWS EINGEREIHT        */
          S1(X,6) = EWS;
       END;
       RETURN;                                   /* WENN S1(X,3)¬=0:RETURN*/
ACT1:  IF I ¬= EWS THEN DO;                      /* EINREIHEN VON X NACH T*/
       IF S1(X,3) >= S1(I,3)THEN DO;             /* VERGLEICH VON T       */
          I = S1(I,5);
          GOTO ACT1;
       END;
       END;
       J = S1(I,6);                              /* J IST VORGAENGER VON I*/
       S1(X,6) = J;                              /* J WIRD VORG. VON X    */
       S1(J,5) = X;                              /*X WIRD NACHFOLGER VON J*/
       S1(I,6) = X;                              /* X WIRD VORG. VON I    */
       S1(X,5) = I;                              /*I WIRD NACHFOLGER VON X*/
END ACTIV;




PASSIV: PROCEDURE;
       I = S1(X,5);                              /* NACHFOLGER IN DER EWS */
       S1(I,6) = EWS;                            /* EWS* VORGAENGER VON I */
       S1(EWS,5) = I;                            /* I NACHFOLGER VON EWS* */
       S1(X,3) = 0;                              /* EREIGNISZEITPUNKT=NULL*/
       S1(X,4) = RP;                             /* NEUER REAKTIVIERUNGS-P*/
       S1(X,5) = C;                              /* X: KEIN VORGAENGER UND*/
       S1(X,6), = 0;                             /* KEIN NACHFOLGER MEHR  */
END PASSIV;
```

```
NEW : PROCEDURE;
      Z = 0;                                      /* Z WIRD UM 1 ERHOEHT,   */
/* WENN DER INDIKATOR IX1 DEN MAX-WERT MXS1 ERREICHTE UND WIEDER BEI */
/* NULL BEGINNT: WIRD Z BEIM GLEICHEN AUFRUF VON NEW1 ZWEIMAL UM 1   */
/* ERHOEHT, HEISST DAS, DASS DAS FELD S1 KEINE FREIE ZEILE MEHR HAT  */
L1: IX1 = IX1 + 1;                                /* INDIKATOR UM EINS ERH.*/
        IF IX1 <= MXS1 THEN DO;                   /* IST MAX INDIKATOR     */
                                                  /* ERREICHT?             */
            IF S1(IX1,3)+S1(IX1,4)+ S1(IX1,5)+S1(IX1,6) = 0 THEN DO;
                                                  /* WENN ZEILE LEER:      */
                S1(IX1,2) = PRO;                  /* PROZESSNAME INS DATENF*/
                S1(IX1,4) = 1;                    /* REAKTIVIERUNGSPUNKT    */
            END;
            ELSE GOTO L1;                         /* PRUEFE NAECHSTE ZEILE */
        END;
        ELSE DO;                                  /* INDIKATOR WAR MAXIMAL:*/
            IX1 = 0;                              /* BEGINNT WIEDER BEI 0  */
            Z = Z+1;
            IF Z < 2 THEN GOTO L1;
PUT EDIT('FELD S1 IST AUFGEFUELLT')(PAGE,A);/* GANZES FELD WURDE          */
 END;                                             /* VERGEBLICH ABGESUCHT  */
 END NEW ;


TERMIN: PROCEDURE;
        I = S1(X,5);                              /* I IST NACHFOLGER VON X*/
        J = S1(X,6);                              /* J IST VORGAENGER VON X*/
        IF I+J ¬= 0 THEN DO;                      /* WENN X AKTIV IST      */
            S1(J,5) = I;                          /*I WIRD NACHFOLGER VON J*/
            S1(I,6) = J;                          /*J WIRD VORGAENGER VON I*/
        END;
        I = S1(X,7);                              /* I IST NACHFOLGER VON X*/
        J = S1(X,8);                              /* J IST VORGAENGER VON X*/
        IF I+J ¬= 0 THEN DO;                      /*WENN X GG-ANSCHLUSS HAT*/
            S1(J,7) = I;                          /*I WIRD NACHFOLGER VON J*/
            S1(I,8) = J;                          /*J WIRD VORGAENGER VON I*/
        END;
 /* NULLSETZEN VON EREIGNISATTRIBUTEN UND EWS-ANSCHLUSS               */
        S1(X,2),S1(X,3),S1(X,4),S1(X,5),S1(X,6) = 0;
END TERMIN;
```

```
HOLD: PROCEDURE;
        NT = TIME + T;              /* NEUER EREIGNISZEITP.  */
        S1(X,4) = RP;               /* NEUER REAKTIVIERUNGSP.*/
        S1(X,3) = NT;               /* INS DATENFELD VON X   */
        I = S1(X,5);                /* NAECHSTES EL DER EWS  */
        S1(EWS,5) = I;              /* I NACHFOLGER VON EWS* */
        S1(I,6) = EWS;              /* EWS* VORGAENGER VON I  */
L1:IF I ¬= EWS THEN DO;             /* ALLE ELEMENTE DER EWS  */
        IF NT >= S1(I,3) THEN DO;   /* WERDEN AUF EREIGNIS-T  */
            I = S1(I,5); GOTO L1;   /* ABGEFRAGT, BIS S1(I,3)*/
        END;                        /* GROESSER ALS NT       */
    END;
        J = S1(I,6);                /* X WIRD ENTSPRECHEND   */
        S1(J,5) = X;                /* SEINEM NEUEN EREIGNIS-*/
        S1(I,6) = X;                /* ZEITPUNKT ZWISCHEN    */
        S1(X,5) = I;                /* I UND J EINGEREIHT    */
        S1(X,6) = J;
END HOLD;




INCLUDE : PROCEDURE;
        J = S1(GG,8);               /*J IST LETZTES EL DER GG*/
        S1(J,7) = X;                /* X WIRD NACHFOLGER VON */
        S1(GG,8) = X;               /* J UND VORGAENGER DES  */
                                    /* GG - NAMENS           */
        S1(X,7) = GG;               /*GG-NAME WIRD NACHFOLGER*/
        S1(X,8) = J;                /*J WIRD VORGAENGER VON X*/
END INCLUDE ;




PRECEDE : PROCEDURE;
        I = S1(X,7);                /* I IST NACHFOLGER VON X*/
        J = S1(X,8);                /* J IST VORGAENGER VON X*/
        IF I+J ¬= 0 THEN DO;        /*WENN X GG-ANSCHLUSS HAT*/
            S1(I,8) = J;            /*WERDEN J UND I NACHBARN*/
            S1(J,7) = I;            /* DAMIT HAT X DEN ALTEN */
        END;                        /*. GG-ANSCHLUSS VERLOREN */
        J = S1(VOR,7);              /* J IST NACHF. VON VOR  */
        S1(J,8) = X;                /* X KOMMT ZWISCHEN      */
        S1(VOR,7) = X;              /* VOR UND J             */
        S1(X,7) = J;                /* J WIRD NACHFOLGER VON */
        S1(X,8) = VOR;              /* X,VOR SEIN VORGAENGER */
END PRECEDE ;
```

```
REMOVE : PROCEDURE;
      I = S1(X,7);                    /* I IST NACHFOLGER VON X*/
      J = S1(X,8);                    /* J IST VORGAENGER VON X*/
      IF I+J ¬= 0 THEN DO;            /*WENN X GG-ANSCHLUSS HAT*/
         S1(I,8) = J;                 /*I UND J WERDEN NACHBARN*/
         S1(J,7) = I;
      END;
      S1(X,7) = 0;                    /* GG-ANSCHLUSS VON X     */
      S1(X,8) = 0;                    /* WIRD NULL              */
END REMOVE ;



CHANGE : PROC;
      I = S1(ALT,7);                  /* ERSTES EL DER GG ALT   */
      J = S1(ALT,8);                  /* LETZTES EL DER GG ALT  */
      IF I = ALT THEN RETURN;         /* WENN ALT SCHON LEER    */
      S1(I,8) = S1(NEU,8);            /* LETZTES EL VON NEU     */
                                      /* WIRD VORGAENGER VON I  */
      S1(J,7) = NEU;                  /* GG-NAME VON NEU WIRD   */
                                      /* NACHFOLGER VON J       */
      S1(ALT,7),S1(ALT,8) = ALT;      /* ALT IST LEER           */
      X = S1(NEU,8);                  /* DAS LETZTE EL VON NEU  */
      S1(X,7) = I;                    /* ERHAELT I ALS NACHF.   */
      S1(NEU,8) = J;                  /* DER GG-NAME VON NEU    */
                                      /* ERHAELT J ALS VORG.    */

END CHANGE ;
```

BEILAGE 2326.1

GRUNDMODULN FUER ORDNUNGS-GRUPPEN (OG)
****

```
NEWO: PROCEDURE;
       Z = 0;                                   /* Z WIRD UM 1 ERHOEHT,    */
/* WENN DER INDIKATOR IXO DEN MAX-WERT MXSO ERREICHTE UND WIEDER BEI */
/* NULL BEGINNT: WIRD Z BEIM GLEICHEN AUFRUF VON NEWO ZWEIMAL UM 1   */
/* ERHOEHT, HEISST DAS, DASS DAS FELD SO KEINE FREIE ZEILE MEHR HAT  */
L1:  IXO = IXO + 1;                             /* INDIKATOR UM EINS ERH.*/
       IF IXO > MXSO THEN DO;                   /* IST MAX INDIKATOR      */
                                                /* ERREICHT?              */
           IXO = 0;                             /* BEGINNT WIEDER BEI 0   */
           Z = Z+1;
           IF Z < 2 THEN GOTO L1;
PUT EDIT('FELD SO IST AUFGEFUELLT')(PAGE,A);/* GANZES FELD WURDE         */
       RETURN;                                  /* VERGEBLICH ABGESUCHT   */
       END;
IF SO(IXO,1) + SO(IXO,2) + SO(IXO,3) ¬= 0 THEN GOTO L1;
END NEWO;



INCLUDEO: PROCEDURE;
       J = SO(OG,2);                            /*J IST LETZTES EL DER OG*/
       SO(J,1) = X;                             /* X WIRD NACHFOLGER VON */
       SO(OG,2) = X;                            /* J UND VORGAENGER DES   */
                                                /* OG - NAMENS            */
       SO(X,1) = OG;                            /*OG-NAME WIRD NACHFOLGER*/
       SO(X,2) = J;                             /*J WIRD VORGAENGER VON X*/
END INCLUDEO;



PRECEDEO: PROCEDURE;
       I = SO(X,1);                             /* I IST NACHFOLGER VON X*/
       J = SO(X,2);                             /* J IST VORGAENGER VON X*/
       IF I+J ¬= 0 THEN DO;                     /*WENN X OG-ANSCHLUSS HAT*/
           SO(I,2) = J;                         /*WERDEN J UND I NACHBARN*/
           SO(J,1) = I;                         /* DAMIT HAT X DEN ALTEN  */
       END;                                     /* OG-ANSCHLUSS VERLOREN  */
       J = SO(VOR,1);                           /* J IST NACHF. VON VOR   */
       SO(J,2) = X;                             /* X KOMMT ZWISCHEN       */
       SO(VOR,1) = X;                           /* VOR UND J              */
       SO(X,1) = J;                             /* J WIRD NACHFOLGER VON  */
       SO(X,2) = VOR;                           /* X,VOR SEIN VORGAENGER  */
END PRECEDEO;
```

BEILAGE 8326.2

```
REMOVEO: PROCEDURE;
        I = SO(X,1);                    /* I IST NACHFOLGER VON X*/
        J = SO(X,2);                    /* J IST VORGAENGER VON X*/
        IF I+J ¬= 0 THEN DO;            /*WENN X OG-ANSCHLUSS HAT*/
           SO(I,2) = J;                 /*I UND J WERDEN NACHBARN*/
           SO(J,1) = I;
        END;
        SO(X,1) = 0;                    /* OG-ANSCHLUSS VON X     */
        SO(X,2) = 0;                    /* WIRD NULL              */
END REMOVEO;



CHANGEO: PROC;
        I = SC(ALT,1);                  /* ERSTES EL DER OG ALT   */
        J = SO(ALT,2);                  /* LETZTES EL DER OG ALT  */
        IF I = ALT THEN RETURN;         /* WENN ALT SCHON LEER    */
        SO(I,2) = SO(NEU,2);            /* LETZTES EL VON NEU     */
                                        /* WIRD VORGAENGER VON I  */
        SO(J,1) = NEU;                  /* OG-NAME VON NEU WIRD    */
                                        /* NACHFOLGER VON J       */
        SO(ALT,1),SO(ALT,2) = ALT;      /* ALT IST LEER           */
        X = SC(NEU,2);                  /* DAS LETZTE EL VON NEU  */
        SO(X,1) = I;                    /* ERHAELT I ALS NACHF.   */
        SO(NEU,2) = J;                  /* DER OG-NAME VON NEU    */
                                        /* ERHAELT J ALS VORG.    */

END CHANGEO;
```

R. RYTZ
INSTITUT FUER OR + EDV
WEINBERGSTRASSE 59,
8006 ZUERICH

JANUAR 1970

Lecture Notes in Operations Research and Mathematical Systems

Vol. 27: I. H. Mufti, Computational Methods in Optimal Control Problems.
IV, 45 pages. 4°. 1970. DM 6,– / $ 1.70

Vol. 28: Theoretical Approaches to Non-Numerical Problem Solving. Edited by R. B. Banerji and
M. D. Mesarovic. VI, 466 pages. 4°. 1970. DM 24,– / $ 6.60

Vol. 29: S. E. Elmaghraby, Some Network Models in Management Science.
III, 177 pages. 4°. 1970. DM 16,– / $ 4.40

Vol. 30: H. Noltemeier, Sensitivitätsanalyse bei diskreten linearen Optimierungsproblemen.
VI, 102 Seiten. 4°. 1970. DM 10,– / $ 2.80

Vol. 31: M. Kühlmeyer, Die nichtzentrale t-Verteilung. II, 106 Seiten. 4°. 1970. DM 10,– / $ 2.80

Vol. 32: F. Bartholomes und G. Hotz, Homomorphismen und Reduktionen linearer Sprachen.
XII, 143 Seiten. 4°. 1970. DM 14,– / $ 3.90

Vol. 33: K. Hinderer, Foundations of Non-stationary Dynamic Programming with Discrete Time Parameter.
VI, 160 pages. 4°. 1970. DM 16,– / $ 4.40

Vol. 34: H. Störmer, Semi-Markoff-Prozesse mit endlich vielen Zuständen. Theorie und Anwendungen.
VII, 128 Seiten. 4°. 1970. DM 12,– / $ 3.30

Vol. 35: F. Ferschl, Markovketten. VI, 168 Seiten. 4°. 1970. DM 14,– / $ 3.90

Vol. 36: M. P. J. Magill, On a General Economic Theory of Motion. VI, 95 pages. 4°. 1970. DM 10,– / $ 2.80

Vol. 37: H. Müller-Merbach, On Round-Off Errors in Linear Programming.
VI, 48 pages. 4°. 1970. DM 10,– / $ 2.80

Vol. 38: Statistische Methoden I, herausgegeben von E. Walter. VIII, 338 Seiten. 4°. 1970. DM 22,– / $ 6.10

Vol. 39: Statistische Methoden II, herausgegeben von E. Walter. IV, 155 Seiten. 4°. 1970. DM 14,– / $ 3.90

Vol. 40: H. Drygas, The Coordinate-Free Approach to Gauss-Markov Estimation.
VIII, 113 pages. 4°. 1970. DM 12,– / $ 3.30

Vol. 41: U. Ueing, Zwei Lösungsmethoden für nichtkonvexe Programmierungsprobleme.
IV, 92 Seiten. 4°. 1971. DM 16,– / $ 4.40

Vol. 42: A.V. Balakrishnan, Introduction to Optimization Theory in a Hilbert Space.
IV, 153 pages. 4°. 1971. DM 16,– / $ 4.40

Vol. 43: J. A. Morales, Bayesian Full Information Structural Analysis. VI, 154 pages. 4°. 1971. DM 16,– / $ 4.40

Vol. 44: G. Feichtinger, Stochastische Modelle demographischer Prozesse.
XIII, 404 pages. 4°. 1971. DM 28,– / $ 7.70

Vol. 45: K. Wendler, Hauptaustauschschritte (Principal Pivoting). II, 64 pages. 4°. 1971. DM 16,– / $ 4.40

Vol. 46: C. Boucher, Leçons sur la théorie des automates mathématiques.
VIII, 193 pages. 4°. 1971. DM 18,– / $ 5.00

Vol. 47: H. A. Nour Eldin, Optimierung linearer Regelsysteme mit quadratischer Zielfunktion.
VIII, 163 pages. 4°. 1971. DM 16,– / $ 4.40

Vol. 48: M. Constam, Fortran für Anfänger. VI, 143 pages. 4°. 1971. DM 16,– / $ 4.40

Vol. 49: Ch. Schneeweiß, Regelungstechnische stochastische Optimierungsverfahren.
XI, 254 pages. 4°. 1971. DM 22,– / $ 6.10

Vol. 50: Unternehmensforschung Heute – Übersichtsvorträge der Züricher Tagung von SVOR und DGU,
September 1970. Herausgegeben von M. Beckmann. IV, 133 pages. 4°. 1971. DM 16,– / $ 4.40

Vol. 51: Digitale Simulation. Herausgegeben von K. Bauknecht und W. Nef. IV, 207 pages. 4°. 1971.
DM 18,– / $ 5.00